Arno Gruen

Ein früher Abschied

Objektbeziehungen und
psychosomatische Hintergründe
beim Plötzlichen Kindstod

Vandenhoeck & Ruprecht
in Göttingen

Teile dieses Buches wurden von Gabriele Kuby aus dem
Amerikanischen übersetzt und von Hans Krieger bearbeitet.

Die Deutsche Bibliothek – CIP-Einheitsaufnahme

Gruen, Arno:
Ein früher Abschied : Objektbeziehungen und psychosomatische
Hintergründe beim Plötzlichen Kindstod / Arno Gruen.
[Von Gabriele Kuby aus dem Amerikan. übers. Bearb.:
Hans Krieger] – Göttingen: Vandenhoeck & Ruprecht, 1999
Früher u.d.T.: Gruen, Arno: Der frühe Abschied
ISBN 3-525-45846-0

© 1999 Vandenhoeck & Ruprecht in Göttingen. –
Printed in Germany. – Alle Rechte vorbehalten. Das Werk
einschließlich aller seiner Teile ist urheberrechtlich geschützt. Jede
Verwertung außerhalb der engen Grenzen des
Urheberrechtsgesetzes ist ohne Zustimmung des Verlages
unzulässig und strafbar. Das gilt insbesondere für
Vervielfältigungen, Übersetzungen, Mikroverfilmungen und die
Einspeicherung und Verarbeitung in elektronischen Systemen.
Satz: Fotosatz 29b, Göttingen
Druck und Bindung: Hubert & Co., Göttingen

Inhalt

Vorwort — 7

Das Umfeld — 9

Das Problem — 19

Bisherige Untersuchungen — 33
Thesen über Apnoe und Erwachen 35
Arousal und funktionale Neurophysiologie 37
Die Psychosomatik des Plötzlichen Kindstodes 41

 Die Rolle von Erwartungen: Die Umkehr von
 Reizschwellen des Erwachens aus dem Schlaf 41
 Die Bedeutung des REM-Schlafs
 und der Aufwachschwelle 43

Unsere Untersuchung — 48
Befragungen von Eltern von Opfern
des Plötzlichen Kindstodes 51
Befragungen von Eltern von Beinahe-Opfern 90
Ambivalenz der Gefühle und Todesphantasien 110
Die Interaktion zwischen Ehefrau und Ehemann 114
Empathie und die Entwicklung des REM-Schlafs 117
REM, Aufwachschwelle und Sterben 125
Frustrierte Erwartungen, Träume und REM 127
Wut und Traumleben 134
Die besondere Rolle des Fokussierens 138
Hilflosigkeit kann tödlich wirken 143

Die zwei Phasen des PKT-Risikos 145
Ablehnung des Kindes und Kindesmißhandlung 147

Die Problematik der Psychosomatik wurzelt
in einer Gesellschaft, in der Liebe nicht möglich ist,
weil es an Ebenbürtigkeit fehlt _____ 151

Die Verleugnung der Aggression verhindert
Objektbeziehungen und führt zu
psychosomatischen Lösungen _____ 161

Ein Beinahe-Opfer des Plötzlichen Kindstodes 161
Die Aggression 167
Das Tödliche in der klinischen Literatur 171

Schuld und Verantwortung _____ 175

Betroffene Eltern und überlebende Kinder _____ 180

Gesellschaftliche Muster und Plötzlicher Kindstod ___ 186

Zusammenfassung _____ 195

Literatur _____ 196

Personenregister _____ 208

Vorwort

Der Plötzliche Kindstod erschüttert immer wieder die Öffentlichkeit. Betroffene Eltern bleiben allein mit ihrem Leid und können das Geschehene nicht verstehen. Das ist unter anderem einer Ursachenforschung zuzuschreiben, die nach wie vor nur nach isolierten, medizinisch erfaßbaren Auslösern sucht. In diesem Buch soll dagegen ein umfassenderer Ansatz formuliert werden.

Da neue Ergebnisse (vgl. Amendt 1992; Dornes 1993, 1997; Dornes und Lüpke 1995; Stork 1994) meine These eines Zusammenhangs zwischen gesellschaftlichen Zwängen, unbewußten Verdrängungen und deren Einwirkungen auf das Leben bestätigten, lege ich hier eine umfassend überarbeitete Ausgabe vor. Vorfassungen erschienen 1988 bei Kösel und (erweitert) bei dtv 1993, sind aber mittlerweile vergriffen.

Für das vorliegende Buch habe ich die Kapitel »Das Umfeld«, »Die Problematik der Psychosomatik ...«, »Die Verleugnung der Aggression verhindert Objektbeziehungen ...«, »Schuld und Verantwortung« und »Betroffene Eltern und überlebende Kinder« völlig neu verfaßt. Der Text von 1988 ist vollständig überarbeitet.

Ich möchte hiermit nochmals Herrn Professor Dr. Otmar Tönz, damals Chefarzt am Kinderkrankenhaus Luzern, meinen besonderen Dank aussprechen. Ohne sein Verständnis und seine Hilfe hätten diese Untersuchungen nicht durchgeführt werden können. Viele Menschen haben mich während verschiedener Stadien dieser Arbeit ermutigt, darunter Professor Dr. Dr. Theodor Hellbrügge vom Kinderzentrum der Universität München, Professor Dr. Sepp Schindler von der

Universität Salzburg und Dr. Tomm Verny, damals Herausgeber der Zeitschrift »Pre- and Peri-Natal Psychology«, und besonders Dr. George Victor und Dr. Martha Welch.

Ich danke auch Hans Krieger für seine redaktionelle Mitarbeit an der Vorfassung dieses Buches aus dem Jahr 1988. Er half mir sehr, Gedankengänge präziser zu fassen und sie in einer Sprache zu formulieren, die dem Leser einen mitfühlenden Zugang zur Tragik dieser Vorgänge eröffnete. An dieser Stelle möchte ich auch Professor Dr. Gerd Biermann für seine Unterstützung meiner Arbeit in seinem 1992 erschienenen »Handbuch der Kinderpsychotherapie« danken. Die Gespräche mit Dr. Monika Nienstedt und Dr. Arnim Westermann gaben mir wichtige Anregungen zum Problem der Schuld, das hier weiter entwickelt wird.

Das Umfeld

Als Syndrom des Plötzlichen Kindstodes (PKT) definiert man den plötzlichen und unerwarteten Tod eines Säuglings, den man für gesund hielt oder dessen letzte Krankheit so leicht zu sein schien, daß die Möglichkeit des tödlichen Ausgangs ausgeschlossen werden konnte. (Diese klinische Definition folgt Adelson und Kinney, 1956.) Man schätzt, daß in den neunziger Jahren in den Vereinigten Staaten eines von 500 Babys am Plötzlichen Kindstod stirbt (Shaw 1968), in Frankreich führt Fontaine (1962) 20 Prozent der Säuglingssterblichkeit auf diese Todesart zurück, und Carpenter (Carpenter und Shaddick 1965) schätzt für Großbritannien den gleichen Anteil. Schon 1959 hat Emery in seiner Untersuchung darauf hingewiesen, daß die Häufigkeit des Plötzlichen Kindstodes von Jahr zu Jahr zunimmt.

In diesem Buch stelle ich eine biosoziale Theorie des Plötzlichen Kindestodes vor, die von einer Wechselwirkung der neurophysiologischen, psychologischen und sozialen Faktoren ausgeht.

Die Verdrängung aggressiver Gefühle ins Unbewußte spielt in unserer Kultur eine zentrale Rolle. Diese Verdrängung ist Teil des gesellschaftlich weit verbreiteten Phänomens, daß die Selbstdarstellung von Freundlichkeit, Güte und Liebe zur Verleugnung vorhandener aggressiver Emotionen beiträgt und sie zudem noch steigert. Auf diesem Weg werden Gefühle, die um Haß und Aggression kreisen, verdrängt. Dadurch aber baut sich eine Gefühlswelt auf, die vom tatsächlich Erlebten immer stärker abgespalten wird. Je stärker Menschen nur in »gesellschaftlich akzeptierten« Rollen auftreten und auch nur in diesem Rahmen fühlen, um so stärker wird Unbewußtheit zum Merkmal unseres Lebens.

Schon Viktor von Weizsäcker hat darauf hingewiesen, wie sehr in wissenschaftlichen Studien Subjekt und Objekt miteinander interagieren. Wenn wir aber von unserem eigenen Erlebten, wie unseren aggressiven Gefühlen, abgetrennt sind, finden unsere Beobachtungen auch im wissenschaftlichen Bereich auf einer reduzierten Basis statt. Die Vorstellung von einer Reiz-Reaktions-Abfolge impliziert von Weizsäcker zufolge einen Gestaltkreis, eine dynamische Feldsituation (Lewin). Aber in einer Welt, die aufgrund der Abspaltung von Gefühlen von einem reduzierten Bewußtsein bestimmt ist, werden auch die wissenschaftlichen Vorgänge – trotz korrekter konzeptueller Methodik – auf die Stufe einer illusionären Wissenschaftlichkeit zurückgeworfen, da die Wechselwirkung aller beteiligten Aspekte unbeachtet bleibt.

Beispielsweise werden auf dem Gebiet der menschlichen Bluthochdruckforschung sogenannte Hochdruck-Ratten eingesetzt. Man ging davon aus, daß Bluthochdruck vererbt wird. Cierpal und McCarty (1987) zeigten jedoch, daß der hohe Blutdruck bei den scheinbar spontan zu Hochdruck neigenden Ratten gar nicht in der Genetik der Jungratten oder ihrer Mütter verankert war, sondern in der Situation der Sauge-Beziehung zwischen den Rattenjungen und ihren Müttern. Wenn nämlich Rattenjunge von Rattenmüttern mit Bluthochdruck gleich nach ihrer Geburt gesunden Mutterratten übergeben wurden, entwickelten sie keinen hohen Blutdruck. Ursachenforschungen in der Medizin kann kaum ausreichend Fortschritte machen, solange sie von vereinfachten reduzierten Denkmodellen geprägt ist. Im Vorwort zu »Der frühe Abschied« (1988) schreibt Ashley Montagu, daß die Forschung zum Plötzlichen Kindstod so wenig Fortschritte gemacht habe, »weil der plötzliche Kindstod als rein medizinisches Phänomen behandelt wurde. Diese Einseitigkeit ist verständlich, denn als ein medizinisches hat sich das Problem zunächst gestellt. Der medizinische Ansatz war auch sehr wertvoll: Er hat zumindest geklärt, wodurch der plötzliche Kindstod nicht verursacht wird. ... Darin liegt eine Chance für ein umfassenderes und tieferes Verständnis.«

Helmut Boehncke, Professor für Pädiatrie in Hamburg, äußert sich zu dieser Frage so: »Ich bin überzeugt davon, daß die naive Suche nach den Ursachen der Todesfälle ergebnislos blieb, weil sie halbblind ist ... das Thema [des frühzeitigen Kindstodes] ist doch eigentlich das Mißlingen einer ›Begegnung‹, die durch den Tod abgebrochen wird ... die Leistung bei [Gruens] Arbeit ist, daß sie die globale Symptomatik des Mißlingens in ihrer umfassenden und subtilen Mehrdeutigkeit darlegt ... Übrigens: Wer ist eigentlich der Leidtragende dieses Abschieds, die Mutter oder das Kind? Eigentlich doch wohl das Kind, das immer in den Hintergrund tritt, weil es stumm leidet. Da muß es denn sehr wichtig werden, was die spätere Entwicklung der geretteten Kinder aussagen wird« (persönliche Mitteilung; siehe dazu auch die Briefe von überlebenden Beinahe-Opfern, in diesem Buch auf S. 178-182).

In welche Sackgasse eine rein medizinische Suche geraten kann, zeigen die Arbeiten von Southall und Truman. Southall und Mitarbeiter (1987, 1997) bemerkten, daß der mörderische Umgang vieler Mütter mit ihren Säuglingen als Plötzlicher Kindstod deklariert wurde. Dadurch wurde das zwischenmenschliche Geschehen zwischen Mutter und Kind verdrängt. Truman machte 1997 darauf aufmerksam, daß viele Fälle von Plötzlichem Kindstod mit tödlichem Verhalten seitens der Mutter zusammenhingen. Forscher wie Steinschneider (1972) und Shannon und Kelley (1982) hatten versucht, solche Fälle als Plötzlichen Kindstod auf genetischer Basis einzuordnen, obwohl nach Trumans Recherchen die Lebensgeschichten und die Beobachtungen von Krankenschwestern und anderen Experten eher an Mord denken ließen.

Als John Emery 1982 (vgl. Emery et al. 1988) andeutete, daß ein Zehntel der Fälle von Plötzlichem Kindstod »sanfter Mord« seien, wurde er, wie Firstman und Talan (1997) festhielten, fast gesteinigt. Und das, obwohl Roy Meadow bereits 1977 in einem Lancet-Artikel über das Münchhausen-Syndrom erkannt hatte, daß es Väter und Mütter gibt, die bei ihren Kindern Krankheiten hervorrufen, um für sich selbst Aufmerksamkeit und Sympathie zu wecken. (Der Ausdruck »Münchhausen-Syndrom« stammt von Richard Asher [1951] und bezeichnet das Erfinden von Krankheiten, um Aufmerksamkeit und Sympathie zu gewinnen. Es war dann Southall, der diese Beobachtungen auf den Plötzlichen Kindstod und auf Fälle von beinahe erfolgtem PKT bezog.)

Wie weit verbreitet mörderische Impulse gegenüber Kindern sind, belegen Zahlen aus England. Im Jahre 1995 wurden von 10,6 Millionen Kindern unter 16 Jahren 34.954 Kinder in amtlichen Registern als schutzbedürftig geführt. In Großbritannien (Home Office 1997) sind Kleinkinder unter einem Jahr mit 44 Morden pro Million Einwohner die am stärksten gefährdete Bevölkerungsgruppe. An zweiter Stelle erst folgen Männer im Alter von 16 bis 49 Jahren. In den USA wurden 1995 99.600 Kinder als Opfer von Mißhandlungen und Mißbrauch erfaßt.

Dennoch konnten viele Pädiater aggressive Impulse als Mitursache des Plötzlichen Kindstodes nur schwer akzeptieren. Der Psychiater Herbert Schreier und die pädiatrische Psychologin Judith A. Libow beschreiben in ihrem Buch »Hurting for Love« [Verletzen um der Liebe willen] (1993) einen Pädiater: »Als Arzt lernt man von Anfang an, den Eltern zuzuhören. Das Münchhausen-by-Proxy-Syndrom wird jedoch dadurch so schwierig, daß derjenige, der für den Gesundheitszustand des Kindes mit einem zusammenarbeiten sollte, kein wirklicher Verbündeter ist. Ich will nicht direkt von ›Feinden‹ sprechen, aber es handelt sich mit Sicherheit um eine *feindliche Beziehung*, denn es wird mit einem gespielt. Man weiß allerdings nicht, daß man Teilnehmer eines Spiels ist.«

Die medizinische Suche nach rein organischen Ursachen ist Teil einer allgemeinen Verdrängung der wirklichen Motive. Wir alle hängen mehr oder weniger an idealisierten Bildern von uns selbst, von Eltern und insbesondere von Müttern. Das ist so, weil der vom Mann erfundene Mythos seiner Überlegenheit diese Idealisierung braucht, um vor Kritik geschützt zu sein. Deswegen unterliegt die Einsicht, daß wir etwas mit dem Zustand unserer Kinder zu tun haben könnten, einem Tabu.

Es geht hier nicht um das sichtlich Mörderische, wie Firstman und Talan es in »The Death of Innocents« dargestellt haben, sondern vielmehr um das allgemeinere Mörderische, das unsere Kultur erzeugt. Das Töten von Frauen und Kindern, aber auch von Männern, die Folter, der wachsende Fremdenhaß, Pornographie und Mordkommandos sind Ausdruck einer zur Destruktivität pervertierten allgemein menschlichen Aggression. Wir geben dieser Destruktivität Namen: Nationalismus, Idealismus, Ideologie, menschliche Natur oder Anlage, damit wir uns nicht den Anteilen in uns selbst stellen müssen, die diese Zustände aufrechterhalten und verewigen. Die Verdrängung unserer natürlichen Aggressivität und die Verleugnung der daraus entstehenden Destruktivität sind ein Kennzeichen unseres Seins. Die daraus folgende Unbewußtheit wird zur Quelle einer selbst-destruktiven Psychosomatik.

Adair (1998) beschreibt im Zusammenhang mit dem Plötzlichen Kindstod einen Vorgang, aus dem man diese Destruktivität ersehen kann. Die amerikanische SID Alliance (eine Gruppe von PKT-Eltern-Betreuern) vertrat die Auffassung, daß es keine Möglichkeit der Verhütung des Plötzlichen Kindestodes gäbe. Sie wollten mit dieser Behauptung Eltern vor Schuldgefühlen schützen. Aus diesem Grund wurde in den Jahren 1992 bis 1995 in den USA – anders als in anderen Ländern – keine Kampagne gegen die Bauchlage unternommen. Erst als deutlich wurde, daß der Widerstand der SID Alliance gegen eine solche Kampagne dazu führte, daß in den USA die Zahl der PKT-Opfer nicht zurückging, während sie in anderen Ländern (mit Kampagne) auf etwa die Hälfte gefallen war, lenkte auch die SID Alliance ein. Nach Berechnungen von Gunteroth (1995) hat diese Verzögerung etwa 5.000 Babys in den USA das Leben gekostet.

Das Posieren und Rollenspielen, von dem ich am Anfang sprach, verfestigt diese Unbewußtheit, denn was als nicht gesellschaftlich akzeptabel gilt, kann durch Imagepflege weggeschminkt werden. Die Fähigkeit, alles aus dem Bewußtsein auszuschließen, was Schuld und Wertlosigkeit erzeugt, ist eine Folge dessen, daß in unserer Kultur Schuldgefühle als Erziehungsmittel mißbraucht werden. Also lehnen wir die natürliche Ambivalenz der Gefühle ab, bewundern jene, welche die Pose des klar denkenden und fühlenden Menschen am perfektesten erfüllen, und schützen uns damit vor Ungewißheit. Unter solchen kulturellen Bedingungen haben es Menschen schwer, die wirkliche Beziehungen suchen. Wer sich dagegen unverletzlich gibt oder sich dafür hält, der kann seine eigene wirkliche Gefühlswelt nicht mehr wahrnehmen, darf sie gar nicht wahrnehmen, muß die Reste, die immer wieder emporsteigen, weiter verdrängen – gerade dann, wenn Kinder diese Gefühle in uns bewegen.

Was hier zugleich verdrängt wird, ist das Empfinden des eigenen Schmerzes. Den Schmerz, den man nicht mehr in sich selbst wahrnimmt, muß man dann zunehmend außerhalb der eigenen Person finden. Das kann in zwei Richtungen gehen: sich selbst Schmerz zuzufügen oder ihn in anderen zu suchen, indem man aus ihnen Opfer macht. Dies ist der Ausgangspunkt für die Psychosomatik des PKT-Prozesses, aber auch für Gewalttätigkeit im allgemeinen. Ich werde darauf noch näher eingehen (vgl. dazu auch Niemelä, Bluvol u. Roscam).

Die unbewußten Probleme der Eltern sind häufig ausschlaggebend für das Verhalten der Kinder. Kinder lernen von Anfang an, den – bewußten *und* unbewußten – Erwartungen ihrer Eltern zu entsprechen (vgl. dazu auch den Abschnitt zum REM-Schlaf). Dabei spielen die unausgesprochenen und unbewußten Erwartungen häufig sogar die bestimmende Rolle.

Die Ergebnisse solcher erlernten Verhaltensmuster zeigen sich manchmal sehr deutlich im Verhalten Erwachsener. Eine Patientin fühlte sich von ihrem Mann häufig kritisiert. Wie sie selbst damit umging, kam eines Tages in einer Therapiesitzung zu Tage: Sie und ihr Mann hatten einen Streit über die Neugestaltung ihrer Küche. Sie meinte, die Anordnung der Steckdosen und Schalter sei ihre Sache. Er wollte aber bestimmen. Als sie die Küche verließ, betätigte sie nun den falschen Schalter, was ihrem Mann die Gelegenheit gab, sie als dumm hinzustellen. Sie erkannte schon in dem Moment, in dem sie den Schalter betätigte, daß es der falsche war. Zugleich erkannte sie – aber zu spät, um es rückgängig zu machen –, daß sie mit der falschen Bewegung den unausgesprochenen negativen Erwartungen ihres Mannes entsprach.

Bei kleinen Kindern führen solche Erwartungshaltungen zu einer abgrundtiefen Hilflosigkeit, von Dolto (1988) als »Entdeckung des Todes« bezeichnet. Die Folge sind Apathie und Gedeihstörungen des Kindes, wie Shaheen (1968) sie als »failure to thrive« beschrieben hat.

Ein Säugling wird die Aggressionen der Eltern – die er nicht spüren darf – nicht nach außen, sondern nur gegen sich selbst richten können. Wir beobachten bei solchen Säuglingen Depression, eine Erstarrung der Beziehungen zur Außenwelt. François Dolto (1989) hat dies sehr ausdrücklich beschrieben: » ... (dadurch) wird ein Zustand wie der des Autismus erzeugt. Es ist ein reaktiver Anpassungsprozeß an eine Belastung, die die Identifikation des Kindes tangiert, ein traumatisierender Zustand, der das Baby die effektive, symbolische Beziehung zu seiner Mutter verlieren läßt oder deren sensorische Etablierung verhindert. Dieser Zustand wird im allgemeinen im Alter zwischen vier und zehn Monaten induziert.«

Eliacheff (1994) – Kinderpsychiaterin und Psychoanalytikerin und Doltos Nachfolgerin im Säuglingsheim von Antony bei Paris –, beschreibt Entsprechendes in der Psychosomatik eines zweieinhalb Monate alten Säuglings mit Ekzemen und behinderter Atmung. Beide Zustände verschwanden, sobald die unterdrückten Gefühlserlebnisse mit dem Säugling *angesprochen* wurden. Danach richteten sich seine natürlichen aggressiven Reaktionen nicht mehr gegen sich selbst.

Daß wir schon so früh vom Sinn der uns umgebenden Sprachumwelt berührt werden, obschon wir die grammatische Syntax noch nicht kennen, ist bereits von Jacques Lacan (1986) beschrieben worden. Auch Sprachwissenschaftler wie Elisabeth Bates (zitiert bei Locke 1994), Saffran und Mitarbeiter (1996) und Kolata (1987) haben dies erkannt. Die Anthropologin Meredith Small (1997) schreibt, daß unsere Interaktion mit unseren Kindern von einer Ideologie bestimmt ist, die in einen dauernden Konflikt mit unseren Kleinkindern münden muß. Hier und in Doltos Beschreibung ist die Quelle psychosomatischer Störungen im allgemeinen und der spezifischen Psychosomatik des Plötzlichen Kindstodes zu finden.

Die französische Kinderanalytikerin Szejer (1998) arbeitet mit der von Dolto und Eliacheff entwickelten Technik des Sprechens mit Säuglingen. Sie beschreibt Fälle von Verstopfung, Durchfall, Atembeschwerden, Weigerung, an der Brust zu trinken, Gewichtsverlust, Trauer und Apathie, die jeweils auf das gesprochene Wort mit einem sofortigen Rückgang des somatischen Symptoms reagierten. In den von Szejer beschriebenen Fällen reagieren schon Säuglinge im Alter von wenigen Tagen mit gesteigerter Lebendigkeit, wenn die Psychiaterin das anspricht, was von den Eltern während und nach der Schwangerschaft geleugnet wurde.

Die zwei Tage alte Karina beispielsweise hatte einen niedrigen Blutdruck, trank nicht und verlor besorgniserregend an Gewicht. Eine Hebamme erklärt das Kind schon für todgeweiht. Die Eltern sind wie gelähmt. Szejer schreibt: » ... [die Mutter] sieht in ihrer [Tochter] nichts als ihren Sohn [er starb vor der Geburt] und [fühlt deswegen,] es stehe ihr nicht zu, ein lebendes Kind zu haben. Offenbar wurde um dieses erste Kind nicht wirklich getrauert.« Aus diesen Überlegungen heraus spricht Szejer wie folgt mit Karina: »Deine Eltern wußten nicht ein noch aus vor lauter Angst, daß du nicht leben würdest, so wie damals dein Bruder. Aber du bist anders als dein Bruder, du hast dich entschieden, zur Welt zu kommen. Ob du auch weiterleben willst, weiß ich nicht – wenn du dich dafür entscheidest, dann mußt du trinken, damit du wachsen kannst. Du hast die Wahl, aber du solltest wissen, daß deine Eltern alles tun wollen, um dir zu helfen.« Eine Dreiviertelstunde später wollte Karina an die Brust ihrer Mutter und trank zum ersten mal 50 ml Muttermilch. In den Tagen danach nahm sie an Gewicht zu.

Wie und was versteht ein Kind? Daß Kinder den Sinn des Gesagten schon mit 8 Monaten und früher verstehen, haben die oben erwähnten Forscher belegt (u. a. Bates). Nach Auffassung von Boris Cyrulnik (1995) sind auch das Schreien und Plappern von Säuglingen eine Art Sprache. Seine Frequenzanalysen der Schreie Neugeborener zeigen, daß sich ab dem vierten Tag eine eindeutige melodische Qualität entwickelt, die vom Sprechen des Erwachsenen abhängig ist. Das, so Szejer, zeugt von dem komplexen Austauschvorgang zwischen Mutter und Kind. Dieser setzt ein, sobald das Kind begreift, daß seine Bedüfnisse von der Mutter befriedigt werden. Damit tritt auch eine neue Art der stimmlichen Modulation auf, die auf die Mutter bezogen ist. Wenn diese Kommunikation jedoch nicht gelingt, beispielsweise wegen einer Depression der Mutter, dann können bei dem neugeborenen Kind Krankheitssymptome auftreten (Szejer).

Ganz offensichtlich wird etwas bewirkt, wenn man mit dem Kind spricht. Das Kind reagiert offenbar auf die Worte, deren Tonfall einen Brückenschlag zu verneinten Emotionen darstellt. Anscheinend ist unser Organismus bei der Geburt mit einer integrierenden Wahrnehmungstendenz ausgerüstet. Bertini und Mitarbeiter (1978) zeigten, daß bei der Geburt ein elektrophysiologischer Gesamtaustausch zwischen Mutter und Kind existiert. Babys folgen nicht nur (wie später noch genauer dargestellt wird) dem Gesicht der Mutter mit ihren Augen, sondern bewegen sich auch innerhalb der ersten 16 Stunden nach der Geburt im Rhythmus der Worte ihrer Mutter (Condon u. Sander 1974). Ihre Worte und ihre Stimme sind derart wichtig, daß ein Säugling bereits an seinem 30. Lebenstag von Schmerz und Unbehagen übermannt wird, wenn die visuelle Wahrnehmung der Mutter nicht mit der Quelle ihrer Stimme übereinstimmt. Für den Säugling ist es also unerträglich, wenn die ganzheitliche Wahrnehmung der Mutter gestört wird (Aronson und Rosenbloom 1971).

Daraus läßt sich schließen, daß Kinder von vornherein auf Ganzheitlichkeit ausgerichtet sind. Das ist dann wohl auch der Grund dafür, daß Kleinkinder somatisch auf die Nicht-Wahrnehmung der emotionalen Ganzheitlichkeit seitens der Eltern reagieren. Die emotionale Intention des Gesagten (vgl. dazu die Arbeiten von Dolto, Eliacheff, Szejer und Stork) überbrückt diese Nicht-Wahrnehmung und Spaltung. Heilung kommt zustande, indem die Einheitlichkeit der kindlichen Wahrnehmung wiederhergestellt wird.

Das Problem

Wir bestehen nicht einfach aus organischen Strukturen, die unser Verhalten steuern. Strukturen und Funktionen bedingen einander wechselseitig. Umfeld und Erleben eines Organismus können nicht von seinen sich formenden Strukturen getrennt werden und umgekehrt. Strukturen üben ihren Einfluß auf Umfeld und Erleben aus. Sie sind *Prozesse*. Nur im Moment einer Beobachtung – wenn wir den zeitlichen Ablauf der Ereignisse festhalten wollen – können wir Struktur, Funktion und deren Eingebettetsein in einem Umfeld voneinander trennen. Diese Trennung wird leider oft als absolut wahrgenommen und auch konzeptuell so verarbeitet. Dadurch entsteht aber etwas Falsches, ein künstliches Konzept, das als etwas Wirkliches, als eine der Natur der Dinge entsprechende »Struktur« behandelt wird. Die moderne Physik weiß um diese Problematik. Die Wissenschaften aber, die sich mit lebendigen Wesen beschäftigen, bedenken sie nicht oder nur selten. Daß aber nur ein prozeßorientiertes Denken Struktur und Funktion in ihrer Untrennbarkeit erfassen kann, wurde schon in den dreißiger Jahren von Z. Y. Kuo belegt. Er zeigte, daß die Tatsache, daß ein Küken aus einem Ei schlüpfen kann und danach sofort zu picken anfängt, nicht durch »organische« – oder instinktive – Strukturen bedingt ist, sondern durch das zeitliche Ineinandergreifen sich bildender Organe (wie das Herz und die sich aufbauende Lernfähigkeit des Nervensystems) und den Aufbau von Reaktionen auf ein sich wandelndes Umfeld und die pränatalen Erlebnisse.

Der Mensch ist ein Ganzes, bis in sein Stoffwechselgeschehen hinein von seiner individuellen Vergangenheit und deren Auswirkungen auf seine Gegenwart geprägt, die ihrerseits fortlaufend Vergangenheit wird. Diese Dynamik wiederum ist eingebettet in gesellschaftliche Formen, die dieser Ganzheit entsprechen oder auch widersprechen. Dies ist das eigentliche Thema dieses Buches: *Wie Kultur dem Leben entgegenwirken kann.*

Nehmen wir als Beispiel den Schlaf der Kinder in den industriellen Gesellschaften. Dieser ist durch relativ lange und ununterbrochene Schlafperioden gekennzeichnet. Da dies ein allgemeines Phänomen zu sein scheint, wird dieser Tatbestand als artspezifisch eingeordnet. Tatsächlich aber hat die Umwelt des Neugeborenen in den letzten vier Millionen Jahren unserer Entwicklungsgeschichte ein ganz anderes Schlafmuster erzeugt, nämlich eines, das von kurzen Schlafperioden und häufigerem Aufwachen gekennzeichnet ist. Das heute übliche solitäre – das heißt, das Kind schläft allein –, verlängerte und die Nacht durchgehende Schlafmuster im ersten Lebensjahr unserer Kinder ist ein relativ neues, gesellschaftlich hervorgebrachtes Verhaltensmuster, das nicht zu dem geschichtlichen Ablauf paßt, in dem Menschensäuglinge ihre Atmung, ihr Erwachen und ihre Schlafmuster entwickelt haben. Ein Schlafmuster von kurzen Schlafperioden und häufigerem Erwachen ist nämlich die Basis, auf der sich eine kräftige Atmung und eine erhöhte Aufwachbereitschaft entwickeln. Und mit einer solchen Entwicklung reduziert sich der Plötzliche Kindstod (McKenna 1990; Die Zeit 1992).

Hier haben wir es mit psychosomatischen Zusammenhängen zu tun: mit der Wechselwirkung zwischen den sich entwickelnden Nervenstrukturen, welche die Atmung innervieren, und dem Umfeld des Kindes, das von den Eltern vermittelt wird. Und dieses Umfeld steht in Abhängigkeit davon, wie die Eltern sich den gesellschaftlichen Zwängen angepaßt haben, die unser Verhalten zum Schlaf des Säuglings bestimmen (vgl. Lorenzer 1977).

Der Plötzliche Kindstod hat sicherlich viele Ursachen. Allen gemeinsam ist das Fehlen organischer Erkrankungen als hinreichender Todesursache. Allein schon aus diesem Grund liegt wohl seine Erklärung im Bereich funktionaler Störungen. Dieses Buch beleuchtet *eine* mögliche Ursache, die in der Psychosomatik der Atmung und der Aufwachschwelle liegt.

Die vorliegende Untersuchung von Eltern, deren Kinder am Plötzlichen Kindstod gestorben sind oder beinahe daran gestorben wären, beruht auf ihren Erinnerungen an diese tragischen Erfahrungen. Man wird vielleicht einwenden, diese Erinnerungen seien von dem Bedürfnis gefärbt, die Ereignisse in ein günstiges Licht zu rücken. Ein solcher Einwand enthält jedoch eine unzulässige Verallgemeinerung und verkennt wesentliche Aspekte des Problems. Die Erinnerungen der Eltern konstituieren selbst spezifische Ereignisse und sind darüber hinaus Ausdruck des gesamten Lebensmusters der betroffenen Menschen. Diese innere Gültigkeit kann allerdings nur erkannt werden, wenn man die Berichte vollständig und als ganze liest. Erst dann nämlich wird deutlich, wie genau die Erinnerungen in das seelische Gesamtmuster passen, von dem die Erlebniswelt dieser Familien geprägt ist. Und eben daraus ergibt sich ihre Aussagekraft.

Zudem müßte einer absichtlichen Verfälschung der Erinnerungen ein Wunschdenken zugrunde liegen. Erinnerungen an Träume und Gefühle, die um das Sterben und den Tod kreisen, können jedoch schwerlich mit Wunschdenken erklärt werden, weil gerade solche Wünsche verleugnet werden würden. Ich glaube daher nicht, daß die hier vorgelegten Elternaussagen einer Vermeidungs- oder Verdrängungsstrategie entspringen. Ganz im Gegenteil: Diese Eltern wollten Klarheit über ihre Gefühle gewinnen, die so auffallend dem Thema Tod verhaftet waren. Wo sie diesen Erfahrungen dennoch auszuweichen versuchen – wie in den Interviews wiederholt deutlich wird –, geben die zutage tretenden Widersprüche einen Hinweis auf zugrundeliegende unbewußte Einstellungen. Diese sind ein wesentlicher Aspekt des Problems und der Hintergrund des Datenmaterials; ihren Ursprung aufzuhellen ist das Anliegen der vorliegenden Arbeit.

Ein Problem besteht sicherlich darin, daß es keine Kontrollgruppe gibt. Es war nicht möglich, vergleichbare Gruppen von Kindern zu finden, deren Tod andere Ursachen hatte als jene, die als Plötzlicher Kindstod definiert werden. Wir suchten zum Beispiel nach Kindern, die an Lungenentzündung gestorben waren. Glücklicherweise ist die Medizin so weit fortgeschritten, daß es zu diesem Krankheitsbild in den Kliniken, mit denen ich arbeitete, keine Todesfälle gab. Aber wir verfügen dennoch über eine gewisse Kontrolle, nämlich unsere klinische Erfahrung in der Psychotherapie. Natürlich begegnen wir auch bei unseren psychotherapeutischen Fällen verdrängter Aggression und der Beschäftigung mit dem Tod, allerdings nicht mit der gleichen Regelmäßigkeit wie in der vorliegenden Untersuchung.

Eine andere Vergleichsmöglichkeit, auf die ich noch zurückkomme, bietet eine große Elterngruppe, die 20 Jahre lang begleitend untersucht wurde. In diesem großen Sample mit ähnlichem sozioökonomischen Hintergrund lehnten 16 Prozent der Eltern ihre Kinder unbewußt ab (Thomas, Chess und Birch 1968); in dem hier untersuchten Sample waren es nahezu 100 Prozent.

Es kommt hinzu, daß die hier vorgelegten Ergebnisse in sich schlüssig sind. Sie erlauben es, eine Brücke zwischen funktionalen und strukturellen Faktoren zu schlagen. Das hat zwar an sich noch keine volle Beweiskraft, kann aber die Richtung für weitere Arbeiten weisen. Ich zeige im folgenden auf, wie die emotionalen Prozesse, wie sie aus den Erinnerungen der Eltern erschlossen werden können, zu der komplizierten Entwicklung der Atmung im Kontext der Mutter-Kind-Bindung in Beziehung gesetzt werden kann.

Kein Organismus existiert unabhängig von seiner Entwicklungsgeschichte. Selbst bei einem Insekt kann eine unerfüllte Erwartung, die ihrerseits eine Funktion interaktiver Erfahrung ist, zu Lähmung und Tod führen (vgl. Holst und Mittelstaedt).

Ein weiterer Einwand gegen meine Ergebnisse könnte sein, daß sie durch meinen unbewußten Einfluß zustande gekommen sein könnten. Ich kann dazu nur sagen, daß mein ursprüngliches Ziel bei diesen Interviews ein ganz anderes war, wie aus dem Text selbst hervorgeht. Die Schlußfolgerungen entsprachen nicht dem, was ich suchte und erwartete, sondern ergaben sich aus dem, was ich fand.

Gefühle, die ins Unbewußte verdrängt wurden, suchen nach Ausdruck und Akzeptanz. Da sie zu den bewußten Einstellungen und Lebenszielen in Widerspruch stehen, müssen sie dazu die Bewußtseinskontrolle umgehen, sich also so ausdrücken, daß ihre eigentliche Bedeutung unerkannt bleibt. Ungestillte Bedürfnisse drängen deshalb nach Befriedigung in verschleierter Form.

Eines unserer grundlegendsten Bedürfnisse ist das Bemuttertwerden. Bleibt dieses Bedürfnis während der Kindheit ungestillt, wird es beim späteren Erwachsenen reaktiviert, wenn er in einer Situation ist, die fürsorgliche Zuwendung und liebevolle Versorgung verspricht. Das ist vor allem in der Ehe der Fall.

Zugleich mit dem ungestillten Bedürfnis wird aber auch der Schmerz der Verletzungen reaktiviert, die mit frühen Versagungserlebnissen verbunden waren, und damit werden auch Gefühle von Haß und Wut wieder wachgerufen. Aber auch die aktuelle Situation ist mit Entbehrungen verbunden, weil ein Kindheitsbedürfnis nachträglich nie wirklich befriedigt werden kann, und löst darum Wut aus. Das Übermaß der ins Bewußtsein dringenden Aggressionen weckt starke Ängste, und diese Ängste verstärken die Gefühle kindlicher Ohnmacht, die ohnehin durch die Abhängigkeit genährt werden, in die vor allem die Frauen (aber auch Männer) in unserer Gesellschaft durch die Institution der Ehe gedrängt werden.

Die so entstehende Gefühlsbelastung macht es besonders für Frauen schwierig, eine bewußte Lösung für ihre inneren Probleme zu finden. Denn auf ihnen – nicht auf den Männern – lastet die gesellschaftliche Forderung, eine mütterliche, bemutternde Rolle zu erfüllen. Dieser Rolle können sie sich nicht entziehen; sie können sie aber nur schwer erfüllen, wenn sie sich ihrer eigenen kindlichen Sehnsüchte, ihrer Ängste und vor allem ihrer Aggressionen bewußt werden. So werden sie immer tiefer in die Unbewußtheit ihrer Lage gezwungen.

Die Männer leisten durch ihre eigene Unbewußtheit ihren zerstörerischen Beitrag zu dem sich anbahnenden Drama. Sie verschanzen sich hinter dem idealisierenden Selbstbild des liebevoll für Frau und Kinder sorgenden Ehemannes, wollen aber nicht wahrnehmen, daß diese Fürsorglichkeit unter anderem auch ein Herrschaftsmittel ist. Dies mindert erheblich die Chance der Frauen, sich ihres eigenen Grolls bewußt zu werden: Die Herrschaft des Mannes verstärkt zwar diesen Groll, aber die Tarnung der männlichen Macht als Güte läßt eben diesen Groll unberechtigt wirken. So muß sich zunehmend unbewußte Feindseligkeit entwickeln, deren Last vor allem die Frau zu tragen hat, da die gesellschaftlichen Normen ihr, nicht aber dem Mann, aggressives Verhalten verbieten.

Zu dieser Entwicklung kommt es, weil Frauen wie Männer noch immer einem Mythos verhaftet sind: dem trügerischen Idealbild des fürsorglichen Mannes, dessen Güte mit Unterwerfung bezahlt werden muß. Es handelt sich hier um eine mystifizierende Ideologie, der in unserer Kultur sowohl Männer wie Frauen verfallen sind. Fürsorglichkeit wird für Liebe ausgegeben, ihre kontrollierenden, besitzergreifenden, machtausübenden Aspekte werden geleugnet. Wo dies nicht durchschaut wird, ist unbewußte Feindseligkeit die unausweichliche Konsequenz.

Die eigentliche Ursache für das so entstehende Elend ist in der Abhängigkeit zu suchen, in die Männer und Frauen von Geburt an durch Eltern gebracht werden, die ihrerseits Macht ausüben müssen, um ein trügerisches Selbstwertgefühl zu gewinnen. Zwar werden diese unterirdischen Gefühlsströme dem Kind in erster Linie durch die Mutter vermittelt, weil sie ihm am nächsten ist, aber sie ist doch selbst nur ein Werkzeug in einem Prozeß, der seinen Ausgangspunkt in dem noch weitgehend unbefragten Zerrbild des Mannes hat, das diesem das Recht zuspricht, Frauen zu beherrschen. Eingewebt in dieses Muster ist die Wahnvorstellung, Selbstwert beruhe auf der »Stärke« zu dominieren, statt auf dem Gefühl der eigenen Lebendigkeit. Diese untergründige Ideologie durchzieht unser gesamtes Leben. Vor diesem allgemeinen Hintergrund kann auch das schwer erklärbare Phänomen des Plötzlichen Kindstodes verständlicher werden.

Wir leben eingebettet in eine Welt von Reizen, die uns stimulieren und so das Leben nicht nur strukturieren, sondern aufrechterhalten. Ein Mensch, der von der ihn umgebenden Stimulus-Welt abgetrennt ist, dem alle sensorischen Reize wie Töne, wechselnde visuelle Formen, taktile und Geruchsstimulation entzogen werden, kann darum seelisch zusammenbrechen und eine Psychose entwickeln (Grunebaum et al. 1960, Heron et al. 1953, Lilli 1956). Dies ist ein sehr einfacher Hinweis auf den ganzheitlichen Charakter der komplizierten Wechselwirkungen zwischen Organismus und Umwelt, in denen das Leben sich abspielt.

Zu schwerwiegenden psychischen Entbehrungen kommt es in einer Welt, die zunehmend das Seelische und die Gefühle, vom Gesamtgefüge des menschlichen Seins abspaltet (Gruen 1987b); es kann nicht überraschen, daß dies auch Auswirkungen auf physiologische Funktionen wie Atmung und Herztätigkeit hat. Von Ausnahmen abgesehen (s. vor allem Stork), besteht aber noch kaum Bereitschaft, daraus Folgerungen für das Verständnis des Plötzlichen Kindstodes zu ziehen, wie die einschlägige Literatur beweist. Dabei hat es sich als unmöglich erwiesen, diese in der industrialisierten Welt aufkommenden Todesfälle rein organisch zu erklären.

Unverdrossen wird weiter nach einer Pathologie gesucht, die sich abgelöst vom gesellschaftlichen Gesamtgefüge verstehen läßt. Trotz neuer Einsichten, die eine eher ganzheitliche Sicht nahelegen, wird immer noch versucht, die Wechselwirkung zwischen dem Lebendigsein eines Organismus und seiner Umwelt mit der herkömmlichen, vereinfachenden Reflexbogentheorie von Reiz und Reaktion zu erklären. Um über dieses mechanistische Schema hinauszugelangen, muß man gewillt sein zu erkennen, daß der Organismus die ihm eigene Lebendigkeit auf Bedürfnissen und Erwartungen aufbaut, deren Strukturen nicht programmiert sind, sondern sich im erlebenden Austausch mit der Umwelt herausbilden (Kuo

1932, Blechschmidt 1976, Gruen 1998). Die Befriedigung dieser Bedürfnisse und Erwartungen wird zum zentralen Kern jeglichen individuellen Lebens. Eine herausragende Rolle spielt dabei das Verlangen nach Wärme, nach zärtlicher Zuwendung, nach Geborgenheit, nach Freude an dem sich entwickelnden eigenen Vermögen, sich mit der Umwelt wirkungsvoll auszutauschen. Dieses Verlangen wird zur Grundquelle jeglichen Seins.

Das Ausbleiben eines erwarteten Reizes, der zur Stimulierung der Selbstorganisation des Organismus notwendig ist, kann darum eine schwerwiegende Irritation mit weitreichenden Folgen darstellen. Im Extremfall kann eine Situation eintreten, in der es um Leben oder Tod geht. Wird die zentrale Bedeutung unbefriedigter Erwartungen, die manchmal lebensbedrohende Wucht seelischer Entbehrungen des Säuglings, übersehen, so bleibt das Entscheidende unerkannt. Das ist der Kern des Problems.

Die Nichtbefriedigung aufgebauter Erwartungen, die zugleich für die Entwicklung des Organismus aufbauende Bedeutung haben, führt beim Menschen wie bei Tieren zu einem Zustand extremer Hilflosigkeit. Daß das Ausbleiben eines *erwarteten* Reizes schon bei relativ einfach organisierten Tieren zu Paralyse und zum Tod führen kann, haben von Holst und Mittelstaedt mit Versuchen an der Fliege Eristalis nachgewiesen.

Der große amerikanische Psychologe William James schrieb in seinem Buch »Principles of Psychology«: »Des Menschen Selbst liegt darin, daß er von seinen Mitmenschen erkannt wird. ... Keine unmenschlichere Bestrafung könnte erfunden werden ... , als daß man sich in der Gesellschaft befindet und absolut niemand einen bemerken würde. ... Wenn jede Person, die wir treffen ... , sich verhalten würde, als seien wir ein nicht-existierendes Wesen, dann würden sehr bald Wut und ohnmächtige Verzweiflung in uns aufkommen« (1905, S. 179 f., Übers. A. G.). Der Neurologe Walter B. Cannon machte eine Beobachtung, die gut zu der Aussage von William James paßt, zum Ausgangspunkt seiner bahnbrechenden Studie über den »Voodoo-Tod« (1942): Katzen, denen die Großhirnrinde entfernt wurde, gerieten in einen andauernden Zustand der Rage und starben innerhalb weniger Stunden. Seine Untersuchung zeigte ihm, daß eine Kombination von Umständen zum Tod der Katzen führte: die Überstimulation des Sympatico-Adrenalinsystems und die *Unterdrückung* des Ausdrucks ihrer Gefühle.

In diesem Zusammenhang wies Cannon darauf hin, daß ein Schock im Krieg nicht immer auf Verwundungen oder ein aktuelles Trauma zurückzuführen ist, sondern oft lediglich auf die subjektive Erfahrung der Angst. Aus diesem Grunde vermutet er, daß der »Voodoo-Tod« bei den Afrikanern seinen Ursprung in überwältigendem emotionalem Streß hat, bei dem die Gefühle von Panik und Entsetzen jedoch unterdrückt bleiben und nicht ausgedrückt werden können.

Curt Richter, ein anderer Forscher auf dem Gebiet des unerklärlichen plötzlichen Todes bei Mensch und Tier, fand in einer Untersuchung an wilden Norwegischen Ratten (1965), daß diese Tiere innerhalb von zwei bis acht Minuten sterben, wenn ihnen die Möglichkeit, sich zu bewegen, genommen wurde. Weitere Beobachtungen zeigten, daß diese Ratten an einer Verlangsamung der Herzaktivität starben. Angst und eine Reihe von Störreizen können das Herz durch Hemmung des Vagus zum Stillstand bringen.

Ausschlaggebend war dabei für Richter jedoch die Beobachtung, daß dieser Tod eine Reaktion auf einer relativ hohen Integrationsebene des Organismus sein mußte. »Die Situation dieser Ratten ist nicht eine, die durch Kampf oder Flucht gelöst werden kann – es ist vielmehr eine Situation der Hoffnungslosigkeit; da sie in ihrer Bewegungsfreiheit vollkommen eingeschränkt wurden ..., hatten sie keine Fluchtmöglichkeit und deswegen keine Chance einer Abwehr dieser Situation. ... Es scheint, als ob diese Tiere buchstäblich (ihr Leben) aufgaben« (S. 308 f.).

Bezeichnend war, daß die Lebensgefahr sofort schwand, wenn die Hoffnungslosigkeit beendet wurde: Wurde den Ratten ihre Bewegungsfreiheit kurz vor dem sonst unweigerlich eintretenden Tod zurückgegeben, so starben sie nicht. Richter schloß daraus, daß außergewöhnliche Stimulationen des Nervus Vagus und vielleicht auch des Sympatico-Adrenalinsystems an diesem Vorgang beteiligt sind. »Von der psychologischen Ebene aus deuten die Beobachtungen darauf hin, daß Ratten wie auch Menschen als Reaktion auf Hilflosigkeit sterben können.«

Hilflosigkeit aber ist der dominierende Aspekt der menschlichen Kindheit, wenn Eltern auf die Bedürftigkeit des Kindes nicht liebevoll eingehen können. Ob Eltern dies tun können oder nicht, hängt wiederum entscheidend vom Grad der Entfremdung ab, in die sie durch unsere technoide und erfolgsorientierte Kultur getrieben worden sind. Gesellschaften, die das innere Leben des Menschen negieren, schneiden ihn von seiner Fähigkeit zur Empathie ab (Gruen 1984). Wenn das geschieht, können Eltern keine empathische Wahrnehmung der Not ihres Kindes zulassen. Sie erkennen seine Verzweiflung nicht, können seine bedrohliche Lage nicht richtig einschätzen und daher auch nicht angemessen auf sie reagieren. Statt den emotionalen Zustand des Kindes zu erfühlen, verlassen sie sich auf gedankliche Vorstellungen und verlagern ihre Aufmerksamkeit auf Äußerlichkeiten.

Ein Beispiel: Eine Mutter hat Angst vor ihrer siebzehnjährigen Tochter, weil diese droht, sie umzubringen, und ruft die Polizei. Äußerlich betrachtet hat diese Mutter allen Grund, sich bedroht zu fühlen. Wenn wir uns allein an das halten, was offensichtlich erscheint, ist ihr Verhalten realistisch. Es gab aber noch eine andere, viel wichtigere Ebene, und zu ihr hatte diese Mutter keinen Zugang: Ihre Tochter war verzweifelt. Sie bedrohte zwar ihre Mutter, wollte aber von ihr in ihrer Wut *angenommen* werden. Sie wollte die Autorität ihrer Mutter herausfordern, um einen Halt zu finden und damit einen geschützten Raum, in dem sie ihre kindliche Wut erleben und verarbeiten konnte. Die Mutter erkannte diese tiefere Ebene nicht, weil sie selbst von ihrem Fühlen abgeschnitten und in Äußerlichkeiten und rationalen, nicht empathischen Vorstellungen befangen war. Erst später, als die Mutter ihren eigenen Gefühlen näherkommen konnte, nachdem sie sich von dem Mythos des »Machens« befreit und eine bessere Basis für ihr Selbstwertgefühl gefunden hatte, konnten sie und ihre Tochter wieder aufeinander zugehen (Jannberg 1980).

Entscheidend ist hierbei die Abspaltung unserer spontanen empathischen Wahrnehmungen. Diese Abspaltung zeigt sich beim täglichen Umgang mit Kindern in der Ablehnung des Körperkontakts. Während sogenannte »Primitive« ihre Kinder den ganzen Tag mit sich tragen, sie bei allen ihren Aktivitäten dabei haben, so daß diese an den Rhythmen des täglichen Lebens teilnehmen, bestehen wir darauf, Säuglinge in »sauberen« Betten von uns fernzuhalten. Mutter wie Kind nehmen dabei Schaden; der Strom des empathischen Mitfühlens wird unterbunden, die Wahrnehmung des anderen wie auch des eigenen Empfindens muß verkümmern. Da die Kommunikation zwischen der Mutter (oder dem Vater) und dem Kind unterbrochen wird, entsteht eine Art Vakuum. Es kann nicht verwundern, daß dies zu Bindungsschwierigkeiten führt.

Zugleich wird aber die Abhängigkeit des Kindes verstärkt. Die Unterbrechung der empathischen Verbindung mit den Eltern macht das Kind extrem hilflos, da es die Wirkungslosigkeit seiner Kommunikation erlebt. Eigentlich ist der Säugling durchaus kompetent, aber er kann diese Kompetenz nur erleben, wenn die Umwelt seine Botschaften wahrnimmt und liebevoll beantwortet, wenn also Reziprozität in der Kommunikation besteht.

In einem Experiment hat DeCasper (DeCaspar und Fifer 1980) nachgewiesen, daß Säuglinge schon in den allerersten Lebenstagen lernen können, durch Saugen an einem Nippel ein Tonband mit der Stimme ihrer Mutter einzuschalten; an Tonbändern mit den Stimmen anderer Frauen zeigten sie hingegen kaum Interesse. Dies zeigt eindrucksvoll die Eigeninitiative des Neugeborenen in der Kommunikation mit der Mutter und sein Bedürfnis nach Resonanz. Ein Säugling erlebt seine Mutter ganzheitlich; visuelle und akustische Eindrücke bilden eine Einheit. Und er protestiert, wie schon beschrieben, wenn diese Einheit der Mutter auseinandergerissen wird, indem etwa ihre Stimme aus einer ganz anderen Richtung kommt als ihr visuelles Bild (Aronson und Rosenbloom 1971).

Von Geburt an sucht ein Baby Blickkontakt mit den Augen der Mutter (oder der Person, die es bemuttert) und versucht, diesen Blickkontakt aufrechtzuerhalten. Wenn es nicht gelingt, solch einen Kontakt zu entwickeln, fehlt dem Kind die vielleicht wichtigste Quelle der Bestätigung seiner Lebendigkeit, ja seines Seins. Der Dichter Friedrich Hebbel hat das sehr treffend formuliert: »So dir im Auge wundersam, sah ich mich selbst entstehen.«

Wenn kein Blickkontakt zustande kommt, ist die Entwicklung einer Bindung an Mutter und Vater tiefgreifend gestört. Im Extremfall entwickelt sich überhaupt kein Bindungsverhalten; das Kind wird autistisch.

In diesem Syndrom ist die Bindung zwischen Kind und Eltern gebrochen. Gerade der Blickkontakt spiegelt diese Schwierigkeit wider. Das autistische Kind vermeidet Blickkontakt generell, vor allem aber mit seiner Mutter als der wichtigsten Bezugsperson. Dieses Vermeiden kommt häufig im sogenannten »Radar-Gaze« zum Ausdruck. Dieser starre Blick ist ein Hindurchblicken durch den anderen, eine Art »Röntgenblick«, bei dem der, der angeschaut wird, sich gar nicht im persönlichen Sinn angeschaut fühlt. Es ist also kein warmes, menschliches Anblicken; der Blick ist maschinenhaft, kalt und distanziert.

Ich betone dies deshalb, weil bei elf der 14 in unserer Studie untersuchten Fälle von Plötzlichem Kindstod dieser durchdringend starre Blick geschildert wird. Wahrscheinlich hatten ihn auch die übrigen drei Kinder, und die Eltern haben ihn entweder nicht wahrgenommen oder aber ihre Wahrnehmung verdrängt. Bezeichnend ist, daß diese Art des Blickens in allen Fällen auch von anderen Personen, insbesondere den Kinderärzten, beobachtet wurde.

Drotat und seine Mitarbeiter (1968) führten den »Radar-Gaze« darauf zurück, daß den Eltern in ihrer Untersuchung ihre eigenen Bedürfnisse wichtiger waren als die ihrer Säuglinge. Solche Eltern können – wie das oben erwähnte Mutter-Tochter-Beispiel gezeigt hat – nicht empathisch wahrnehmen. Darum erkennen sie gar nicht, was im Kind vorgeht, sie nehmen nur sich selbst wahr. Darum aber geht es: Eine Gesellschaft, die den Körperkontakt vernachlässigt, der für die Empathie unentbehrlich ist, fördert eine derartige Entwicklung. Solche Eltern haben wohl in ihrer eigenen frühen Entwicklung keine Befriedigung ihrer elementaren Bedürfnisse erlebt. Das entspricht genau den Befunden von Fraiberg et al. (1975).

Natürlich spielen auch Faktoren der Gegenwart dabei eine Rolle. Fraiberg betont deswegen, daß der gesamte Lebenskontext entscheidend dafür ist, wie eine Beziehung zwischen Mutter (Vater) und Kind sich entwickelt. Ist eine Mutter belastet, etwa weil sie nicht genügend Möglichkeit zum emotionalen Austausch hat, so verstärkt die psychische Isolierung das aus der Kindheit herrührende Gefühl des Verlassenseins und der mangelnden Befriedigung ihrer eigenen Bedürfnisse. Sie kann dann noch weniger auf ihr Kind eingehen. Sogar die Schwangerschaft selbst kann in unserer entfremdenden Welt zur Isolierung führen, ebenso eine beginnende Zerrüttung der Ehe, die Abwesenheit des Vaters oder andere emotionale Verlusterlebnisse.

Daß die Mütter und Väter in unserer Stichprobe stark mit ihren eigenen Bedürfnissen beschäftigt waren, geht daraus hervor, daß ihre Gedanken und Träume noch vor dem Tod des Kindes um das Thema Tod kreisen. Solch starke psychische Fixierung an den Tod muß jedes Kind, das seine Eltern empathisch erfühlt, in ein Gefühl extremer Hilflosigkeit stürzen, das es nicht verarbeiten kann. Diese These soll im folgenden belegt werden.

Der Leser, der dieses Buch mehr aus sozialpädagogischen als aus forscherischem Interesse liest, wird die neurophysiologischen Passagen zum Teil überspringen können. Sie sind jedoch wichtig als Untermauerung für das, was folgt. Sie widersprechen der herkömmlichen Denkweise, die von einfachen Reflexbögen ausgeht und Struktur und Funktion als trennbare Variablen behandelt. Die hier eingeführte Sicht versteht das Leben als dialektische Dynamik, die nicht aus isolierten Teilprozessen verstanden werden kann. Leben ist seinem Wesen nach immer Bewegung in einem überaus komplexen Gesamtsystem; es muß also immer die Ganzheit des lebendigen Prozesses im Auge behalten werden. Jede Analyse, die von dieser Dynamik abstrahieren zu können meint und isolierte Teilaspekte untersuchen und verstehen will, reduziert künstlich die tatsächlichen Vorgänge und verfälscht damit die Wirklichkeit (Gruen 1998).

Bisherige Untersuchungen

Die Forschung der letzten 30 Jahre hat Vermutungen über die Ursachen des Plötzlichen Kindstodes aufgestellt, diese aber nie erhärten können. Aus der umfassenden Durchsicht der internationalen Fachliteratur zwischen 1954 und 1966, die Marie A. Valdes-Dapena 1967 unternommen hat, ergibt sich, daß bei der Obduktion häufig Erkrankungen des Atmungssystems festgestellt wurden. Diese waren für sich allein jedoch niemals ein hinreichender Grund, um den Tod eines Kindes zu erklären. Aus ihrer Untersuchung ergeben sich jedoch zwei pränatale Faktoren, die mit statistischer Signifikanz für den Plötzlichen Kindstod relevant sind. Es handelt sich bei beiden Faktoren um Verhaltensmerkmale der Mütter. Doppelt so viele Mütter aus der Kontrollgruppe (keine Todesfälle) suchten im ersten und zweiten Schwangerschaftsmonat einen Arzt auf wie die Mütter von PKT-Kindern, und letztere rauchten fast zweimal soviel wie die Mütter aus der Kontrollgruppe.

In späteren Arbeiten wurde die Meinung vertreten, daß Störungen im Atmungssystem und dem dazugehörigen Nervensystem zum Plötzlichen Kindstod führen. Unbeantwortet blieb jedoch die Frage, was der eigentliche Auslöser des Todes ist. Edward Shaw (1968) versuchte diese Frage zu beantworten, indem er darauf hinwies, daß eine nasale Behinderung der Atmung aufgrund einer leichten Infektion zur Apnoe führt. Bei Kindern, die nicht in der Lage sind, auf Mundatmung umzuschalten (wie das bei vielen Säuglingen der Fall ist), würde dies zu Spasmen in den akzessorischen Atemmuskeln und im Kehlkopf führen, wodurch dann der Tod durch Ersticken eintreten würde.

Alfred Steinschneider berichtete 1972 über ausgedehnte Perioden von Apnoe im Schlaf von fünf Säuglingen, von denen zwei später am Plötzlichen Kindstod starben. Er hatte bei ihnen während mehrerer Schlafphasen die Atmung und die Augenbewegungen (REM, »Rapid Eye Movements«) beobachtet und festgestellt, daß die Apnoe in den ersten Lebenswochen beträchtlich zunahm und danach wieder abnahm. Obwohl er es für wahrscheinlich hielt, daß eine Infektion der Atemwege das Auftreten von Apnoe im Schlaf begünstigt, zitierte er auch Beobachtungen an vielen Säuglingen, die am Plötzlichen Kindstod gestorben waren, aber keine Anzeichen von Infektion aufwiesen. Bei den von ihm untersuchten Kindern registrierte er ausgedehnte Phasen von Apnoe auch dann, wenn sie von einer klinisch nachweisbaren Krankheit frei waren. Durchgängig ließ sich jedoch beobachten, daß Apnoe am häufigsten im REM-Schlaf auftrat. Obwohl ihm nicht klar war, auf welche Weise der REM-Schlaf eine Apnoe auslösende Veränderung im Atemzentrum bewirkt, glaubte er dennoch, daß es zu einer solchen Veränderung kommt und daß diese für den Prozeß wesentlich ist. Er vermutete deswegen, daß die langfristig oder vorübergehend wirksamen Faktoren, welche die Dauer des REM-Schlafs bestimmen, Einfluß auf das Ausmaß von Apnoe während des Schlafs haben und damit auch auf die Wahrscheinlichkeit des Plötzlichen Kindstodes.

Die Möglichkeit, daß Eltern von PKT-Kindern chronische Atemschwierigkeiten übersehen haben könnten und folglich eine Gruppe ausgebildeter Beobachter zu anderen Ergebnissen kommen würde, veranlaßte Mandell (1981) dazu, 30 Mütter zu befragen, die selbst Krankenschwestern waren und Kinder durch den Plötzlichen Kindstod verloren hatten. Sie sollten die Frage beantworten, ob sie irgendwelche respiratorischen Symptome, auch ohne Infektion der Atemwege, festgestellt hatten. Tatsächlich hatten 37 Prozent dieser Mütter Unregelmäßigkeiten der Atmung bei ihren Kindern beobachtet, beispielsweise Keuchen, ziehendes oder unregelmäßiges Atmen, Apnoe und Zyanose (Blauwerden). Nur sechs Prozent der Mütter, die keine Krankenschwestern waren, erinnerten sich an solche Schwierigkeiten. Von den 60 Krankenschwestern mit gesunden Säuglingen berichtete nicht eine einzige von Atemproblemen ohne Infektion.

Weil sich auf diese Weise die Anzeichen für eine Unterventilation der Lungen bei PKT-Opfern häuften, machte sich Naeye (1973, 1974) daran, nach den anatomischen Voraussetzungen für eine derartige Entwicklung zu suchen. Tatsächlich stellte er bei etwa 60 Prozent der PKT-Opfer seiner Untersuchung eine anormale Vermehrung der Muskeln in den kleinen Lungenschlagadern fest. In einer zusammenfassenden Darstellung seiner ausgedehnten Forschungen (1980) postulierte er, daß bei mindestens die Hälfte der PKT-Opfer längere Perioden von Hypoxie aufgetreten waren. Er hatte auch entdeckt, daß mehr als die Hälfte der Opfer ein unterentwickeltes Glomus caroticum hatten, was darauf hinweist, daß diese Säuglinge wahrscheinlich Schwierigkeiten hatten, während längerer Episoden von Apnoe wieder mit dem Atmen zu beginnen.

Außerdem stellte er bei diesen Säuglingen eine abnorme Proliferation astroglialer Fasern in der lateralen Formatio reticularis des Hirnstamms fest. Aus der Tatsache, daß die astrogliale Proliferation bei PKT-Kindern dort am größten ist, wo auch die Blutzufuhr am geringsten ist, wie Sachio Takashima vom Kinderkrankenhaus in Toronto aufzeigen konnte, schloß Naeye, daß seine Ergebnisse nicht auf eine *vorherige* Schädigung des Atemzentrums hinwiesen, sondern auf Verletzungen durch Hypoxie als Ursache für die Unterentwicklung des Glomus caroticum und die Proliferation astroglialer Fasern.

Thesen über Apnoe und Erwachen

Wie entsteht diese mangelnde Sauerstoffzufuhr? Ich stelle aufgrund der folgenden Befunde die Hypothese auf, daß die Prozesse, die dazu führen, ihren Ursprung in neurophysiologischen Vorgängen haben, die allen Säuglingen gemeinsam sind.

Apnoe ist kein ungewöhnliches Phänomen. Silvio Canestrini (1913) stellte in seinem epochemachenden Werk über die Empfindungen des Neugeborenen fest, daß die Ausdehnung der Atemphasen und die höhere Frequenz längerer Atmungspausen normale Merkmale des Säuglingsschlafes sind. In neuerer Zeit berichteten Roffwarg, Muzio und Dement (1966), daß bei Neugeborenen im REM-Schlaf normalerweise Apnoe auftrete. Sie beobachteten das faszinierende Zusammenspiel zweier Phänomene der Skelettmuskeln im Schlaf des Neugeborenen: das starke Absinken des Muskeltonus in den ruhenden Muskeln, unterbrochen von häufigen kurzen Muskelanspannungen. Sie beschreiben die Sequenz so: »Verstärkung der Körperbewegungen, allmähliche Verringerung und schließlich völliges Aufhören der RMA (Aktivität in den ruhenden Muskeln), Einsetzen von Unregelmäßigkeiten der Atmung, niedrigere, aber häufigere Ausschläge des EEG und schließlich REMs (schnelle Augenbewegungen) – das sind die Umstände, die mit dem Übergang zum REM-Schlaf einhergehen.« Diese Verminderung der RMA beim Einschlafen ist bei Neugeborenen ein spezifischer Indikator dafür, daß der Schlaf eingesetzt hat: Dabei weist das EEG im Vergleich zum Wachzustand so gut wie keine Veränderungen auf. Die Atmung im REM-Zustand ist im Gegensatz zum Nicht-REM-Schlaf unregelmäßig und durch stark wechselnde Ausdehnung der Brust gekennzeichnet. Welche Bedeutung das hat, zeigen die Ergebnisse von David Read aus Australien und von Charles Bryan, der mit Elliott Phillipson in Kanada gearbeitet hat. Sie stellten fest, daß die Lungen von Säuglingen zwischen einem und sechs Monaten in dieser Schlafphase teilweise kollabieren, weil die Zwischenrippenmuskeln, welche die Brust bewegen, aufhören zu arbeiten (Naeye 1980).

Aufgrund dieses Zusammenhangs zwischen Apnoe und REM hat Naeye (1980) die Ansicht vertreten, daß das Überleben im Säuglingsalter von einem Aufwachreflex aus dem REM-Schlaf abhängt und von »einem Anschalten der Gehirnstammechanismen, die die Atmung wieder in Gang setzen«. 1979 beobachteten Orlowski, Nodar und Lonsdale bei Säuglingen, die PKT-gefährdet waren, ein Defizit von akustisch evozierten Potentialen im Hirnstamm. Dem widersprachen Kileny, Finer, Sussman, Schopflocher und Canon (1982), die die Reaktionen des Gehirnstamms auf akustische Reize bei normalen und PKT-gefährdeten Kindern verglichen. McCulloch, Brouillette, Guzzetta und Hunt (1982) stellten jedoch bei den PKT-gefährdeten Kindern eine Verminderung der Aufwachbereitschaft bei Hypoxie fest, indem sie bei 22 normalen Kindern und elf Kindern, die PKT-Krisen überlebt hatten, die Aufwachreaktion bei Sauerstoffmangel maßen. Aufwachen war definiert als Öffnen der Augen und Einsetzen von Weinen. Dies entspricht den Aufwachsituationen, die wir hier betrachten, nämlich dem Mangel an Aufwachbereitschaft, der PKT-Opfer davon abhält, angemessen auf die Gefahr des Erstickens zu reagieren. (Daß Apnoe eine erlernte Reaktion des Organismus sein kann, die sich unter dem Einfluß traumatischer Reize mehr und mehr entwickelt, bestätigt auch eine Arbeit von Willard E. Caldwell, 1985.)

Arousal und funktionale Neurophysiologie

Der englische Begriff »arousal« ist in der deutschen medizinischen Wissenschaft gebräuchlich. Sofern er nicht mit »Aufwachen« übersetzt wurde, bezeichnet er den durch Stimulation bewirkten Übergang von der Ruhe in die Aktivität von Muskeln, Nerven und so weiter. Die bisherige Forschung geht im allgemeinen implizit von der Annahme aus, daß dem unterschiedlichen Aufwachverhalten strukturelle Anomalien zugrunde liegen. G. Molz und ihre Mitarbeiter (1978, 1983, 1985a, 1985b) haben die Suche nach dabei vorliegenden strukturellen Veränderungen beträchtlich ausgeweitet und gezeigt, daß PKT-Populationen hinsichtlich der Verursachung nicht heterogen sein können. In einer faszinierenden Arbeit (Molz und Hartmann 1984), in der sie die verschiedenen PKT-Kategorien aufgrund der Obduktionsbefunde vergleicht, weist Molz darauf hin, daß alle PKT-Fälle, auch jene, bei denen die Diagnose keinen organischen Befund erbracht hat, auffallende Gemeinsamkeiten aufweisen. Risikofaktoren wie Frühgeburt, uneheliche Geburt, jahreszeitliche Belastungen (PKT-Fälle treten gehäuft in den Wintermonaten auf), überdurchschnittliches Rauchen der Mütter und Alkoholismus finden sich durchgängig bei PKT-Fällen, ebenso auch strukturelle Anomalien, pathologische Obduktionsbefunde und vorausgehende organische Erkrankungen. Dies stützt die hier dargelegte Auffassung, daß strukturelle Mängel und funktionale Veränderungen (wie zum Beispiel Atmungsausfall und Erhöhung der Aufwachschwelle) gemeinsame Ursachen haben können.

Die Ergebnisse einer Voruntersuchung von E. Riley und S. Barron (1984) sind dafür ein Beispiel. Rattenföten, deren Mütter eine Alkoholinjektion erhalten hatten, zeigten im Uterus eine allgemeine Unterdrückung der Bewegung. Die Bewegung des Fötus ist jedoch eine wesentliche Voraussetzung für seine normale Entwicklung; eine Störung kann zu Mißbildung, unter anderem zu verminderter Lungengröße, führen (Smotherton 1984). Die Frage nach den Entstehungsbedingungen für den Plötzlichen Kindstod ist also falsch gestellt, wenn sie strukturelle und funktionale Ursachen strikt voneinander trennt. Die Arbeiten von Forschern wie Riley, Barron, Smotherton und Molz kranken alle an einer Vereinfachung der Phänomene, bedingt durch die Dichotomie von Struktur und Funktion. Es ist weitaus wahrscheinlicher, daß ähnliche Endzustände im Verhalten von Lebewesen durch strukturelle und funktionale Veränderungen herbeigeführt werden, die sich mehrfach miteinander vernetzt haben.

Hinweise darauf liefert die Arbeit von Bertini, Antonioli und Gambi (1978) über intrauterine Mechanismen der Synchronisation. Die wechselseitige Stimulation von Mutter und Kind über REM-Muster scheint dabei eine bedeutende Rolle zu spielen; sie ließ sich schon in den ersten Nächten nach der Entbindung beobachten. Diese Interaktionen, die sowohl abwechselnd wie gleichzeitig verlaufen, könnten die Reifung der Atmungsstrukturen und -funktionen fördern. Ashley Montagu (1953, 1982) sieht die Labilität und Störanfälligkeit der Säuglingsatmung in den ersten Lebensmonaten im Kontext der Entwicklung: »Der Übergang von der fetalen zur postnatalen Atmung ist erst im zweiten Jahr ganz vollzogen; bis dahin ist sie hauptsächlich eine Funktion des Zwerchfells. Fehlt in den ersten vier Monaten nach der Geburt die Stimulation, die für die volle Entwicklung der Atemfunktionen notwendig ist ..., so wird das zu der flachen Atmung führen, die Anfälle von Apnoe verursacht« (Montagu 1986). Die notwendige taktile Stimulation durch die Mutter hängt vielleicht ihrerseits (zumindest teilweise) von der Dynamik der Interaktion ab, wie sie in der frühen REM-Synchronisation stattfindet, von Bertini und Mitarbeitern als »erster Dialog« bezeichnet. In diesem sich herausbildenden Netz von Strukturen und Funktionen muß das Augenmerk auf deren Dynamik gerichtet sein und nicht auf die Isolation momentaner struktureller Zustände.

Es ist durchaus möglich, daß einige PKT-Fälle mit der Annahme einer strukturellen Gehirnstammanomalie erklärt werden können. Als *allgemeine* Theorie des Plötzlichen Kindstodes würde eine solche Annahme jedoch eine unzulässige Vereinfachung der neurophysiologischen Vorgänge darstellen. Die Möglichkeit von Fehlfunktionen auf einer rein funktionalen Basis ohne pathologischen Befund bleibt dabei völlig außer Betracht.

Die strukturelle Hypothese, die eine Schwächung der respiratorischen Kontrollzentren unterstellt, müßte erklären können, warum es im ersten Monat nach der Geburt praktisch keinen Plötzlichen Kindstod gibt und warum er sich erst Monate später, manchmal erst im neunten Lebensmonat ereignet. Miller, Behrle und Smull (1959) führten zwar in ihrer Untersuchung von Apnoe und Unregelmäßigkeiten der Atmung bei Frühgeburten den Tod von 18 der 30 Säuglinge auf Schäden der respiratorischen Kontrollzentren zurück, doch 16 dieser 18 Todesfälle ereigneten sich in der ersten Lebenswoche. Die Frage, warum der Plötzliche Kindstod später so überraschend kommt und was die Säuglinge befähigt, so lange zu überleben, verlangt eine Ausweitung des Untersuchungsfeldes. Die ganze sich entfaltende Stimuluswelt des Säuglings, ohne die die Entwicklung der neurologischen Funktionen nicht verstanden werden kann, muß mit in Betracht gezogen werden. Dazu gehören die Herausbildung von Aufwachschwellen (insbesondere das Einsetzen der Atmung) und das verwandte Problem der Umkehr von Stimuluswirkungen auf den Organismus, zum Beispiel Unterventilation als Reaktion auf eine Erhöhung des Kohlendioxydgehalts und Ausdehnung einzelner Apnoe-Phasen als Reaktion auf eine Erhöhung des Sauerstoff-Gehalts. Dies wird von Säuglingen berichtet, die 24 Stunden unterventilierten, nachdem ihre Mütter Methadon eingenommen hatten (Naeye 1980); bei Frühgeburten, die 40 Prozent Sauerstoff statt normaler Atemluft atmeten, dehnten sich die *einzelnen* Apnoe-Phasen aus (Miller und Mitarbeiter 1959). Ebenso in Betracht gezogen werden müssen die Wirkungen der Interaktion zwischen dem zentralen Nervensystem und der Umwelt (zum Beispiel eine Veränderung der Atmung durch Wut oder Depression).

Diese Ausweitung der Perspektive wird uns nicht nur über die simplifizierende Auffassung der Aktivitäten des zentralen Nervensystems als bloße Reflexe hinausführen, sondern wird uns auch erlauben, eine Brücke zwischen einfachen neurophysiologischen Prozessen und höheren Ebenen des Verhaltens herzustellen.

Der Begriff Aufwachreflex stammt aus der Pawlowschen Gedankenwelt und impliziert einen Reflexbogen mit einer absoluten Stimulus-Dimension, die *unabhängig* von Faktoren ist, die sich durch die Umwelterfahrung des Organismus verändern. Man weiß jedoch, daß die Aufwachschwelle eines Organismus abhängig ist von Erfahrungen mit der Intensität der Stimulation, vor allem in der frühen Entwicklung. Eben diese Erfahrungen bewirken später chronische Veränderungen der Aufwachschwellen (Corso 1963, Denenberg 1964, Duffy 1957, Malmo 1959). Aus dieser »Chronizität« wurde irrtümlich gefolgert, daß es sich um einen erfahrungsunabhängigen Prozeß handle und die Konstanz der Schwellenwerte allein durch strukturelle Ausfallerscheinungen zu erklären sei.

Die Psychosomatik des Plötzlichen Kindstodes

Die Rolle von Erwartungen: Die Umkehr von Reizschwellen des Erwachens aus dem Schlaf

Mit der Entdeckung des aufsteigenden aktivierenden retikulären Systems (Hebb 1955, Jasper 1949, 1954, Samuels 1959) ist die Möglichkeit einer Umkehr der Funktion durch ein unspezifisches neurales Bombardement der Großhirnrinde erkannt worden. Im allgemeinen führt eine Stimulierung durch das aufsteigende retikuläre System zu einer Erhöhung der Aktivität; eine Intensivierung der Stimulation kann jedoch auch eine Verminderung der Aktivität bewirken.

Lorente de No hatte schon 1939 Grundsätze der neuralen Aktivität formuliert, die diese Umkehrung der Stimulationswirkung erklären können; er hatte gezeigt, wie sich einerseits subliminale neurale Impulse zu verstärkter Wirkung summieren können, während andererseits eine Überstimulation die Reizschwelle der Neuronen erhöhen kann. Daraus folgt, daß das Aufwachen keine einfache lineare Funktion der Stimulation ist, also keine Frage von absolutem Ja oder Nein, nur abhängig von der Intaktheit der neurologischen Struktur. Die Frühzeitigkeit des Aufwachens variiert mit der Intensität des Stimulus; graphisch läßt sich diese Funktion als ein umgekehrtes »U« darstellen. Während anfänglich die Aufwachschwelle bei einer Erhöhung der Intensität sinkt, also das Aufwachen beschleunigt wird, führt eine weitere Steigerung der Intensität zu einer Erhöhung der Aufwachschwelle. Dies macht ein umfassenderes Verständnis des Stimulusfeldes möglich.

Es ist nur scheinbar paradox, daß auch das *Ausbleiben* eines *erwarteten* Stimulus eine intensive Stimulierung darstellt; Stimulation durch ein Ausbleiben von Stimulation ist vielmehr ein wesentlicher Aspekt des Stimulusfeldes des Säuglings. Er wird durch das Wechselspiel von Stimulus und Reaktion zwischen dem Säugling und seiner Mutter determiniert, wobei die Entwicklung von Erwartungshaltungen eine wesentliche Rolle spielt. Hier wird die ganze Tragweite der Einstellungen und Erwartungshaltungen der Mutter (beziehungsweise des Vaters) gegenüber dem Säugling deutlich, die wiederum von ihrem (seinem) eigenen Selbstwertgefühl bestimmt werden. Das Ausmaß, in dem die Existenz des Kindes ihr (sein) Selbstwertgefühl stützt, bestimmt weitgehend darüber, ob eine Mutter (ein Vater) fähig ist, die Einzigartigkeit des Kindes anzuerkennen, oder ob sie (er) seine Hilflosigkeit ausbeuten muß. In diesem Wechselspiel der Kräfte entstehen die Erwartungen eines Kindes und entscheidet sich zugleich auch, inwieweit diese Erwartungen erfüllt werden können.

Hier gewinnt die Arbeit von von Holst und Mittelstaedt (1950) große Bedeutung. Sie zeigten, daß es katastrophale Wirkungen haben kann, wenn ein Organismus eine sensorische Stimulation erwartet, diese aber ausbleibt. Unerfüllte Erwartungen führten im Fall der Fliege Eristalis zur physiologischen Paralyse. Wie wir angedeutet haben, stellt die Lebenssituation des Säuglings ein Kontinuum von Erfahrungen dar, aus dem sich Erwartungshaltungen entwickeln. Wird diesen Erwartungen nicht entsprochen, so hat das unausweichlich Wirkungen auf den Organismus. Tinbergen hat in seinem Vortrag zur Verleihung des Nobelpreises (1974) zu von Holsts und Mittelstaedts Begriff der *Reafferenz* (Feedback zwischen Zentralnervensystem und Peripherie) die Meinung vertreten, daß sich Erwartungshaltungen in erster Linie phänotypisch und nicht genotypisch entwickeln. Damit wird nicht nur die überwältigende Bedeutung der Erfahrung bei der Herausbildung von Aufwachmustern deutlich, sondern auch die unendliche Variationsbreite in der individuellen Entwicklung neurophysiologischer Muster, die dem Verhalten zugrunde liegen.

Das Aufwachen ist also nicht einfach eine Funktion von Reflexbögen oder der Summe wiederholter Erfahrungen, sondern abhängig von ihrer Dynamik. Die Entwicklung von Erwartungshaltungen modifiziert das Reaktionsvermögen eines Organismus, und seine frühesten Erfahrungen sind hier am prägendsten; sie werden bestimmend für das Anpassungsverhalten des Individuums. Die Fähigkeit zur Anpassung geht also aus dem Wechselspiel des Individuums mit seinem Stimulusfeld hervor und spiegelt die Geschichte dieses Wechselspiels wider. Der Organismus reagiert dabei nicht nur auf tatsächliche Stimulation, sondern auch auf deren Ausbleiben. Dies wird in der Regel übersehen – vor allem, wenn man Erwartungshaltungen für Phänomene hält, die ausschließlich einer höheren Ebene »psychischer« Funktionen angehören. Wie die Arbeiten von Bertini, Cyrulnik, Condon, Sander und Aronson u. Rosenbloom zeigen, werden die Grundlagen für die Erwartungen eines Kindes bereits während der ersten Interaktionen mit der Mutter in deren Uterus gelegt.

Die Bedeutung des REM-Schlafs
und der Aufwachschwelle

Die Kompliziertheit des Vorgangs, den diese Überlegungen erschließen, wird noch verstärkt durch die Beziehungen, die REM-Schlaf und Apnoe zum Plötzlichen Kindstod haben. Der REM-Schlaf macht einen großen Teil des Schlafes in den ersten Lebenstagen aus. Sein absoluter Umfang und sein Anteil am Schlaf insgesamt verringern sich mit zunehmender Reifung. Roffwarg und seine Mitarbeiter (1966) stellten fest, daß bei termingerecht geborenen Säuglingen ungefähr 50 Prozent des Schlafes REM-Schlaf ist. Bei Frühgeburten erhöht sich der REM-Schlaf auf 67 Prozent in der 33. bis 35. Woche. Die Tendenz der Daten stützt die Ansicht, daß der REM-Schlaf vor der 30. Woche bei 100 Prozent liegt. »Diese aktivierte Schlafphase ist ein Zustand, in welchem das zentrale Nervensystem mit ebenso großer, wenn nicht größerer

Intensität arbeitet als im Erwachen.« Die Autoren ziehen daraus den Schluß, daß REM-Mechanismen wahrscheinlich als endogene Quellen der Stimulation dienen, insbesondere vor und direkt nach der Geburt. Sie glauben, daß diese Stimulation im Uterus und nach der Geburt zur Reifung der wichtigsten Sinnes- und Bewegungszentren im zentralen Nervensystem beiträgt. Der Rückgang des REM-Schlafes im Laufe der Entwicklung (nach dem sechsten Monat fällt er deutlich ab) läßt vermuten, daß die endogene Stimulation für die Reifung des Gehirns an Bedeutung verliert. Dennoch bleibt das Bedürfnis nach dieser Stimulierung. Sogar bei Erwachsenen zieht eine Entbehrung oder Unterdrückung des REM-Schlafes einen drastischen Anstieg der REM-Phasen nach sich.

Auch wenn bei herangewachsenen Menschen REM-Schlaf und visuelles Träumen miteinander gekoppelt sind, bedeutet das natürlich nicht unbedingt, daß Neugeborene visuelle Träume erleben. Dennoch halten es Roffwarg und seine Mitarbeiter aufgrund ihrer Forschungen für möglich, daß im Leben des Fötus der REM-Zustand den neurophysiologischen Hintergrund schafft, auf dem die angesammelte Erfahrung halluzinatorisch wiederholt werden kann. Wie dem auch sei – die Bedeutung des REM-Schlafes für das Verständnis des Plötzlichen Kindstodes ergibt sich wahrscheinlich aus der Erkenntnis, daß der REM-Mechanismus selbst auf ein Bedürfnis des Organismus nach dem REM-Zustand reagiert.

Neugeborene und Erwachsene kompensieren einen Mangel an REM-Schlaf mit einer Verlängerung der darauffolgenden REM-Phasen. Die Gehirntätigkeit während des REM-Schlafes ist so lebhaft wie während der Höhepunkte des Wachzustandes. Während der REM-Phasen kommt es zu folgenden Veränderungen: »Erhöhte Blutzufuhr zur Großhirnrinde; Anstieg der Gehirntemperatur; Erhöhung der Frequenz spontaner neuronaler Entladungen in der medialen retikulären Formation, in den medialen und absteigenden vestibulären Strukturen, in der Pyramidenbahn, in der occipitalen Hirnrinde; Entwicklung von Aggregaten monophasischer

Wellen im Pons, Corpus geniculatum laterale und anderen subcorticalen Bezirken; kontinuierliche Thetatätigkeit im Hippocampus (sogar regelmäßiger als während des Wachseins); außerdem gibt es Anzeichen für bahnende Einflüsse auf die somatischen und optischen Afferenzen (Corpus geniculatum laterale) der thalamischen Schaltstationen« (Roffwarg u. a. 1966). Die Erregbarkeit im motorischen Cortex ist höher und die im sensorischen Cortex mindestens so hoch wie während des Nicht-REM-Schlafs. Die Autoren betonen, daß die Erregbarkeit in beiden Regionen größer ist als im Wachzustand. Deshalb meinen sie, daß das Bedürfnis des Organismus nach REM-Schlaf darauf beruht, daß durch diesen die neurologische Entwicklung unterstützt wird.

Dies wird ergänzt durch die Feststellung von Dement (1964, 1965), daß der Organismus auf diesen »internen sensorischen Input« so reagiert, als wären es Wahrnehmungen, die das zentrale Nervensystem von außen erreichen. Er zeigte auch, daß die REM-Zentren im Hinterhirn eine wichtige Verbindung zu den erregenden und hemmenden Efferenzen der Augenbewegungen, der motorischen Aktivität, des Muskeltonus, der spinalen Reflexe, der Atmung, der Herzgeschwindigkeit und anderer Funktionen haben. Damit haben wir also die Basis für ein Verständnis der Wechselbeziehung zwischen dem Aufwachen und zahllosen internen und externen Stimulusfeldern, die die Lebenssituation des Neugeborenen ausmachen. Seine Erwartungshaltungen hinsichtlich der Bereitschaft der Mutter (oder bemutternden Bezugsperson), auf seine Bedürfnisse einzugehen und sie anzuregen – geprägt vom Grad ihrer Zärtlichkeit und der Antwort des heranwachsenden Kindes auf ihre Liebe –, werden zu seinem eigenen lebenserhaltenden Stimulusnetz.

Wenn dieses Netz reißt, dann wird die strukturelle Reifung und Funktionstüchtigkeit ernsthaft gefährdet. Nissen, Chow und Semmes (1951) haben dies mit ihren Untersuchungen an Schimpansenbabys gezeigt: Wurde jede Selbstberührung der Tiere systematisch unterbunden, so kam es nicht zu einer normalen Ausdifferenzierung der Bewegungsstrukturen.

Da der REM-Schlaf offensichtlich eine wichtige Quelle endogener Stimulation darstellt, die für die Frühentwicklung des zentralen Nervensystems ausschlaggebend ist, muß man annehmen, daß alles, was den REM-Mechanismus beeinflußt, für das Auftreten des Plötzlichen Kindstods von Bedeutung ist. Steinschneider (1972) hat festgestellt, daß alle Faktoren, die das Ausmaß des REM-Schlafes verändern, auch eine Wirkung auf die Häufigkeit von Apnoe während des Schlafs haben. Das würde sich wahrscheinlich auch auf das Auftreten des Plötzlichen Kindstodes auswirken. Naeye (1980) behauptete, daß das Überleben des Säuglings direkt von der Möglichkeit abhänge, aus dem REM-Schlaf zu erwachen. 1981 stellten Harper und Mitarbeiter bei Geschwistern von PKT-Opfern ein von normalen Kindern abweichendes Schlafmuster fest und schlossen daraus, daß dem PKT-Syndrom eine Dysfunktion des Aufwachmechanismus zugrunde liege.

Der Schlaf von Säuglingen weist zwei deutlich unterschiedene Phasen auf – ruhiger Schlaf und aktiver Schlaf –, deren zeitliche Abfolge sich in Harpers Untersuchung PKT-gefährdeter Kinder als gestört erwies. Anders als normale Säuglinge, die häufig aus ihren Schlafphasen aufwachen, erwachten diese Kinder über lange Zeit nicht. So »scheinen PKT-gefährdete Säuglinge Schwierigkeiten beim normalen Übergang vom Schlaf- zum Wachzustand zu haben. Diese Schwierigkeit trat sowohl im zweiten wie im dritten Lebensmonat auf, der Periode, in der die Gefahr des Plötzlichen Kindstodes am größten ist« (Harper u. a.). Die Untersuchung zeigt, daß die aktiven Schlafphasen (unregelmäßige Atmung, aktiviertes EEG und phasische Muskelaktivität) bei diesen Kindern übermäßig ausgedehnt waren, was nicht überrascht, da der REM-Schlaf ein integraler Bestandteil des aktiven und nicht des ruhigen Schlafs ist. Da die Autoren den REM-Schlaf gar nicht in ihre Analyse einbeziehen, ist anzunehmen, daß ihnen die Bedeutung von REM für die Ausdehnung der aktiven Schlafphase entgangen ist. Der Kern ihrer Schlußfolgerungen ist jedoch für unsere Überlegungen relevant, da die Autoren in einem erschwerten Übergang vom Schlafen zum Wachen, insbesondere während des Auftretens von Apnoe, eine Bedingung sehen, die zum Tod durch Ersticken führen kann. Diese Unfähigkeit, auf Hypoxie (Sauerstoffmangel) mit rechtzeitigem Aufwachen zu reagieren, wurde auch von McCulloch und seinen Mitarbeitern (1982) bestätigt; die damit verbundene Veränderung im Ablauf der Schlafphasen ist ihnen jedoch nicht aufgefallen.

Unsere Untersuchung

Die Arbeit von Harper und Mitarbeitern ließ vermuten, daß eine Untersuchung des Einflusses von Eltern auf das Schlafverhalten der Kinder wichtige Aufschlüsse bringen könnte. Wir kamen zu der Annahme, daß die Aufwachschwelle davon beeinflußt sein könnte, wie sich das Schlafverhalten der Kinder im Wechselspiel von elterlichen Einwirkungen und eigenen Erwartungshaltungen entwickelt hat. Die tägliche Erfahrung in unserer Kultur lehrt, daß sich ein großer Teil des Lebens der Eltern um »Probleme« dreht, die sie mit dem Schlafverhalten ihrer Babys haben. Das führt zu regelrechten Kämpfen zwischen Eltern und Kindern um Schlaf und Stillen. Die Art dieser Kämpfe, so glaubten wir, könnte das Schlafmuster der Kinder prägen. Wir wollten deshalb herausfinden, ob sich in einer Gruppe von Eltern, die ein Kind durch den Plötzlichen Kindstod verloren hatten, solche Zusammenhänge feststellen ließen, die dann in einer vergleichenden Untersuchung weiter erforscht werden könnten.

Ein Kinderkrankenhaus in der Schweiz gab mir Zugang zu den Fällen von Plötzlichem Kindstod, die dem Krankenhaus bekannt waren. Zwischen 1973 und 1984 waren 19 derartige Fälle registriert worden (zwei von den gleichen Eltern). Sieben weitere Kinder waren dem Plötzlichen Kindstod nur knapp entronnen. Das Krankenhaus schickte an alle Eltern einen Brief mit der Bitte, an einem Interview über den Tod ihrer Kinder teilzunehmen. 16 der 19 Eltern, deren Kinder an Plötzlichem Kindstod gestorben waren, und fünf der sieben Eltern, deren Kinder überlebt hatten, waren zur Kooperation bereit. Alle diese Eltern habe ich in ihren Wohnungen aufgesucht und eingehend befragt. Das Interview wurde ohne zeitliche Begrenzung geführt und erstreckte sich auf folgende Themen: Schwangerschaft (leicht oder schwer); die Geburtserfahrung; Wachen, Schlafen und Nahrungsaufnahme; Schreien, Weinen, Lachen und Lächeln des Säuglings; die Erwartungen, Ängste und Freuden von Mutter und Vater vor und nach der Schwangerschaft; die Beziehungen der Mutter zu ihren anderen Kindern (soweit vorhanden); die dem Tod vorausgehenden 24 Stunden. Die Qualität der Erinnerungsberichte sollte zugleich als Ausdruck der Persönlichkeit klinisch gewertet werden; was die Befragten nicht direkt aussprachen, sondern nur nonverbal ausdrückten, war hierbei als Hinweis auf unbewußte Vorgänge besonders zu beachten.

Eine Überlegung, die dem Interview zugrunde lag, war die Hypothese, daß in der Auffassung der Mutter von den Bedürfnissen ihres Kindes eine Verbindung zwischen dem Schlafmuster des Kindes und dem Verhalten der Mutter zu finden sein könnte. Diese Auffassung – so die Hypothese – müßte ihrerseits weitgehend vom »Selbstwertgefühl« der Mutter und des Vaters abhängig sein, das heißt von deren Bedürfnis, sich als gute Eltern zu sehen. Solche Zusammenhänge konnten nicht durch direkte Informationen ermittelt werden, da zu erwarten war, daß die Äußerungen der Eltern eher darauf gerichtet sein würden, ihr Selbstwertgefühl zu schützen, als eine objektive Darstellung zu geben. Die Gefahr der subjektiven Verfälschung in einer rückschauenden Analyse (Wenar 1963) ist bekannt; in diesem Fall war anzunehmen, daß Schuldgefühl und Verzweiflung der Eltern über den plötzlichen und unerklärlichen Tod eines Kindes diese Gefahr stark vergrößerten. Aber gerade deswegen hielten wir es für möglich, daß wir durch genaue Beobachtungen des Interviewprozesses aus den Widersprüchen der Aussagen, ihrer Gefühlsqualität und unabsichtlichen Äußerungen wichtige Aufschlüsse gewinnen könnten. Wir hofften, auf diese Weise zu verläßlichen klinischen Ergebnissen zu kommen.

Es zeigte sich, daß der Versuch, die Mütter zu einer detaillierten Darstellung ihres Verhaltens hinsichtlich des Schlafens und Fütterns zu bewegen, auf Widerstand stieß. Entweder hielt die Mutter Fragen, die dieses Verhalten betrafen, für unwichtig und überging sie, oder sie wehrte diese Fragen ab, weil diese – so schien es – ihre eigenen bewußten oder unbewußten Zweifel an ihrer Eignung als Mutter berührten – Zweifel, die der Tod ihres Kindes verstärkt hatte. Die Strukturierung der Interviews ergab sich so zum Teil aus dem Fortgang der Arbeit selbst. Das betraf zum Beispiel auch die unerwartete Teilnahme der Väter. In allen Fällen wollten beide Eltern an dem Gespräch beteiligt sein. Die Väter nahmen sich sogar frei, wenn das Interview während der Arbeitszeit stattfand. Dadurch wurde es möglich, die Interaktionen der Eltern zu beobachten und zweifelhafte Punkte in der Darstellung der zurückliegenden Ereignisse zu klären.

Im folgenden wird mehr von den Müttern die Rede sein als von den Vätern. Erstens ist die Mutter von Natur aus die entscheidende Bezugsperson für das Kind. Die Schwangerschaft baut eine Beziehung auf, die nicht nur für die Entwicklung des Kindes, sondern auch für die Entfaltung mütterlicher Eigenschaften in der Mutter von grundlegender Bedeutung ist. Zweitens ist die geringere Bedeutung des Vaters in unserer Gesellschaft auch kulturell bedingt. Dennoch kann auch er eine sehr direkte Wirkung ausüben, wie die drei Väter-Fälle unserer Studie belegen. Indirekt aber ist er in allen Fällen beteiligt – und mit dem individuellen Vater die Männer-Welt ganz allgemein – durch den Einfluß auf den Werdegang der Mutter und ihre Beziehung zum Kind. Doch dieser Einfluß kommt durch die Mutter zur Wirkung und kann daher nur an ihrem Verhalten sichtbar werden. Die Mutter repräsentiert die Scharnierstelle, an der die Macht-Ideologie unserer Gesellschaft ihren Ausdruck findet und weitergegeben wird. Allein schon aus diesem Grund wäre es völlig abwegig, die Mütter schuldig zu sprechen.

Letztlich sind die Vorgänge, die wir hier untersuchen, Ausdruck und Folge der Entfremdung und Isolation des Menschen in einer machtorientierten Gesellschaft. Sie ist geprägt von einer Männer-Ideologie, die den Menschen von seinen Gefühlen abspaltet: Selbstwertgefühl wird nicht aus dem Gewahrsein der eigenen Lebendigkeit gewonnen, sondern aus dem Erfolg im Konkurrenzkampf. Mehr noch als die Männer werden dadurch die Frauen von ihren Geschlechtsgenossinnen isoliert. Treibende Kraft ist der Herrschaftswahn des Mannes, der sich der Frau besitzergreifend bemächtigt. Alles, was zum Abbau dieser Machtstrukturen beiträgt, wird – wie wir zeigen werden – auch die Schrecken des Plötzlichen Kindstodes bannen helfen.

____ Befragungen von Eltern von Opfern des Plötzlichen Kindstodes
(Die Interviews werden in der Reihenfolge wiedergegeben, in der sie geführt wurden.)

(1) Frau A., 27 Jahre alt, Vater 31. Das Kind, ein Mädchen, starb im siebten Lebensmonat. Frau A. spricht von »gewaltigen« Ängsten, die der Geburt vorausgingen. Während der ganzen Dauer der Schwangerschaft hatte sie das Gefühl, »daß etwas nicht stimmt«. Als ihr unmittelbar nach der Geburt gesagt wurde, daß ihr Kind ein Mädchen sei, war das »ein großer Schock« für sie. Sie wollte einen Jungen und fürchtete, daß sie das Kind aus Enttäuschung nicht würde annehmen können. »Sobald das Mädchen jedoch zu mir gebracht wurde, verschwanden all diese Gefühle.« Aber schon im nächsten Satz beschreibt sie ihr Kind als »häßlich« und fährt fort: »Es entwickelte sich zu schnell ..., schlief nie ..., hatte einen zu starken Willen.« Als sie über den fünften Lebensmonat des Kindes spricht, sagt sie: »Sie war wie eine laufende Maschine, sie war einfach überall ... Ich verbot ihr, an den Vorhängen zu rütteln ... Ich sagte meiner Freundin: ›Wenn ich schon jetzt nichts mehr zu sagen habe, was wird dann später werden?‹« Und weiter in vorwurfsvollem Ton: »Sie brauchte meine Hilfe und Unterstützung ... Sie wollte alles anfassen, was sich bewegte, und stieß dann Freudenschreie aus ... Sie wollte nicht schlafen, nur in ihrem eigenen Zimmer.« Dies war ihr drittes Kind. »Aber es war das einzige Kind, an dem mein Mann hing. Sie war ›seine‹ Tochter.«

Vor dem Morgen, an dem die Tochter starb, ging Frau A. etwa um Mitternacht in ihr Zimmer, um ein Fenster zu schließen. Dabei wachte die Tochter auf, und Frau A. steckte ihr den Schnuller in den Mund. Um acht Uhr früh fand Frau A. ihre Tochter »ohne jede Reaktion. Sie war wie ein zugeschnürtes Bündel.« Sie brachte es nicht fertig, einen Arzt zu rufen (ihr Mann war bereits zur Arbeit aus dem Haus gegangen) oder Mund-zu-Mund-Beatmung zu versuchen. Berührung war ihr zuwider. Diese Information gab sie unaufgefordert.

Frau A. macht den Eindruck einer intelligenten Frau, die völlig von ihren eigenen Problemen und ihrer Vergangenheit in Anspruch genommen ist. Sie bezeichnet es als die Grundlage ihrer Ehe, daß ihr Mann bereit sei, sich auf all ihre Probleme einzulassen. Das dritte Kind sei das Ergebnis eines »Familienrats« gewesen. »Ich und meine zwei Kinder (damals neun und sieben Jahre alt) wollten ein drittes Kind. Mein Mann war dagegen.« Als sie nach der Geburt aus der Betäubung erwachte, hörte sie als erstes seine Stimme, die sagte: »Ich freue mich, ihr sagen zu können, daß es ein Mädchen ist.« (Von den zwei lebenden Kindern ist das ältere ein Mädchen, das jüngere ein Junge.) »Als ich ihn das sagen hörte, war ich schockiert. Ich wollte einen Jungen. Ich fürchtete, daß ich das Kind nicht würde annehmen können.«

Frau A. sagt, sie könne den Tod ihres Kindes nicht akzeptieren. »Warum wird man über solche Dinge nicht informiert?« Sie nahm an der Beerdigung ihrer Tochter nicht teil und hat niemals ihr Grab besucht. Sie empfindet »Eifersucht«, wenn sie Kinder trifft, die so alt sind wie ihre gestorbene Tochter. Seit ihrem Tod ist sie niemals vor acht Uhr aufgestanden, dem Zeitpunkt, zu dem sie das Kind tot aufgefunden hatte. Während Frau A. in dieser Weise sprach, machte sie auf mich den Eindruck, ihre eigenen Bedürfnisse und die ihres toten Kindes unbewußt zu vermischen. Sie scheint nie um das Kind, sondern nur um sich selbst getrauert zu haben.

Frau A. machte den Eindruck einer Person, deren Energie nicht ausreichte, um ein eigenes Selbst aufzubauen. Es war klar, daß sie selbst noch mütterliche Fürsorge wollte. Aber es war auch klar, daß sie es übelnahm, wenn jemand ihr gab, worum sie bat; das traf insbesondere ihren Ehemann. Diesen Widerspruch versuchte sie dadurch zu lösen, daß sie (unbewußt) ihre Abhängigkeit durch Überkompensation verleugnete: Sie wurde zänkisch. Auf diese Weise konnte sie abstreiten, daß irgend jemand etwas für sie tat. Ihr »Leiden« – das durchaus real war – »bewies« ihr, daß niemand etwas für sie tun konnte. Dadurch gewann sie das Gefühl, »frei« zu sein.

Sie war durchaus in der Lage, zu beschreiben, was ihr Kind durchgemacht hatte, zeigte aber kein Mitgefühl für dieses Leid und kein Gespür für das Wesen ihres Kindes. Es schien, als hätten die Intensität und Lebendigkeit des Kindes und die Tatsache, daß es die Aufmerksamkeit des Vaters so stark auf sich zog, die Mutter aus dem psychischen Gleichgewicht geworfen.

(2) Frau B., 32 Jahre alt, Vater 34. Ihr Kind, das mittlere von dreien und ein Junge, starb mit zweieinhalb Monaten. Mit dem Wachsen des Kindes in ihrem Bauch wuchsen auch die Gefühle der Mutter, daß es sie »erwürge«. »Er war zu stark für mich. Seine Finger, Füße und Zehen fühlten sich wie Messer an, seine Finger wie Nadeln.« Während der letzten drei Schwangerschaftsmonate »hatte ich das Gefühl, jemand würde seine Hände um meinen Hals legen ... Ich wurde durch seine Geburt sehr verletzt.« (Sie meint damit nicht körperliche Verletzung, sondern Schmerz.)

Während der ganzen Schwangerschaft fühlte sich Frau B. von Ängsten verfolgt. Nach der Geburt dagegen schien ihr der Junge von Ängsten erfüllt. »Er sah immer irgend etwas, seine Augen gingen unruhig hin und her, als wittere er Gefahr. Ich sagte meinem Mann, daß er immer Angst habe.« Der Vater jedoch beschrieb ihn anders: »Wenn er mich sah und ich mit ihm sprach, antwortete er immer mit einem Lächeln.« Darauf die Mutter: »Aber am Tag vor seinem Tod lächelte er nicht.«

Frau B. erinnert sich deutlich, daß sie vor der Geburt der beiden anderen Kinder von duftenden Blumen geträumt habe. Bei dem Kind, das starb, »träumte ich von einer weißen Blume ohne Geruch«. Sie sieht in diesen Träumen eine Vorahnung des Schicksals ihrer Kinder. Am Morgen, an dem ihr Sohn starb, träumte sie dreimal von einem Mädchen, das Jahre vorher bei einem Unfall ums Leben gekommen war.

Am Tag vor seinem Tod spuckte das Baby immer wieder seine Nahrung aus und lächelte den ganzen Abend nicht. Um neun Uhr abends schlief es wie gewöhnlich ein. Normalerweise wachte es um vier Uhr früh auf. Als es um fünf Uhr noch keinen Laut von sich gegeben hatte, ging Frau B. in sein Zimmer. »Er war kalt.« Der Vater: »Er sah aus, als hätte er vergessen zu niesen. Seine Backen waren aufgeblasen, als würde er im nächsten Moment niesen.«

Frau B. ist eine einsame Frau, die sich von ihrer Umwelt isoliert fühlt. Das Haus, in dem sie vor dem Tod ihres Sohnes lebte, und die damalige Nachbarschaft flößten ihr Angst und Entfremdungsgefühle ein. Das in ihrem Bauch wachsende Kind war für sie ein Teil ihres Jammers. Es kamen Gefühle in ihr auf, als verfolge das Kind sie mit seinem Wachsen, ja mit seiner bloßen Existenz. Sie erlebt die Welt als feindselig, erkennt aber nicht, daß ihr Unbehagen und ihre Wut aus ihrem eigenen Innern kommen. Diese Gespaltenheit und eine minimale Fähigkeit zu empathischer Verbundenheit scheinen die hervorstechenden Merkmale ihrer Persönlichkeit zu sein, möglicherweise verstärkt durch ihr ausgeprägtes Bemühen, sich entgegenkommend und gefällig zu zeigen. Offenbar wurde durch ihren wachsenden, aber für sie unannehmbaren Groll das Kind für sie zur Ursache ihres Gefühls, verfolgt zu sein.

(3) Frau C., 33 Jahre alt, Vater 40. Sie hat sechs Kinder; der Junge, der starb, war ihr fünftes. Er starb im dritten Lebensmonat. Seit Beginn dieser Schwangerschaft empfand sie die Zahl ihrer Kinder als Last. Hinzu kam, daß ihr in dieser Zeit wegen einer Vergrößerung ihres Betriebs noch mehr schwere körperliche Arbeit aufgebürdet wurde. Ihr Mann, sagte sie,

erwartete sehr viel von ihr. Sie berichtete, daß sie häufig stolperte und dabei das dumpfe Gefühl hatte, fallen zu wollen, um das Kind zu verlieren. »Er war mir ganz schön lästig in meinem Bauch. Mir kam oft der Gedanke, daß ich sterben wollte. Ich wollte wie eine Fliege verschwinden.«

Am Tag vor seinem Tod schlief ihr Sohn während des Fütterns immer wieder ein. »An diesem Tag weinte er nicht ein einziges Mal.« Ungefähr um acht Uhr abends war er sehr blaß, trank seine Flasche nicht aus und schlief ein. Um halb fünf am Morgen gab Frau C. ihm etwas zu trinken, und er schlief wieder ein. Da er nicht mehr weinte, schaute sie nicht nach ihm. Um acht Uhr fanden ihn beide Eltern leblos. Die Mutter versuchte Mund-zu-Mund-Beatmung, der Vater goß ihm Wasser über den Kopf. Er berichtet: »Als ich seine Decke zurückschlug, wußte ich nicht, ob er schlief oder nicht. Es war, als wäre er einfach eingeschlafen, wie jemand, der einfach ausfällt, der nicht um sein Leben gekämpft hat. Er sah beinahe normal aus. Es war, als wäre er ein Versager.« Die Mutter: »Er funktionierte einfach nicht mehr.«

Während des Interviews war die zehnjährige Tochter von Frau C. anwesend. Oft antwortete sie anstelle ihrer Mutter. Das schien die Mutter mit Stolz zu erfüllen – ganz so, als wäre die Mutter das kleine Mädchen und ihr Kind die Mutter, von der sie Bestätigung erhält.

Frau C. macht den Eindruck einer Mutter, die durch die Forderungen ihres Ehemanns unterdrückt ist. Ihren Ärger äußerte sie jedoch nie offen, sondern hielt ihn zurück und sammelte ihn an. Sie haßte nicht ihr Kind. Sie haßte ihren Mann, weil er so unsensibel war. Nach ihren eigenen Worten wich sie einer offenen Konfrontation aus, um es nicht auf eine Probe ankommen zu lassen. Sie erweckte den Eindruck, daß sie nicht offen kämpfte, weil es ihr wichtig war, im geheimen Vorwürfe anzusammeln. Dies schien ihr eine Art Befriedigung zu verschaffen und ihr ein Gefühl der Überlegenheit über ihren Mann zu geben. Der Vater, der während des Interviews häufig hereinkam und das Zimmer wieder verließ, um sich um Geschäftsangelegenheiten zu kümmern, schien stark aufgabenorientiert und ohne Gefühl zu sein. Es war aber klar, daß dennoch er in der Familie die Person war, auf die sich jeder stützen konnte, auch die Mutter. Diese wirkte tüchtig, gleichzeitig aber kindlich. Beim fünften Kind erreichten ihre Ressentiments offenbar den Höhepunkt. Mit dem Nachlassen des äußeren Druckes, dem sie damals ausgesetzt war, verloren auch diese Gefühle später an Intensität.

(4) Frau D., 28 Jahre alt, Vater 30. Sie hat zwei Kinder, das zweite, ein Mädchen, starb im dritten Lebensmonat. Als Frau D. von der Freude sprach, die sie über die Geburt ihres erstgeborenen Jungen empfunden habe, fügte sie fast im gleichen Atemzug hinzu: » ... obwohl er sehr klein war. Vielleicht wünscht man sich immer etwas ganz Vollkommenes und Schönes zu haben im Vergleich zu anderen.« Diese Tendenz, Kinder zum Objekt eines statusorientierten Vergleichs zu machen, war kennzeichnend für das ganze Interview. Frau D. zog diese Vergleiche mit der größten Selbstverständlichkeit; offenbar war es für sie völlig undenkbar, daß es noch andere Einstellungen zu Kindern geben könnte. Von der gestorbenen Tochter sagte sie, sie habe eine stärkere Persönlichkeit gehabt als ihr Sohn. Sie sei für die Mutter ein »Traummädchen« gewesen. »Sie war meine Puppe, genau das Mädchen, das ich mir gewünscht hatte.« Aber: »Sie war nicht zu halten ..., sie war ein lautes Kind ..., eines, das auf sich aufmerksam machen will ... Sie war wie eine Puppe, wirklich eine Puppe. Ich hatte immer das Gefühl, daß sie nicht real sei, daß sie nicht wirklich da war. Sie sah einen mit solcher Intensität an, so wie das Erwachsene können ..., so geheimnisvoll, daß ich einmal, als ich sie im Arm hatte, zu ihr sagte: ›Kind, ich werde dich nie wieder weggeben.‹ Ich weiß nicht, warum ich das sagte ... Ich war selig, wie in einem Traum. Besser, man erfährt so etwas gar nicht, sonst passiert etwas, und du verlierst es wieder.«

Diese scheinbare Seligkeit steht in scharfem Widerspruch zu ihrer Beschreibung der letzten zwei Nächte ihrer Tochter. »Sie schrie ununterbrochen. Sie kann ihren Schnuller nicht im

Mund behalten, dachte ich. Sie war eine Qual. Ich dachte, ›soll ich dich schreien lassen, bis du einschläfst?‹ Ich ließ sie schreien ..., ich hatte nicht den Eindruck, daß sie krank war. Am nächsten Abend schrie sie nicht, aß richtig ... Um elf Uhr abends legte ich sie ins Bett. Sie schlief eine Stunde lang und fing dann an zu schreien. Zuerst nahm ich sie zu mir ins Bett. Aber sie schlief nicht ein. Sie wollte einfach weinen. Da dachte ich mir, ›geh in dein eigenes Bett‹. Sie schrie weiter. Mein Mann kam nach Mitternacht nach Hause und trug sein Kind herum bis um drei Uhr morgens. Wir waren verzweifelt. Ich fürchtete, mein Sohn würde aufwachen; so brachte ich sie hinunter in ein anderes, entfernteres Zimmer, um sie nicht mehr hören zu müssen. Wir waren erschöpft. Um halb acht Uhr am Morgen fanden wir sie tot in ihrem Bett. Sie sah völlig entspannt aus, ohne Zeichen eines Kampfes. Wir riefen den Arzt. Mein erster Gedanke war: ›Ich habe sie umgebracht.‹«

Frau D. ist eine Person mit einem tiefverwurzeltem Bedürfnis, den anderen zu besitzen. Ihrer Tochter gegenüber steigerte sich dieser Besitzwunsch zum Traum völliger Verschmelzung; ihre Tochter mußte ganz dem Traumbild entsprechen, das sie von ihr hatte. Für das wirkliche Kind und seine individuelle Eigenart ließ dieser Verschmelzungstraum wenig Raum (»Sie war nicht zu halten ..., sie war ein lautes Kind ..., sie wollte einfach weinen.«). Die Selbstbezogenheit dieser Frau wird durch ihre eindrucksvolle soziale Haltung wirksam getarnt. Ihr liebenswürdiges Auftreten setzt sie gezielt ein, um gesellschaftlich erfolgreich zu sein; sie weiß, was sie will; es geht ihr um ihren sozialen Status. Das tote Mädchen war ihre »Puppe« gewesen und hatte für sie die Bedeutung, ihr Selbstbild als Frau und Mutter zu bestätigen. Ihr Verhalten gegenüber ihrem Sohn, der während des Interviews anwesend war, zeigte das deutlich. Solange er ihr erlaubte, das Bild der gütigen Mutter aufrechtzuerhalten – wobei sie jede seiner Bewegungen kontrollierte und gleichzeitig ganz für das Interview da war –, strahlte Frau D. Selbstzufriedenheit aus; sobald er aber Eigeninitiative ergriff und ihre Aufmerksamkeit zu gewinnen suchte, um ihr etwas zu zeigen, das er gebastelt hatte, wurde sie gereizt. Der Ehemann machte einen anderen Eindruck: Er schien aufrichtig bemüht um beide.

Frau D. zeigt eine geringe Fähigkeit, die Bedürfnisse eines anderen Menschen wahrzunehmen, gleichzeitig aber einen machtvollen Anspruch an den anderen, sich ihrer Sicht der Dinge zu fügen. Vielleicht war es das Geschlecht ihres letzten Kindes, das dieses zum brauchbaren Objekt der Wünsche der Mutter nach einem ergänzenden Wesen machte, über das sie wie über eine Puppe verfügen konnte.

(5) Frau E., 22 Jahre alt, Vater 22. Ihr erstes und einziges Kind, ein Junge, starb zweieinhalb Monate nach seiner Geburt. Sie hatte erst im dritten Monat gemerkt, daß sie schwanger war. Als sie sich dessen bewußt wurde, bekam sie Schmerzen im ganzen Bauch und Fieberanfälle. Sie hatte ständig Angst, daß etwas schiefgehen und die Geburt schrecklich sein würde. Der Fötus »bewegte sich sehr stark«. Sie hatte Rückenschmerzen und hörte auf zu arbeiten. Sie bekam Angst um ihr eigenes Leben. »Man hört so viele schreckliche Dinge.«

Als Frau E. den ersten Schrei ihres Kindes hörte, dachte sie: » ... das war nicht sehr lang. Ich habe mehr erwartet.« Sie sagte dies in einem Ton, der ausdrückte, daß sie dies als Mangel empfand. »Ich konnte nicht glauben, daß es ein Junge war, aber es machte mir nichts aus. Hauptsache, ›es‹ (!) war gesund.« Schon nach wenigen Tagen hatte sie keine Milch mehr und gab ihrem Kind nach der vierten Woche Gemüse und Obst. »Er schrie immer beim Essen oder wenn er die Flasche bekam. Seine letzte Mahlzeit war abends um halb zehn. Ich rief nach ihm, wenn ich in sein Zimmer ging, um ihn zu holen, dabei schreckte sein ganzer Körper jedesmal angstvoll zusammen.« Aus den Schilderungen beider Eltern ergab sich, daß der Junge gewöhnlich den ganzen Vormittag lang schrie und sein Weinen kurz vor Mittag an Intensität zunahm. Sobald der Vater zum Mittagessen nach Hause kam und in der Tür erschien, hörte das Kind auf zu weinen, begann zu lächeln und zu lallen.

Mit zwei Monaten hatte das Kind einen »Schreikrampf. Er konnte fast nicht mehr atmen.« Frau E. ging mit ihm zum Arzt, der sagte, alles sei in Ordnung. Drei Tage später schrie das Kind wieder ununterbrochen, und die Mutter ging noch einmal mit ihm zum Arzt. Dieser konnte wieder nichts feststellen. Frau E. berichtet, daß sie ihrem Sohn am Todestag nachmittags um halb fünf die Flasche gab, die er halb austrank. Sie legte ihn ins Bett, und um Viertel nach fünf schlief er ein. Um halb sieben schlief er immer noch. »Um Viertel nach acht aßen wir zu Abend. Um Viertel vor neun hatte ich plötzlich ein schlechtes Gewissen: ›Sollte ich ihn aufwecken?‹ Als ich zu ihm ging, kam mir der Gedanke: ›Lebt er noch, oder nicht?‹ Ich öffnete die Tür zu seinem Zimmer und rief nach ihm. Er antwortete nicht mit der üblichen Angstreaktion. Ich schrie und rief einen Bekannten, der bei uns war, damit er Mund-zu-Mund-Beatmung machte.«

Gleich zu Beginn des Interviews fragte mich Frau E., ob ich nicht der Meinung sei, daß ihre Krankenkasse die Untersuchung der Todesursache hätte bezahlen müssen. Es war nicht ganz leicht, ihre Aufmerksamkeit auf das Thema des Interviews zurückzulenken. Später zeigte sie Fotos ihres Kindes. Sie hatten alle Untertitel, als wären sie für einen Illustrierten-Wettbewerb »Das glücklichste Baby« bestimmt gewesen.

Frau E. ist eine Frau, die unfähig scheint, jemandem Liebe zukommen zu lassen. Die Mutterrolle, die das von ihr verlangte, erweckte Wut in ihr und das Gefühl, daß sie selbst Zuwendung und Aufmerksamkeit verlieren würde. Ihre Einstellung ihrem Jungen gegenüber schien von Geburt an von dem Bedürfnis geprägt, ihn in seinem Wert herabzusetzen. Ihre »Schuldgefühle« schienen ihren Grund weniger im Mitgefühl für das Leiden ihres kleinen Jungen zu haben als in Befürchtungen, was andere über sie als Mutter sagen könnten. Ganz allgemein schienen ihre Beziehungen mehr von Nützlichkeitserwägungen als von aufrichtiger Zuneigung bestimmt zu sein. Der Vater war deutlich von Leiden, Trauer und Schmerz bewegt und glaubte, diese Gefühle auch bei seiner Frau zu finden. Offensichtlich hatte der Junge sich in seiner Gegenwart immer entspannt und auf sein Kommen gewartet. Die Angstreaktion des Kindes auf die Stimme der Mutter kann als Hinweis auf die wahre Natur ihrer Gefühlsbeziehung gewertet werden.

(6) Frau F., 25 Jahre alt, Vater 31, drei Kinder. Ihr letztes, ein Mädchen, starb mit sechseinhalb Monaten. Die Schwangerschaft wurde als problemlos geschildert, die Tochter als wach und immer lachend beschrieben. Mit fünf Monaten fing sie an zu krabbeln. Über der Familie schwebte jedoch eine Wolke der Angst. Zuerst hatte Frau F.s Schwiegermutter versucht, die Ehe für ungültig erklären zu lassen. Das führte dazu, daß sich Herr F. vollkommen von seiner Mutter abwandte. »Davor hatte sie bei jeder meiner Schwangerschaften Streit angefangen. Jedesmal, wenn sie das tat, geschah etwas Schlimmes. Eines meiner Kinder schlug sich ein Loch in den Kopf, die anderen bekamen Fieber und Alpträume.« Frau F. hat das Gefühl, daß von ihrer Schwiegermutter magische Kräfte ausgehen, die sich auf sie und ihre Familie richten. »Es wird uns alle noch zerstören.« Genau an dem Morgen, an dem ihr drittes Kind starb, kamen ein paar schwarze Taschentücher an, die ihre Schwiegermutter für den Vater des Kindes eigens angefertigt hatte.

Frau F. sagt: »Eltern sind nicht dazu da, ihre Kinder zu besitzen.« Das könnte sich wie eine emanzipierte Einstellung anhören. Doch weitere Ausführungen zu diesem Thema zeigen, daß dieser Satz eine weiterreichende Bedeutung hatte: Frau F. hatte Angst, daß sie nicht das Recht hätte, sich an ihren Kindern zu freuen. Sie fühlte sich selbst nicht imstande zu einem freudigen Leben und konnte auch ihren Kindern nicht erlauben, ihre Lust am Leben zu genießen. Es schien, daß sich unter der Oberfläche ihrer fortschrittlichen pädagogischen Äußerungen eine andere Überzeugung verbarg: »Kinder wollen ihr Leben gar nicht«. Dies war natürlich nicht direkt verbalisiert, entsprach aber ihrer unausgesprochenen, gleichwohl deutlich spürbaren Lebensangst.

Als Hintergrund der komplexen psychischen Prozesse von

Frau F. ergab sich folgendes: Ihr Vater starb vor ihrer Geburt; die Mutter heiratete einige Jahre später einen anderen Mann, mit dem sie vier Kinder hatte. Als Kind – und auch später – fühlte sich Frau F. immer außerhalb der Grenzen des Akzeptierbaren. Sie hatte das Gefühl, nicht rechtmäßig, nicht zumutbar zu sein. Die Mutter mußte schließlich alle fünf Kinder allein aufziehen, da der Vater keine Verantwortung übernahm. »Meine Mutter hat das Leben gemeistert. Sie steht mitten drin.« Diesen Ausdruck der Bewunderung nimmt Frau F. im gleichen Atemzug zurück, ohne sich des Widerspruchs bewußt zu sein. »Lange Zeit hatte ich das Gefühl, daß sie versucht hat, mich runter zu halten. Sie hat nie wahrhaben wollen, daß ich erwachsen wurde. Sie hat nie verstanden, warum wir so früh geheiratet haben und sofort Kinder haben wollten. Für sie ist Freude am Leben mit Kindern nicht vereinbar.«

Frau F. ist also gespalten in ihrer Wahrnehmung der Mutter. Einerseits erlebt sie sie als stark und mächtig und bewundert sie dafür. Andererseits erfährt sie ihre Mutter als jemanden, der kein Verständnis für ihre Bedürfnisse hat. Gleichzeitig sehnt sie sich nach Bestätigung durch diese »machtvolle« Mutter. Diese unbewußte Ambivalenz scheint auch die Quelle ihrer ebenso unbewußten Vermischung von Mutter und Schwiegermutter zu sein. Obwohl sie die Schwiegermutter haßt, braucht sie unbewußt deren Zustimmung zum Am-Leben-Sein und fühlt sich ihr darum vollständig ausgeliefert.

Diese Gespaltenheit durchzieht wie ein roter Faden große Teile des Verhaltens von Frau F. Trotz ihrer fortschrittlichen Ideen verhält sie sich zum Beispiel einem ihrer Kinder gegenüber ablehnend. Ihr Dreijähriger war beim Interview dabei. Er spielte vor sich hin und nahm dabei gelegentlich flüchtig Kontakt mit mir auf, indem er mich anlächelte. Als die fünfjährige Tochter hereinkam, sagte die Mutter zu ihr in einem Ton der Erleichterung: »Wie gut, daß du da bist, er stört so sehr.« Dieses fünfjährige Mädchen benahm sich ihrer eigenen Mutter gegenüber wie ein Erwachsener; sie schien einer kleinen Frau ähnlicher als einem Kind.

Deutlich wurden Frau F.s psychische Schwierigkeiten auch daran, daß sie das Todesdatum ihrer Tochter um zwei Monate vorverlegte. Tatsächlich war das Kind im gleichen Monat gestorben wie der Vater von Frau F. Dreieinhalb Wochen vor dem Tod der Tochter hatte sie einen Traum, der sich nach eineinhalb Wochen wiederholte: Das Kind liegt tot im Bett, so wie es später wirklich aufgefunden wurde, auf dem Bauch liegend: »Ich weinte so sehr, daß mich mein Mann zweimal aufweckte. Er sagte damals zu mir: ›Jetzt sind schon sechs Monate vorbei. Du brauchst keine Angst mehr zu haben.‹ Vierzehn Tage später war sie tot.« – Daß Frau F. den Tod ihrer Tochter schon lange befürchtet hatte, war während des ganzen Interviews nicht zur Sprache gekommen; ihre Ängste wurden ihr spontan bewußt, als ihr der Traum einfiel.

An dem Tag, an dem das Kind starb, machte die ganze Familie nachmittags einen Spaziergang. Danach legte die Mutter ihre Tochter um halb vier Uhr ins Bett. Gewöhnlich wachte sie um fünf auf. »So ging ich um halb sechs, um sie zu holen – sie war tot – es gab keine Anzeichen eines Lebenskampfs.« Während Frau F. dies berichtete, wurde ihr plötzlich zum ersten Mal klar, daß es einen Monat vorher schon einmal so ähnlich war und daß ihre Tochter damals fast gestorben wäre: »Einmal, einen Monat vorher, fand ich sie blau um Mund und Ohren in ihrem Bett. Ich dachte: ›Bin ich verrückt?‹ Ich schüttelte sie, und sie lachte, und ich dachte, ich hätte geträumt. Ich hatte sie aus tiefem Schlaf gerissen. Sie war erst aufgewacht, als ich sie schüttelte.«

Frau F. ist eine begabte, kreative Frau, die unter dem Bann einer dominierenden Mutter und später dann einer ebenso mächtigen Schwiegermutter steht und darum ihr Recht in Frage stellt, selbst Mutter zu sein. Diese beiden Frauen erwecken in ihr Gefühle der Wut und Gewalttätigkeit. Da sie solche Gefühle in ihrem Bewußtsein nicht zulassen kann (ihr Ideal sind Khalil Gibrans Lebensweisheiten), richten sie sich gegen sie selbst. Vor der Schwangerschaft hatte sie depressive Phasen, derentwegen sie in einer Klinik war. Intellektuell und im Bewußtsein rebelliert Frau F. gegen ihre Mutter, emotional aber ist sie tief von dieser Mutter (oder von Mutter-Ersatzfiguren) abhängig und auf ihre Zustimmung angewiesen. Die beiden Aspekte ihrer Persönlichkeit scheinen völlig unabhängig voneinander zu existieren; sie kann sie nicht gleichzeitig wahrnehmen und darum nicht integrieren. Daher die Spaltung ihrer Persönlichkeit. Aus Gehorsam gegenüber der Mutter (oder Mutter-Ersatzfiguren) spricht sie sich das Recht ab, ein eigenes Leben zu führen und selbst Kinder zu haben. Ihre erste Tochter hat das Problem teilweise überbrückt, indem sie selbst für sie zur helfenden, unterstützenden Mutter wurde. Das zweite Kind mag der vollen Wucht ihres Selbsthasses dadurch entgangen sein, daß es ein Junge war, doch hat sie auch dieses Kind mit einem gewissen Maß an Ablehnung behandelt. Mit dem dritten Kind aber kommen die Todeswünsche der Schwiegermutter – die anscheinend psychotisch ist – offen zum Ausdruck. Mit dem abgespaltenen Teil ihres Selbst scheint sich Frau F. diesen Todeswünschen gefügt zu haben. Da sie mit ihren eigenen Gefühlen von Wut und Aggression nur so umgehen kann, daß sie diese unbewußt gegen sich selbst richtet, können ihre abgespaltenen negativen Regungen gegen ihre Kinder die Herrschaft über sie gewinnen. Auf der bewußten, rationalen Ebene sorgt sie für diese Kinder, aber in tieferen Schichten ihrer Seele wagt sie ebenso wenig, ihnen ein Recht auf ein eigenes Leben zuzugestehen, wie sie sich selbst kein Recht auf Kinder zugestehen kann. Genau in dem Augenblick, in dem die Wut ihrer Schwiegermutter auf sie ihren Gipfel erreicht, kommt es zum Tod des Kindes.

(7) Frau G., 30 Jahre alt, Vater 34. Sie hat vier Kinder, von denen das zweite, ein Mädchen, in seinem neunten Lebensmonat starb. Beim Sprechen hat die Mutter ständig ein »nettes« Lächeln auf dem Gesicht, selbst dann, wenn es um die Einzelheiten des Todes ihres Kindes geht. Während des ganzen Interviews betont sie immer wieder, daß es in ihrer Familie keine Probleme und Sorgen gebe und alle glücklich seien. »Wir sind immer fröhlich«, sagt sie oft, auch dann, wenn die Möglichkeit von Schwierigkeiten gar nicht zur Debatte steht.

Bei der Schilderung ihrer Kinder spricht sie immer nur darüber, wie glücklich sie seien. Dementsprechend erscheinen die Kinder in den Berichten der Mutter überhaupt nicht als individuelle Wesen mit eigenem Charakter. Ein Beispiel: Ich bat Frau G., die Art des Weinens eines ihrer Kinder (nicht des gestorbenen) zu beschreiben. Die Antwort gab sie wieder mit dem gewohnten Lächeln und einem Anflug von Triumphgefühl: »Es gibt keine Probleme, wir haben glückliche Kinder.« Nur durch immer gezieltere Fragen stellte sich heraus, daß das gestorbene Kind jedesmal sehr angstvoll reagierte, wenn seine Mutter es weckte.

Als ich am Anfang des Interviews nach den Namen und Geburtstagen ihrer Kinder fragte, nannte sie alle drei in einem Atemzug mit gewinnendem Lächeln; weder dem Ton ihrer Stimme noch ihrer Mimik konnte ich entnehmen, welches dieser Kinder gestorben war. Da sie mir diese Information, im Gegensatz zu den anderen Befragten, nicht von sich aus gab, fragte ich sie schließlich, welches ihrer Kinder denn gestorben sei. Sie gab mir die Antwort, ohne mit der Wimper zu zucken, in einem Ton, der nach wie vor bekunden sollte, daß alles in Ordnung sei.

Ein früheres Telefongespräch mit Herrn und Frau G. spiegelte diesen Grundzug ihres Verhaltens deutlich wider. Die Mutter wollte einen mit mir vereinbarten Interviewtermin einhalten, obwohl sie in der Klinik war und gerade an diesem Tag ihr viertes Kind geboren hatte. Als wir den Termin vereinbart hatten, wußte ich nicht, daß sie wieder schwanger war. Ich schlug ihr vor, das Interview mindestens sechs Wochen zu verschieben, da ich fürchtete, daß ein Interview über den Tod ihres Kindes ausgerechnet am Tag der Geburt des nächsten Kindes eine zu große Belastung für sie sein könnte. Frau G. war durchaus nicht dieser Ansicht, gab aber auf mein nachdrückliches Drängen schließlich nach.

Die Schwangerschaft mit dem Kind, das starb, wurde als »sehr gut« beschrieben. Der Fötus sei »ziemlich aktiv« gewesen. Zum Verhalten des Kindes vor dem Nachtschlaf sagte die Mutter: »Sie hatte jeden Abend ihre Schreistunde.« Nachfragen ergaben, daß das kleine Mädchen im allgemeinen weniger fest schlief als die anderen Kinder. Jedesmal, wenn die Mutter das Zimmer betrat, wachte es auf und war, wie schon erwähnt, voller Angst. Wenn jedoch der Vater hereinkam – so berichteten beide Eltern übereinstimmend –, »wachte sie auf und lachte«.

Am Tag, bevor das kleine Mädchen starb, trat der Vater eine Geschäftsreise an. Es war das erste Mal seit ihrer Geburt, daß er verreiste. Am Morgen seiner Abreise weckte er seine Tochter um acht Uhr. »Sie wachte auf und lachte mit mir.« Am nächsten Morgen schlief Frau G. wie gewöhnlich bis halb neun und gab dem Kind dann die Flasche. Danach legte sie es auf eine Decke vor dem Haus. Das Kind konnte noch nicht krabbeln. Die Mutter erinnert sich, zu sich selbst gesagt zu haben: »Wenn mein Mann zurückkommt, wird sie krabbeln können.« Um halb elf Uhr legte sie ihre Tochter ins Bett und verließ das Haus um zehn Minuten vor elf. Sie kehrte gleich wieder zurück. »Alles war ruhig, ich schaute nicht nach ihr, weil sie das nur erschreckt hätte.« Sie bereitete in der Küche das Mittagessen vor. »Um eins hatte sie immer noch keinen Laut von sich gegeben, ich ging sie deshalb wecken ... Sie lag wie tot auf der Decke ... Ich machte Mund-zu-Mund-Beatmung ..., rief meine Tante an, daß sie den Arzt rufen sollte, weil ich seine Telefonnummer nicht hatte. Es sah aus, als würde sie schlafen.«

Ihrer ersten Schwangerschaft war Frau G. sich erst bewußt geworden, als sie schon im fünften Monat war. Sie machte damals gerade eine Weltreise. Sie saß in einem Bus und wünschte sich, daß er in den Abgrund stürzen möge, den sie gerade überquerten. »Ich wollte sterben ... Als ich aber sicher war, daß ich schwanger war, spürte ich, daß ich eine Aufgabe hatte, und wußte, daß es in Ordnung war.« Nachdem sie von der Reise zu ihren Eltern zurückgekehrt war und dort das Kind geboren hatte, lernte sie ihren jetzigen Mann kennen und heiratete ihn.

Frau G. ist ein Mensch, der immer lächelt, immer liebenswürdig sein will und stets das tut, was der gesellschaftlichen

Konvention entspricht. Ihr Beharren auf einer Fassade von scheinbarem Glück, ihr hartnäckiges Lächeln, auch wenn sie von schmerzhaft aufwühlenden Ereignissen spricht, lassen ein großes Potential von abgespaltenem Haß und Feindseligkeit vermuten; ja, es ist anzunehmen, daß eben in dieser Vorspiegelung unerschütterlichen Glücklichseins die abgespaltenen destruktiven Gefühle ihren Ausdruck finden. Denn mit diesem stereotypen Pseudoglück erstickt sie jedes echte Gefühl und unterdrückt so die Lebendigkeit und individuelle Eigenart ihrer Kinder. Zugleich kann sie auf diese Weise ihre destruktiven Gefühle vor sich selbst verbergen. Als diese Gefühle doch einmal aus dem Unbewußten durchbrechen, weil sie sich ihre Schwangerschaft (auf der Weltreise) nicht länger verhehlen konnte, führte der daraus entstehende Selbsthaß nicht nur zu einer Phantasie der Selbstzerstörung, sondern sie ließ in dieser Vorstellung kurzerhand den ganzen Bus mit all seinen Insassen mit in den Abgrund stürzen. Unmittelbar danach verhalf ihr eine kompensatorische Vorstellung von Pflicht und Aufgabe zur Überbrückung ihres gespaltenen Bewußtseins.

Der Vater scheint in der Familie derjenige zu sein, der echte Wärme zu geben hat. Das Lächeln seiner Frau ist ihm aber offensichtlich wichtig. Er nimmt ihre zur Schau getragenen Gefühle als bare Münze und pflichtet ihrer Sicht der Dinge stets bei. Ihr gemeinsames erstes Kind (das zweite der Mutter) stirbt an dem Tag, an dem er das Haus gerade für eine längere Geschäftsreise verlassen hat. Was ich an Gefühlshintergrund wahrnahm, läßt sich etwa so sagen: Das erste Kind war vom Auslöser von Todeswünschen zur Lebensaufgabe geworden; das zweite, gemeinsame, vom Vater geliebte, zog im Rahmen der gleichen emotionalen Konstellation die ganze Wucht der abgespaltenen Lebensfeindlichkeit der Mutter auf sich.

(8) Frau H., 30 Jahre alt, Vater 32. Sie hat drei Kinder, das letzte, ein Mädchen, starb mit dreieinhalb Monaten. Die erste Schwangerschaft wurde als schwierig beschrieben – Frau H. wurde oft bewußtlos. Das Kind kam mit Kaiserschnitt zur

Welt. Nach der Rückkehr vom Krankenhaus schlief es in der ersten Nacht durch. Die Mutter bekam deshalb Angst, es könnte gestorben sein. »Für das letzte Füttern mußte ich sie immer aufwecken. Sie schlief, ohne auf Geräusche zu reagieren. Ich hatte immer Angst, daß ich sie nicht hören würde, wenn sie nach mir schrie.« Bei der zweiten Schwangerschaft »ging alles gut«. Es war ein Sohn. »Wie bei L. (ihrem ersten Kind) horchte ich immer auf Lebenszeichen. Ich hatte immer Angst, daß er tot sein könnte. Eine Woche vor seiner Geburt hatte ich Fieber und starke Magenschmerzen. Als er vier Wochen alt war, kam ich einmal in sein Zimmer und fand ihn ganz mit Schleim bedeckt. Ich hob ihn an den Füßen hoch. Er rang nach Luft und atmete dann wieder frei.«

Frau H. wollte ein drittes Kind, obwohl der Arzt ihr davon abriet. Während des Interviews nannte der Vater die Schwangerschaft einen »Verkehrsunfall«. Alles ging gut bis zum Anfang des sechsten Monats, als starke Schmerzen einsetzten. Frau H. empfand die Bewegungen des Kindes als »ziemlich stark. Vielleicht schien es mir nur so. Aber ich war glücklich, denn es bedeutete einfach, daß es am Leben war.«

Das Kind kam fünf Wochen vor dem Termin mit Kaiserschnitt zur Welt. »Sie kam gleich in den Brutkasten. Als ich sie sah, war ich schockiert über ihre Kleinheit ..., sie war so winzig. Ich war nur froh, daß sie am Leben war.« Frau H. weinte, als sie darüber sprach. »Sie hatte so einen intensiven Blick. Das hat mich manchmal wild gemacht, sie schaute ständig. Ihre Augen waren immer offen. Sie konnte einen minutenlang anstarren, mit dem Blick durchbohren. Sie schrie selten.«

Als Frau H. über den Tag sprach, an dem ihr Kind starb, verwechselte sie den Todestag mit dem Geburtstag des Kindes, verbesserte sich aber dann. »Wir waren nachmittags draußen auf einer Wiese mit vielen Menschen. Sie war sehr unruhig. Ich hatte das Gefühl, daß ich sie heimbringen sollte. Das war um halb Fünf. Ich gab ihr die Flasche, die sie brav austrank. Danach legte ich sie in ihr Bettchen und ging mit meinem Sohn auf die Wiese zurück, etwa 50 Meter vom Haus entfernt ... Ich kam um halb sechs zurück. Um halb sieben schlief sie immer noch. Sie schlief in unserem Zimmer, weil ich immer Angst hatte, daß sie nicht aufwachen könnte. Um Viertel vor sieben brachte ich einen Verwandten zur nahegelegenen Bushaltestelle und ging dann mit meinem Sohn wieder zur Wiese zurück, um einem Wettkampf zuzuschauen. Ich hatte so ein sonderbares Gefühl. Innerlich drängte mich etwas, nach Hause zu gehen, aber ich tat es nicht. Mein Sohn machte ein großes Geschäft in die Hose und wollte unbedingt nach Hause.« (Hat er ihre Angst gespürt und übernommen?) »Ich ging immer noch nicht. Erst um halb acht kehrten wir zurück. Sie war sehr ruhig. Ich merkte nichts. Ihr Kopf war im Kissen. Ich wandte mich ab und ging aus dem Zimmer hinaus. Dann roch ich, daß sie das Bett naß gemacht hatte. Ich ging zurück und nahm sie hoch ... Es war kein Atem zu spüren. Ich erkannte immer noch nicht richtig, was geschehen war, und rief das Krankenhaus an. Dann schüttelte ich sie – nichts. Sie sollte doch atmen ... Ich habe das Gefühl, sie starb, weil ich nicht da war ... Schon am Abend davor war ich ganz durcheinander. Den ganzen Tag hatte ich Angst gehabt, alles ging schief. Ich verstehe nicht, warum ich nicht nach Hause gegangen bin. Ich hatte am Tag, bevor es geschah, so ein komisches Gefühl. Gegen Abend war mir nach Weinen zumute und dann nach Lachen ... Wenn sie bei der Geburt gestorben wäre, wäre ich damit fertig geworden.«

Frau H. ist hochgradig sensibel und körperlich wie emotional verletzbar und anfällig. Bei der Schilderung ihrer tatsächlich schmerzhaften Schwangerschaften machte sie den Eindruck eines Menschen, der Leiden auf sich nehmen möchte. Zu leiden ist für sie eine wesentliche Grundlage ihres Selbstwertgefühls. Es scheint sich dabei um einen Wunsch nach Selbstbestrafung zu handeln. Was sie unbewußt wünscht, erlebt sie bewußt jedoch als Angst. Daher das seltsame Verhalten am Todestag des Kindes: Frau H. nahm die Gefahr für ihr Kind zwar wahr, aber alles, was sie tat, stand in Widerspruch zu diesem Gewahrsein. Die als Angst erlebten unbewußten Todeswünsche entspringen in diesem Fall nicht direkter Feindseligkeit gegenüber den Kindern, sondern dem unbewußten Bedürfnis zu leiden und sich selbst zu bestrafen. Der Anteil des Ehemannes scheint hier darin zu bestehen, daß er seiner Frau keinerlei emotionale Unterstützung gibt. Ihr Gefühl, wertlos zu sein und kein Daseinsrecht zu haben, wird dadurch verstärkt.

(9) Frau I., 34 Jahre alt, Vater 41. Sie hat drei Kinder, ihr letztes, ein Junge, starb mit vier Monaten. Zwischen dem ersten und dem zweiten Kind hatte sie vier Fehlgeburten. Zu Beginn ihrer letzten Schwangerschaft hatten sie und ihr Mann das Gefühl, »daß es ein bißchen früh war, obwohl wir ein Kind wollten. Ich hatte mich von der zweiten Schwangerschaft (zwei Jahre zuvor) noch nicht ganz erholt.« Der Vater: »Wir überlegten, ob es richtig war, noch ein drittes zu bekommen. Wir wollten eigentlich noch warten.«

Zur letzten Schwangerschaft sagt sie: »Mir war übel, wie immer. Er war ein sehr lebhafter Fötus ... Gegen Ende der Schwangerschaft machte er mir starke Schmerzen. Es war sonderbar, ich hatte in einer Woche zwei Pfund abgenommen, und auch mein Bauchumfang war um etwa zwei Zentimeter zurückgegangen. Mein Arzt schlug vor, die Geburt einzuleiten. Ich reagierte jedoch nicht auf die Spritzen. So wurde am nächsten Tag ein Kaiserschnitt gemacht. Es ging alles gut, nur das Baby hatte etwas Fruchtwasser in die Bronchien bekommen und hatte ein wenig Schwierigkeiten beim Atmen. Es wog nur 2400 Gramm, wir hatten also offensichtlich den Beginn der Schwangerschaft falsch berechnet. Der Säugling blieb drei Wochen im Krankenhaus. Beim Füttern wurde er sehr müde. Ich ging zweimal täglich zum Krankenhaus, um ihn zu stillen. Sobald er zu Hause war, nahm er sehr schnell auf 3000 Gramm zu. Alles ging gut. Er war völlig gesund ... Er schlief weniger als die anderen, war länger wach. Ab der neunten Woche wollte er keine feste Nahrung mehr zu sich nehmen. Er merkte es, wenn jemand nachts in sein Zimmer kam.« Der Vater: »Er schien mir so wie das zweite Kind, kerngesund. Er entwickelte sich gut. Es gab keine Probleme.« Am Tag vor seinem Tod nahm die Familie das Kind mit auf eine zweitägige Wanderung in die Berge. Es war sehr windig. Der Kleine wurde offensichtlich sehr müde und trank nur einen Teil seiner Flasche. »Ich dachte mir, daß er nicht richtig trank«, sagte die Mutter. Gegen Abend nahm der Wind noch zu, aber »das Baby lachte, es weinte nicht und war zufrieden, wenn es seine Flasche trank«. Gegen fünf Uhr morgens dachte der Vater, er höre ein Kind weinen: »Ich glaube immer noch, daß ich es wirklich gehört habe.« Aber dann sagte er sich, es sei nur der Wind. Die Familie frühstückte um halb acht. »Wir dachten, er schläft«, fuhr die Mutter fort, »weil er am Tag zuvor so müde geworden war. Um halb neun sah ich nach ihm. Er reagierte nicht, und ich dachte, er schläft sehr tief. Ich nahm seine Hand, sie war lauwarm. So dachte ich, daß nichts passiert sei. Dann machte eines der anderen Kinder Krach, was ihn normalerweise aufgeweckt hätte. Aber er rührte sich nicht, als ich wieder hineinschaute. Ich ging wieder hinaus, um ihn ausschlafen zu lassen. Um Viertel nach neun wollte ich ihn holen. Ich schrie auf und machte Mund-zu-Mund-Beatmung. Er sah aus, als ob er schliefe.«

Der Vater hatte offenbar Schuldgefühle, daß er um fünf Uhr nicht aufgestanden war, um nach dem Kind zu sehen, war gleichzeitig aber zwanghaft bemüht, jemand anderen für den Tod verantwortlich zu machen. Er meinte, irgend jemand hätte ihn »warnen« müssen, irgendeine Autorität, die Ärzte oder sonst jemand. Es war deutlich, daß er viel Wut und Groll in sich hatte.

Beim Vater drängt die Suche nach einem Schuldigen die Gefühle von Trauer und Zärtlichkeit ganz in den Hintergrund. Beide Eltern wehren Gefühle ab, aber auf unterschiedliche Weise: Der Vater durch Schuldzuweisung, die Mutter durch ihre Fixierung auf körperliche Fitneß und Tüchtigkeit. So braucht sie sich nicht auf empathische Wahrnehmung einzulassen. Beide Eltern verleugnen auch ihre Angst. Unmittelbar vor dem Tod des Kindes hatte es genügend Anlaß zur Sorge gegeben: Der Säugling hatte zu wenig getrunken, so daß man erwarten mußte, daß er früh aufwachen würde, und er reagierte nicht auf Lärm, obwohl ihn sonst jedes kleinste Geräusch störte. Die Mutter ließ jedoch kein Gefühl der Angst oder Besorgnis in sich aufkommen. Sie scheint überhaupt – wie auch der Vater – alle Gefühle abzuwehren, die voraussetzen würden, sich in einen anderen Menschen hineinzuversetzen. Beide Eltern betonen übrigens immer wieder, daß es bei ihnen keinerlei Probleme gebe und alles in Ordnung sei. Das dritte Kind wurde jedoch stärker als Last empfunden als die beiden ersten.

(10, 11) Frau J., 34 Jahre alt, Vater 39. Sie hat fünf Kinder. Das erste, ein Junge, starb mit neun Monaten, das zweite, ein Mädchen, mit zwei Monaten. Seit dem Beginn der ersten Schwangerschaft litt Frau J. an Übelkeit. Die Geburt war sehr schwer, »das Baby hatte die Nabelschnur um den Hals gewickelt«. Zehn Tage nach der Geburt kam er aus dem Krankenhaus nach Hause. Der Vater: »Er hatte einen leichten Schlaf. Er wachte auf und lachte vor sich hin, bis ich ins Zimmer kam.« Die Mutter: »Er entwickelte sich sehr schnell. Er konnte schon früh stehen und wollte herumrennen.« Das sagte sie nicht mit Freude, sondern so, als ob die rasche Entwicklung ihres Kindes ihr Unannehmlichkeiten bereitet hätte. Mit einem ähnlichen Unterton von Ärger erzählte sie, daß ihre Schwiegereltern sehr glücklich über das Kind gewesen seien. »Sie nahmen ihn immer auf den Arm.« Da sie das in einem mißbilligenden Ton sagte, fragte ich sie nach den Gefühlen, die sie dabei hatte. »Ich mochte das nicht.« Sie fühlte sich dadurch selbst zurückgestoßen. Der Junge war damals sieben Monate alt.

Über den Todestag berichtet die Mutter: »Um zehn Uhr vormittags legte ich ihn hin (er schlief gewöhnlich von zehn bis halb zwölf). Ich hörte nichts und ging auch nicht zu ihm hinein, weil er immer sofort aufwachte, wenn ich sein Zimmer betrat. Ich wartete bis Dreiviertel zwölf …, ging in sein Zimmer …, er hatte sich in seiner Decke verheddert. Überall war Schleim. Ich vermute, daß er sich aufgerichtet hatte. Die Decke war so fest um ihn geschlungen, daß ich ihn fast nicht herausbekam. Mein Mann und ich waren beide da. Erst als wir versuchten, ihn herauszuziehen, bemerkten wir, daß etwas nicht stimmte. Wir machten Mund-zu-Mund-Beatmung. Er war oft unter der Decke. Ich dachte, ich hätte hineinschauen sollen, aber ich hatte nicht in sein Zimmer gehen wollen. Ich ging erst um Dreiviertel zwölf hinein. Danach versuchte ich mich zu verstecken ... Ich fühlte mich nicht in der Lage, mit Leuten zusammen zu sein. Ich wollte mit niemandem sprechen.«

»Nach einiger Zeit entschieden wir uns dafür, noch ein Kind zu bekommen, und ich wurde wieder schwanger.« Das war zwei Monate nach dem Tod des Sohnes. Während dieser ganzen zweiten Schwangerschaft hatte sie Angst, daß »etwas passieren würde«. Diesmal litt sie nicht an Übelkeit. Der Vater: »Wir hofften immer, daß es gut gehen würde.« Die Geburt verlief ohne Komplikationen, »alles war okay«. Es war ein Mädchen. Die Mutter: »Sie schlief mehr als das erste Kind und war sehr lebhaft.« Das sagte sie mit einem vorwurfsvollen Unterton.

An ihrem Todestag »waren wir bei meinen Eltern. Um halb acht Uhr abends gab ich ihr die Flasche. Morgens um halb sieben hatte ich sie noch nicht schreien hören und ging zu ihr. Sie atmete nicht. Meine Mutter rief meinen Mann an. Sie war nicht steif, sondern entspannt ... Es war sonderbar, sie hatte normal getrunken, geschlafen, keinen Schnupfen, gar nichts ... Sie sah aus, als ob sie schliefe ... Ich versteckte mich wieder. Ich tat so, als wäre ich nicht mehr da.«

Einen Monat später wurde Frau J. wieder schwanger. »Wir wollten einfach ein Kind. Die Schwangerschaft war problemlos, die Geburt leicht. Sofort nach der Geburt lief das Kind jedoch blau an. Erst später merkten wir, wie schlimm es war. Der Junge mußte 14 Tage lang im Krankenhaus bleiben. Danach wurden wir überängstlich. Alle zwei Stunden schauten wir nach ihm. Er war nervös und zappelig, hatte oft Fieber. In diesem ersten Jahr war ich sehr ängstlich und nicht so depressiv.«

Als dieser Junge zweieinhalb Jahre alt war, wurde die Mutter wieder schwanger. Alles ging gut. Die Geburt wurde vom

Arzt eingeleitet. Das Kind, ein Mädchen, wurde wegen der Krankengeschichten der vorhergehenden Kinder prophylaktisch ins Kinderkrankenhaus gebracht. »Sie weinte nie, war sehr lebhaft. Ich hatte nicht mehr so viel Angst.«

Vier Monate nach der Geburt dieses Mädchens wurde Frau J. abermals schwanger. »Ein Unfall.« Es war wieder ein Mädchen. Die Geburt wurde vom Arzt eingeleitet, und das Kind kam wieder ins Kinderkrankenhaus. »Ich hatte viel mit ihr zu tun. Sie war sehr klein. Ich hatte sogar noch weniger Angst.«

Frau J. hatte schon vor ihrer Ehe viele depressive Phasen. Sie fühlt sich kindlich und verlangt viel Fürsorge. Sie fühlt sich leer. Schon dadurch, daß ihre Schwiegereltern mit ihrem ersten Kind spielten, fühlte sie sich zur Seite gestoßen. Sie klammert sich an jeden, der ihr Unterstützung anbietet, weist aber jeden Versuch zurück, ihr zu etwas echter Unabhängigkeit zu verhelfen. Ihr Ehemann macht einen mütterlichen Eindruck, verlangt aber viel von seiner Frau und akzeptiert ihre Grenzen nicht. Dennoch war er die eigentliche Mutter in der Familie. Frau J. war selbst zu sehr verletzt, um auf die Bedürfnisse ihrer Kinder eingehen zu können. Als ihr erstes Kind sieben Monate alt war, fühlte sie sich plötzlich von ihren Schwiegereltern beiseite geschoben. Beim zweiten Kind war sie von Anfang an überzeugt, daß etwas Schlimmes passieren würde.

(12) Frau K., 32 Jahre alt, Vater 33. Sie hat drei Kinder, alles Mädchen, das letzte starb mit einem Monat. »Ich bin ziemlich hektisch. Bevor das mit K. (ihre letzte Tochter) geschah, habe ich nie gedacht, daß so etwas überhaupt möglich wäre. Sie war leblos ... Ich war es, die sie tot aufgefunden hat ... Ich komme nicht darüber weg. Es war grauenhaft, ich wollte das Kind wirklich. Ich war richtig glücklich. Es war eine schöne Schwangerschaft. Die Geburt dauerte lang, aber ich war die ganze Zeit ruhig, während ich sonst sehr nervös bin. Sie war bei der Geburt etwas blau. Sie zeigten sie mir gleich und legten sie mir an die Brust.« »Sie war ruhiger als die

anderen. Ich dachte, weil die Schwangerschaft auch ruhig gewesen war. Sie lächelte nie: Das fiel uns auf. Sie schrie weniger als die anderen. Sie weinte nur dann, wenn ihr Rücken nicht ganz gestützt war, aber sobald man das tat, hörte sie auf zu weinen. Nach der ersten Woche zu Hause schlief sie fast immer durch. Eine Woche vor ihrem Tod ging ich zum Arzt, weil ihre Nase lief und ich das Gefühl hatte, daß sie zu schwach atmete. Er sagte, alles sei in Ordnung, und gab ihr eine Salbe für die Nase. Sie schlief am besten auf der linken Seite, nie auf dem Bauch, das mochte sie nicht.« An ihrem Todestag: »Sie weinte um drei Uhr morgens, und ich gab ihr etwas Fencheltee. Ich legte sie auf die linke Seite. Um sechs Uhr früh sah ich sofort, daß sie tot war. Sie war weder blau noch steif.«

Direkt vor dieser letzten Geburt hatte Frau K. gedacht: »›Dies ist nicht meine letzte Schwangerschaft.‹ Aber sobald das Kind da war, war dieser Gedanke weg. Ich hatte keine Angst davor, aber jetzt fürchte ich mich vor allem, was leblos ist.« Sie sagt das nicht mit Angst, sondern mit Trauer. »Ich hatte diese letzte Schwangerschaft meines Lebens wirklich genossen.«

Über ihre erste Schwangerschaft sagte sie: »Ich war sehr stolz. Mein erstes Kind schlief schon während der Stillzeit sehr wenig. Direkt nach der Geburt konnte sie ihren Kopf und ihren Bauch bewegen. Nach der Geburt meines zweiten Kindes kam meine erste wie jeden Abend herein, um uns zu beobachten; sie war damals zweieinhalb Jahre alt. Sie hatte das Gefühl, daß sie zu kurz kam. Mein zweites Kind war sehr friedlich und glücklich. Von Anfang an konnte sie leicht zu anderen Kontakt aufnehmen. Damals hatten wir einige Eheschwierigkeiten, die sich aber auflösten, als wir uns über die Einteilung unserer Zeit mit Kindern und Haus einigten. Als wir das geschafft hatten, dachte ich: »›Ich bin wirklich nicht allein. Ich habe einen Mann, der mithilft.‹« Aus diesem geht hervor, daß Frau K. eine Person ist, die mit ihren Kindern und ihrem Ehemann eine klare und offene Beziehung hat. Sie nimmt ihre eigene Individualität und die des anderen voll wahr. Sie erkennt die Bedürfnisse von anderen und unterscheidet diese klar von ihren eigenen.

Erst nach dem Interview stellte sich heraus, daß es sich gar nicht um einen Fall des Plötzlichen Kindstodes handelte. Ein Computerfehler hatte zu einer falschen diagnostischen Zuordnung geführt. Laut Obduktionsbefund war das Kind an einer embryonalen Fehlentwicklung des Gehirns gestorben.

Dieses Interview unterschied sich im nachhinein deutlich von allen anderen: Die Mutter zeigte weder bewußte noch unbewußte Ambivalenz gegenüber ihren Kindern; sie war sich über ihre Gefühle im klaren, konnte Freude wie Wut zulassen und offen äußern und war in der Lage, die Bedürfnisse anderer Menschen, auch die ihrer Kinder, wahrzunehmen und ernst zu nehmen. Sie konnte wirklich trauern, ohne Vorwürfe und Schuldzuweisungen.

(13) Frau L., 27 Jahre alt, Vater 29. Sie verlor zwei Kinder. Ihr erstes Kind starb sieben Tage nach der Geburt an einem »Chromosomendefekt«. »Der Arzt half mir. Er war streng, ohne Mitgefühl. Das hilft mir. Ich komme besser zurecht, wenn mir kein Mitleid entgegengebracht wird.« Ihr zweites Kind, ein Junge, starb mit siebeneinhalb Monaten.

»Ich hatte Angst, obwohl eine Chromosomen-Untersuchung des Fruchtwassers gemacht worden war. Erst als ich ihn sah, nach der Geburt, war ich beruhigt. Ich hatte immer Angst. Ich hatte Angst, daß ich nach einem Kaiserschnitt nicht mehr aufwachen würde. Ich war glücklich, als ich ihn sah. Aber er war so klein, so schrecklich klein ... Zu Hause war ich sehr ängstlich ... Ich hatte sehr bald keine Milch mehr. Solange ich ihn noch stillte, schrie er sehr viel. Ich hatte das Gefühl, daß er nicht genug bekam, daß meine Milch dünn war wie Wasser. Ich versuchte es mit der Flasche, und er hörte auf zu weinen. Er war ein sehr hungriges Kind ... Er war sehr lebhaft und stark. Der Arzt sagte, er sei ungewöhnlich stark. Er drehte seinen Kopf schon am zweiten Tag. Er konnte sich schon sehr bald auf die Hände stützen. Er wollte immer alles sehen. Wenn er mich nicht sehen konnte, weinte und schrie er.

Wahrscheinlich hat er sich gelangweilt(!). Zwischen zwei und drei Monaten schrie er viel, seine Stimme war sehr hoch und durchdringend wie eine Sirene. Man hörte ihn überall. Ich dachte, es läge daran, daß er hungrig war und allein. Er erbrach oft. Er steigerte sich immer mehr hinein ... Wenn er brüllte, nahm ich ihn hoch und lief mit ihm herum. Er wollte einfach bei jemandem sein ... Er wollte am Tisch sitzen. Er war zufrieden, wenn er alles sehen konnte. Andere Kinder schlafen durch die rhythmischen Bewegungen ein, wenn sie im Kinderwagen gefahren werden, er mußte jedoch alles sehen, alles beobachten. Wenn er in seinem Wagen war, schaute er die Leute so lange an, bis sie ihn auch anschauten, als wollte er sagen: ›Hier bin ich! Schau mich an! Ich will es so!‹ Dann lächelte er. So schien es mir jedenfalls. Er merkte immer, wenn sein Vater kam. Dann wurde er sofort ruhig.«

»Ich sagte, daß er leicht Angst bekam. Warum, weiß ich nicht. Manchmal schnitt er plötzlich eine Grimasse. Ich dachte, er schlief. Ich glaube, er hat viel geträumt, weil er sich in seinem Gitterbett so stark bewegt hat. Wir haben es deswegen gepolstert ... Er hatte so wenig Haare ... Ich hatte das Gefühl, daß eines seiner Augen größer war als das andere.« Ein paar Mal war er deshalb zur Untersuchung im Krankenhaus. Es konnte aber nie etwas festgestellt werden.

Am Tag vor seinem Tod legte ihn die Mutter um Mitternacht zum Schlafen. »Wir fanden ihn um sieben Uhr morgens. Er hatte drei Tage lang Fieber gehabt, aber es war wieder zurückgegangen. Der Doktor hatte gesagt, er würde jetzt einen Ausschlag bekommen. Am Tag vorher war ich mit ihm beim Arzt gewesen. Ich hatte erst am zweiten Tag bemerkt, daß er Fieber hatte: Er war so aktiv, daß mir erst durch seinen übergroßen Durst auffiel, daß er Fieber hatte.« (Es stellt sich die Frage, warum sie das Fieber des Kindes nicht durch Hautkontakt gefühlt hat.) »Er hatte fast 40 Grad Fieber, so daß ich zum Arzt mit ihm ging. Er sagte, daß es ein Dreitagefieber sei, das schon wieder abklinge, und daß ein Ausschlag auftreten würde. So war es dann auch. Er bekam Durchfall und weinte. Sein Po war ganz rot.«

»Manchmal wollte er nicht essen, wollte seinen Schnuller. Er beruhigte sich, wenn man mit dem Finger Kreise auf seinem Kopf zog.« Alles das sagte sie mit der kühlen Sachlichkeit eines wissenschaftlichen Beobachters. »Tagsüber mußte ich wegen des Durchfalls zweimal seine Windeln wechseln. Er war nicht so lebhaft wie sonst. Ich dachte, er ist noch vom Fieber geschwächt. Gegen Abend ging sein Vater zum Turnen; ich sah fern und hatte ihn bei mir. Kurz vor elf Uhr schlief er ein. Sonst blieb er immer wach, bis sein Vater kam. Am Morgen roch ich etwas. Ich dachte, vielleicht ist es die Salbe, die ich ihm auf den Po geschmiert habe.« Hier schaltete sich der Ehemann ein und erzählte weiter: »Um halb sieben ging ich zu ihm rein. Erst da fiel mir auf, daß er nicht wie üblich geweint hatte. Er lag in seinem Bett wie ein Bündel. Ich bekam Angst.« (Hier wird der Vater von seinen Gefühlen überwältigt und beginnt zu weinen.) »Er lag auf seinem Bauch wie immer. Sein Gesicht war nicht verzerrt. Aber er sah blau aus, wie im Griff des Todes. Ich rief meine Frau.«

Auf die Frage, ob sie träume, antwortet Frau L.: »Nein, aber ich hatte viele Träume über meinen Vater. Ich träumte, daß er gestorben sei, weil er sich mit seiner Pensionierung nicht abfinden konnte (das stimmte nicht, aber er starb tatsächlich sechs Monate später an einem Herzanfall). Ich träumte auch, daß das Kind nicht mehr da wäre. Es war einfach nicht mehr da. Ich habe diesen Traum vergessen, aber jetzt ist er wieder da. Wenn ich mich richtig erinnere, war das vier oder fünf Monate, bevor er starb ... Manchmal träume ich so stark, daß ich nicht weiß, wo ich bin, wenn mich mein Mann in der Frühe weckt. Ich zittere dann. Ich bin sehr unruhig ... Wir hätten gerne noch ein Kind. Manchmal habe ich das Gefühl, ich bin nicht normal, als würde ich von irgendwoher gelenkt. Viele Dinge machen mir keine Freude.«

»14 Tage vor seinem Tod war ich im Urlaub gewesen. Einmal am Vormittag gegen zehn Uhr war sein Atem sehr flach gewesen. Dieses Anstarren! Meine Tante sagte, er sei ein Denker ... Meine Eltern waren geschieden. Ich hatte keinen Kontakt mit meiner wirklichen Mutter. Meine Stiefmutter war für mich wie eine Schwester. Mein Vater heiratete sie, als ich drei war. Ich habe keine Erinnerung an meine eigene Mutter. Sie hatte uns Kinder nicht gewollt.« (Frau L. hat zwei ältere Brüder.) »Die zweite Ehe war glücklich, aber es gab Auseinandersetzungen über uns Kinder. Meine Stiefmutter sagte, sie hätte unseretwegen auf eigene Kinder verzichtet, damit es keine Eifersüchteleien gibt.«

Frau L. ist eine Frau, die ein großes Bedürfnis nach Zuwendung verleugnen muß. Darum erweckt sie den Eindruck von Kälte und »Stärke«. Sie kann Mitgefühl nicht ertragen, weil es sie an Bedürfnisse erinnert, die sie verdrängt hat. Als ihr Mann einmal für einige Tage verreisen mußte, brach sie fast zusammen, gestand sich das aber nicht ein, sondern meinte, sie sei nur überarbeitet. Ihr Abgeschnittensein von ihren Gefühlen beeinträchtigte offensichtlich auch die Beziehung zu ihrem Sohn. Warum hat sie sein Fieber nicht bemerkt? Hat sie ihn nie in den Arm genommen? Oder konnte sie, wenn sie es tat, den Körperkontakt nicht wirklich spüren? Sie kann sich nicht einfühlen und versteht deshalb das Verhalten des Kindes völlig falsch. Wenn es schreit, glaubt sie, daß es sich langweilt, und kommt überhaupt nicht auf den Gedanken, daß es einfach ihre Nähe braucht. Für sie ist das Kind einfach eigenwillig. Sie hat keine Erinnerung an ihre eigene Mutter. Ihre Stiefmutter erlebte sie als Schwester, nicht als Mutter. Ihre Träume nehmen sie offenbar stark gefangen, so daß es ihr schwerfällt, sie abzuschütteln und in die Tagesrealität zurückzufinden. Dabei treten Todeswünsche zutage, die sich auf ihren Vater, aber auch auf ihr Kind richteten. Diese Todeswünsche sind offenbar Ausdruck der uneingestandenen Wut, die sie in sich angestaut hat, weil sie selbst als kleines Kind von ihrer Mutter abgelehnt wurde und ihr ungestilltes Verlangen nach Liebe verleugnen mußte.

(14) Frau M., 34 Jahre alt, ihr Ehemann 30. Ihr erstes Kind, ein Junge, starb mit sechseinhalb Monaten. Sie hatte ihren Mann erst zwei Monate vor der Geburt des Kindes geheiratet. Beide hatten nicht mit einer Schwangerschaft gerechnet,

weil Frau M. eine Eierstockoperation hinter sich hatte und der Arzt eine Schwangerschaft für praktisch ausgeschlossen erklärte. Frau M. beschreibt die Schwangerschaft als sehr angenehm. Der Fötus sei sehr aktiv gewesen. Die Geburt wurde künstlich eingeleitet. Die Mutter: »Er war ungewöhnlich. Ich konnte fast nicht glauben, daß so etwas möglich sei. Es war eine Befreiung, etwas hatte sich von mir gelöst.« Auf die Frage, was sie an ihrem Sohn als ungewöhnlich empfunden hätte, sagte sie: »Ich hatte erwartet, daß er hübscher aussehen würde.«

»Nach der Geburt konnte man sich kaum erholen. Ich hatte keine Milch. Das Abpumpen half nichts. Ich mußte eine Einstellung zu dem Kind finden, mußte lernen, wie es reagiert, was es braucht. Er war ziemlich ruhig. Er hatte immer etwas Untertemperatur. Nach fünf Tagen normalisierte sich das. Nachdem ich vom Krankenhaus wieder heimkam, mußte mein Mann drei Wochen weg, so daß ich viel bei meinen Eltern war, auch später noch. Er schlief vom ersten Tag an sehr viel, von zehn Uhr abends bis sieben Uhr früh, neun Stunden. Wenn er mir morgens im Krankenhaus gebracht wurde, schlief er immer noch. Zu Hause fürchtete ich, daß ich ihn nicht hören würde, wenn er aufwachte. Ich stellte mir deswegen einen Wecker. Mit drei Monaten begann ich, ihm feste Nahrung zu geben. Es gab keine Schwierigkeiten. Er wurde geimpft. Mit zweieinhalb Monaten wurde er getauft. Er war sehr ruhig an diesem Tag. Dann weinte er den ganzen Abend und die ganze Nacht. Er erbrach den ganzen Inhalt der Flasche. Wir riefen deswegen den Doktor. Er sagte, das Kind hätte einen Bruch, und überwies es ins Krankenhaus. Er wurde operiert und blieb vier Tage dort. Als er wieder nach Hause kam, war nichts zu bemerken. Er aß mehr und nahm zu.«

Auf die Frage, ob das Kind geweint habe, sagte sie: »Fast nie. Er weinte, wenn er hungrig war. Sein Weinen klang meistens unterdrückt. Er beobachtete uns, folgte uns mit den Augen. Er war zu ernst, manchmal zu erwachsen. Mit fünf oder sechs Monaten hatte er einen so fragenden, ernsten Blick. Er weinte nicht, wenn fremde Leute um ihn herum waren. Er beobachtete sie, fühlte sich unter ihnen wohl. Er war ein liebes Kind. Er war dünn, aber mit sechs Monaten konnte er schon frei sitzen. Er hatte Kraft, war nie krank, hatte nie Schnupfen. Nach der Geburt hatte er viel Durchfall, aber sonst gab es nie ein Problem.«

Frau M. hat ihren Sohn gar nicht als Kind empfunden. »Er war nicht wie ein Kind. Er hatte diesen fragenden Blick. Er wachte nie auf. Er schrie nie. Er konnte mich beobachten. Er konnte sich einfach mit sich selbst beschäftigen.«

Auf die Frage nach ihren Träumen sagt Frau M.: »Mehr während der Schwangerschaft. Ich flog immer mit ihm, war immer in der Luft. Die Träume waren intensiv. Ich träumte farbig. Während der Schwangerschaft träumte ich, daß ich das Baby im Umkleideraum des Fußballplatzes bekam. Der Hausmeister half mir, es war sehr aufregend. Die Fußballspieler durften während der Pause nicht in den Umkleideraum, weil ich dort war. In anderen Träumen mußte ich mich beeilen, um das Kind nicht unterwegs zu bekommen, zu früh … Als ich schwanger wurde, wollte ich unbedingt noch meine Ausbildung abschließen und mein Diplom machen. Ich war richtig darauf fixiert. Ich hätte wahrscheinlich nicht geheiratet, wenn ich nicht schwanger geworden wäre, jedenfalls damals noch nicht.«

Das zweite Kind, das nach dem Tod des ersten geboren wurde, war bei dem Interview dabei. Es saß auf dem Schoß des Vaters, fühlte sich aber ganz offensichtlich nicht wohl. Plötzlich schrie es furchtbar auf. Der Vater erklärte dazu: »Er denkt, daß ich ihn anschreien werde, weil er nicht einschläft.« In Wirklichkeit war das Kind offenkundig beleidigt und verletzt. Die Mutter nahm es auf den Schoß, aber sie war mit dem Herzen nicht dabei. Immer wieder versuchte sie, das Kind abzusetzen – sie spürte nie, was es wirklich brauchte. Der Vater sagte: »Ich nehme ihn nachts nicht hoch; meine Frau füttert ihn.«

Frau M. schildert die Beziehung zu ihrem Vater idealisiert, die zu ihrer Mutter dagegen realistisch. Herr M. verlor seine Mutter mit 14 Jahren. Zu seinem Vater hatte er keinen Kontakt. Seine Familie war groß (elf Geschwister), ohne engere Bindungen.

Am Todestag ihres Sohnes war Frau M. mit Vorbereitungen für das Mittagessen beschäftigt. Der Vormittag war normal gewesen. Das Kind hatte um halb acht seine Flasche bekommen, danach spielte es. Um halb elf legte sie es schlafen; der Bub war wie immer müde. Als ihr Mann um Viertel vor eins nach Hause kam, hatte sie eineinhalb Stunden in der Küche gearbeitet. Sie wollte das Kind holen. Es lag ganz ruhig im Bett. Sie nahm es hoch. Es gab kein Lebenszeichen von sich. Da rief sie ihren Mann. Der schüttelte das Kind. Dann fuhren sie sofort zum Krankenhaus. Wiederbelebungsversuche blieben erfolglos. Das Kind war tot.

Wenn Frau M. über ihr Kind sprach, wirkte sie außerordentlich distanziert. Auch die Fragen, die sie stellte, spiegelten diese innere Distanz wider. Daß sie bei der Geburt nicht wirklich offen war für das Kind und seine Bedürfnisse, geht aus ihren eigenen Worten hervor: »Ich mußte erst eine Einstellung entwickeln, mußte lernen, wie er reagiert, was er braucht.«

Dies sagte sie ganz unbeteiligt, als ob es um eine wissenschaftliche Problemstellung ginge; von der Freude, einen anderen Menschen im Gefühlsaustausch kennenzulernen, war nichts zu spüren. Ihre Erwartung, daß das Kind »hübscher wäre«, deutet ebenso auf mangelnde innere Verbundenheit hin wie ihre wiederholten Bemerkungen, daß sie die Geburt und das Kind als »ungewöhnlich« empfunden habe. Offenbar erlebte sie ihren Sohn als ein fremdartiges Objekt. Ihre Träume, in denen sie das Kind durch vorzeitige Geburt verliert oder während eines Fußballspiels im Umkleideraum des Sportplatzes zur Welt bringt, weisen auf ungewöhnlich starke narzißtische Tendenzen und zugleich auf ein Rivalisieren mit Männern hin. Es ist zu beachten, daß Frau M. vier Jahre älter ist als ihr Ehemann. Sie hat eine starke Bindung an ihren Vater, nicht aber an den Ehemann. Dieser wirkt gefühlsmäßig sehr flach und zeigt sich unduldsam gegenüber seinem zweiten Kind. Er steht damit in deutlichem Gegensatz zu den anderen Vätern unserer Untersuchung, die sich sowohl ihren

Ehefrauen wie ihren Kindern gegenüber mütterlich fürsorglich verhielten. Die ungewöhnliche Müdigkeit des Kindes wurde nie als beunruhigend empfunden. Man sagte einfach: »Das Kind ist gesund« und brauchte sich dann um seinen inneren Zustand keine Sorgen mehr zu machen.

(15) Herr und Frau N., Mutter 30 Jahre alt, Vater 34. Das zweite Kind, ein Sohn, starb im vierten Lebensmonat. Die Schwangerschaft war ungeplant, verlief aber ohne Komplikation. 14 Tage nach dem Termin war das Kind immer noch nicht da. Frau N. wurde aufgefordert, sofort ins Krankenhaus zu kommen, sagte aber, sie habe keine Zeit und könne erst am nächsten Morgen kommen. Als sie in der Klinik war, versuchten die Ärzte sofort die Wehen einzuleiten, hatten aber keinen Erfolg. Sie beschlossen darauf, bis zum nächsten Morgen abzuwarten; Frau N. bestand aber auf einem nochmaligen Versuch, und diesmal setzten die Wehen ein. Der Ehemann war bei der Geburt dabei und filmte ihren gesamten Ablauf. Während der Geburt sagte sich Frau N., sie wolle nie wieder Kinder haben. Sobald aber alles vorüber war, hatte sie wieder den Wunsch nach weiteren Kindern. Sie wollte gleich aufstehen und heimgehen. Es war klar, daß sie sich einen Sohn gewünscht hatte und kein Mädchen haben wollte.

An den ersten beiden Tagen hatte sie nicht genug Milch. »Deshalb schrie er so.« Später schlief er im Krankenhaus durch, daheim dann allerdings nicht. »Sein Schreien war laut und durchdringend. Als wir vom Krankenhaus heimkamen, legten wir ihn ins Bett, baten eine Nachbarin, auf ihn aufzupassen, und gingen für zwei Stunden zum Einkaufen. Nach fünf Minuten begann er zu schreien. Sie hatte ihn die ganze Zeit auf dem Arm. Ich mußte ihn oft stillen. Ich dachte, es liegt daran, daß ich nicht genug Milch habe. Nach zweieinhalb Monaten stellte ich ihn auf Trockenmilch um. Er schlief dann bis neun Uhr durch statt wie früher bis sechs Uhr.« Zu dieser Zeit bat Frau N. ihren Mann, nach dem Baby zu schauen, denn sie fürchtete den Plötzlichen Kindstod.

»Während des ersten Monats schlief das Baby bei uns im Schlafzimmer. Dann hatten wir das Gefühl, daß wir es stören, und gingen zum Schlafen ins Wohnzimmer. Seitdem schlief er tiefer und ruhiger.«

Da beide Eltern arbeiteten, aber zu unterschiedlichen Zeiten, versorgte tagsüber der Vater das Kind und nachts die Mutter. Frau N. arbeitete jedoch im gleichen Gebäude, in dem die Familie auch wohnte, so daß sie zum Stillen kommen konnte. Das Kind war nie krank, auch nicht erkältet, hatte aber leichte Verstopfung. Frau N. hatte, wie sie im Interview berichtete, immer das Gefühl, daß irgend etwas Schlimmes passieren würde. Sie mußte immer an den Plötzlichen Kindstod denken, seitdem sie einmal zufällig davon gehört hatte.

Am Tag vor dem Tod des Kindes hatten beide Eltern viel über den Tod eines Nachbarkindes gesprochen, dessen Mutter den Wunsch geäußert hatte, mit dem Sohn von Frau N. zu spielen. »Das war wohl als Kompensation für ihren Verlust gemeint. Es kam aber nie dazu ... Wir sprachen über den Plötzlichen Kindstod.« In dieser Nacht träumte der Vater, daß er zu einem Kind kam, das in den Armen seiner Mutter starb. Dieser Traum fiel ihm erst drei Tage danach wieder ein. Am Abend war der Bub schon um neun Uhr eingeschlafen. Um halb drei in der Nacht weinte er. Der Vater wartete etwas und ging dann zu ihm. Das Kind war viel wach, wollte aber nicht essen. Es spielte etwa eine halbe Stunde und weinte dann wieder. All das war ungewöhnlich. »Dann schlief er ein«, erzählte der Vater. »Um acht ging meine Frau zur Arbeit. Ich stand um Viertel nach acht auf, um halb neun war der Bub wach. Ich tat all das Übliche, wickelte und fütterte ihn. Er spielte etwa eine halbe Stunde für sich, um elf schlief er wieder. Es war ein schöner warmer Tag, und so setzte ich mich mit ihm ins Auto, um zu einem Freund zu fahren, der in etwa 50 Kilometer Entfernung arbeitete. Ich hatte dort auch einmal gearbeitet. Etwa um ein Uhr waren wir dort. Um halb zwei gab ich ihm die Flasche. Er schlief ziemlich schnell ein. Er war offenbar nervös und brauchte Schlaf. Ich legte ihn in ein abgedunkeltes Zimmer im Haus meines Freundes. Die

Zimmertür ließen wir offen. Um halb drei kam die Freundin meines Freundes. Sie wollte meinen Sohn sehen. Ich dachte, ich hörte ihn sich bewegen, und sagte okay. Mein Freund ging ins Zimmer und nahm ihn hoch. Er sah sofort, daß etwas nicht in Ordnung war. Er machte Mund-zu-Mund-Beatmung. Das Kind erbrach sich. Es atmete nicht richtig. Die Freundin rief das Krankenhaus an, und in fünf Minuten war die Ambulanz da. Sie versuchten alles, auch Spritzen direkt ins Herz. Ich rannte aus dem Zimmer und schrie, sie sollten aufhören, ihn doch sterben lassen. Ich wollte lieber kein Kind als eines mit einem Gehirnschaden. Aber sie hörten nicht auf. Das Kind war immer noch warm. Dann kam ein anderer Freund, der Arzt war. Sie ließen nichts unversucht. Ich wußte, daß ich zu meiner Frau fahren und es ihr sagen mußte. Ich löschte in diesem Moment das Ereignis seines Todes aus meinem Gehirn; ich hatte nur noch Angst davor, meine Frau informieren zu müssen. Hätte ich alleine nach Hause fahren müssen, hätte ich mich umgebracht ... Würde sie mich für seinen Tod verantwortlich machen, würde sie mich zurückstoßen, hinauswerfen?«

Die Mutter erzählt: »Um sieben Uhr abends kam ich heim. Ich sah ihn und seinen Freund und dachte: Gut, daß sie schon da sind. Er sagte: ›Es ist etwas passiert.‹ Ich fragte: ›Ist was mit dem Auto‹, da sagte er: ›Der Kleine ist tot.‹ Ich konnte es nicht glauben. Er war doch gesund. Er hat doch nie jemand was getan. Wieso er? Wieso wir? Je länger wir darüber sprachen, desto leichter wurde uns. Wir hatten uns nichts vorzuwerfen. Das Kind war nicht vernachlässigt worden. Es war alles getan worden, was möglich ist.«

Der Vater war seit der Beerdigung nicht mehr auf dem Friedhof. »Man soll sich nicht selbst bemitleiden«, sagte er. Die Mutter war ein paar Mal dort. Sie sagte: »Ich finde es schrecklich, auf dem Friedhof zu weinen. Manche Leute mißbrauchen das.«

Im Interview wurde auch gefragt, wie das Kind schaute. »Die Krankenschwester sagte, er sei in seiner Entwicklung weit voraus. Mit zwei Monaten konnte er sich aufrichten und über den Rand seines Bettchens schauen. Er mußte immer gucken. Andere Kinder schauen passiv, bei ihm war das so aktiv, wie er den Leuten nachschaute. Sein Blick war ganz intensiv. Alles interessierte ihn.«

Gegen Ende des Interviews erzählte Herr N., seine Frau habe zu Beginn der Schwangerschaft eine Abtreibung erwogen. Sie wollte damals gerade eine neue Arbeit suchen. Über seine eigenen Eltern sagte Herr N.: »Sie trennten sich, als ich drei war. Später heirateten sie wieder. Das war schlimm für mich. Er hat mich nie akzeptieren können. Meine Mutter kann ich nicht ertragen. Höchstens 20 Minuten halte ich es mit ihr aus. Sie lädt all ihre Schuld und Verantwortung auf mich ab.« Alles, was er sagt, klingt nach tiefer Verletztheit und nach Wut auf die ganze Welt. Frau N. dagegen verneint Bedürfnisse, sie muß sich als stark darstellen. »Ich finde es schrecklich, auf dem Friedhof zu weinen«. Sie wehrt sich gegen Mitgefühl. Ihre eigene Mutter hatte Frau N.s Bedürfnissen nach Zuwendung sehr ablehnend gegenübergestanden.

Herr N. sieht in seiner Frau die starke, bejahende Mutter, nach der er sich immer gesehnt hat. Ihre Stärke ist aber nur aufgesetzt. Hinter ihrer Fassade von Härte verbirgt sich ein tiefes Verlangen, umsorgt zu werden. Ihr Mann erfüllt ihr diesen Wunsch und fühlt sich zugleich dadurch gestärkt, daß diese Frau ihn »besitzt«. Die Frau wiederum kann sich ihrer Feindseligkeit gegen diesen mütterlich fürsorglichen Mann nicht bewußt werden, weil sie ihre eigene Weiblichkeit zu sehr haßt und nur über seine Zuwendung sich selbst ein wenig annehmen kann. Wohl deshalb ist ihr der Gedanke, eine Tochter zu haben, so unerträglich und das Verhältnis zu ihrem Sohn so ambivalent. Ihr Mann aber ist noch stärker als sie von Todesgedanken beherrscht. Das liegt nach meinem Eindruck nicht nur an den Verletzungen seiner eigenen Kindheit, sondern mehr noch daran, daß sein Sohn die Ausschließlichkeit der Zuwendung bedroht, die er von seiner Frau erwartet. Dieser Ausschließlichkeitsanspruch macht es verständlich, daß er halbbewußt den Tod des Kindes wünscht, während sein Freund Wiederbelebungsversuche macht und er danach nur noch den einen Gedanken hat, seine Frau könnte ihn verstoßen.

(16) Herr und Frau O., Mutter 26 Jahre alt, Vater 31. Ihr zweites Kind, ein Sohn, starb mit zweieinhalb Monaten. Die Schwangerschaft war »mehr oder weniger« geplant. Die Geburt, so Frau O., ging sehr schnell. Der Junge trank sofort an der Brust. Er übergab sich in der ersten Nacht. Nach dem dritten Tag hörte das auf. Vater: »Er übergab sich danach immer wieder.« Mutter: »Aber das ist normal, wenn er zuviel getrunken hat.« Der Bub weinte durchdringender, öfter und lauter als die damals zweijährige Tochter, die nach der Rückkehr der Mutter aus dem Krankenhaus noch eine Woche bei den Großeltern mütterlicherseits blieb. Nach seiner Flasche wurde er hingelegt und weinte, bis er einschlief. Mutter: »Alles ging gut.« Vater: »Es ging nicht so gut. Nach dem Füttern weinte er noch mehr.« Mutter: »Er fürchtete sich leicht, er hatte Angst.« Vater: »Wenn er mit mir ins Bett ging, hatte er viel weniger Schwierigkeiten. Wenn die Tür zu seinem Zimmer geschlossen war, wurde es schlimmer. Es war so ein Gegensatz, die Anspannung seines Körpers, wenn er schrie, und die Schlaffheit, wenn er schlief.« Mutter: »Er schlief am liebsten auf der Seite, nicht flach.« Wie war sein Schlaf? Mutter: »Nicht so tief (wie bei der Schwester). Aber er wachte nicht auf.« Schnupfen? Mutter: »Mir schien, daß er Schnupfen hatte, nicht genug Luft bekam. Ich ging zum Doktor, aber er sagte, es wäre nichts.« Verstopfung? »Ja, häufig.« Vater: »Er hatte nach dem Füttern Bauchschmerzen, seine Beine waren immer in der Luft.« Mutter: »Ich fragte eine Krankenschwester, aber sie sagte, da sei nichts. Ich glaube, er hatte Schmerzen (wegen der Verstopfung), er weinte aber nicht.« Starrer Blick? Mutter: »Ja, ganz anders als seine Schwester.«

Vater: »Er schaute viel interessierter. Er war vom ersten Monat an sehr neugierig.« Mutter: »Er blickte sehr schnell auf und lächelte auch.« Vater: »Er schaute einen wirklich sehr durchdringend an.«

Beide Eltern konnten den Tag, ja sogar den Monat des Todes nicht auf Anhieb nennen, sondern mußten nachschauen.

Ängste? Mutter: »Keine.« Träume? »Nein.« Vater: »Deine erste Schwangerschaft war mit sehr vielen Ängsten verbunden.« Mutter: »Aber das ist normal.« Vater: »Aber du fühltest dich belastet. Du sprachst von einem Kind, das du kanntest; seine Mutter hatte es nicht gewollt und war dann die Treppe hinuntergefallen, so daß das Kind mit Schäden geboren wurde. Wir sprachen darüber, ich weiß, daß es dich sehr beschäftigte.« Mutter: »Ja, aber das war vor und nicht während der Schwangerschaft.« Vater: »Aber es gab damals dieses Fernsehprogramm über Erbschäden. Wir haben uns beide viele Gedanken darüber gemacht (während der Schwangerschaft). Es ist sehr leicht, jetzt darüber zu reden und zu sagen, es hat uns nichts ausgemacht.« Mutter: »Aber weniger während der Schwangerschaft als vorher. Vor der Geburt selbst hatte ich keine Angst. Ich las über primitive Stämme, wie sie es machen. Wirklich enorm, sie machen es ganz allein.«

Träume während der letzten Schwangerschaft? (Ich fragte noch einmal danach.) Mutter: »Gute.« Vater: »Du sagtest, du hättest dumme Träume gehabt.« Mutter: »Oh, ja, das ist wahr. Während der Schwangerschaft (mit dem Sohn) hatte ich diesen sonderbaren Traum. Ich war in einem Korridor mit verschiedenen Türen. Es war ein schwarzer Flur. Ich wollte raus, ich rannte, sprang, aber kam nicht hinaus. Figuren erschienen an der Tür, aber ich weiß nicht, was sie waren. Ich war im 7. oder 8. Monat der Schwangerschaft.« Was bedeutet Schwarz für Sie? »Leben nach dem Tod, jenes Buch von Armodi, da gibt es einen schwarzen Trichter, viele mußten in ihren Träumen durch einen schwarzen Gang ... Es ist eine Vorahnung, wie die Träume in diesem Buch.« Der Vater sagt auf die Frage nach Träumen: »Ich kann mich nicht erinnern. Was mir zu schaffen macht, sind Alltagsszenen, die ich als déjà vu erlebe, ganz genau, mit allen Details. Was aber die Vorahnungen angeht: Als ich mit meiner Tochter zum Krankenhaus kam, drei Tage nach der Geburt meines Sohnes, warst du mit ihm im Säuglingszimmer, er lag im Bettchen. F. (die Tochter) hielt mich an der Hand, deutete auf das Baby hinter der Glaswand und sagte: ›Schläft.‹ Was mir da durch den Kopf schoß – wie soll ich es erklären –, war die Frage: Was würde ich ihr sagen, wenn er stürbe? Wenn sie nicht dagewesen wäre, hätte ich das nicht gedacht. Würde ich zu ihr sagen: ›Er schläft‹? Als er dann wirklich starb, wollte ich nicht, daß sie ihn tot sieht. Es war unmöglich, zu ihr zu sagen: ›Jetzt schläft er.‹ Wir haben ihr nie irgend etwas über seinen Tod gesagt.« Den Fragen der Tochter sind die Eltern ausgewichen. »Sie weinte jedesmal, wenn sie ein anderes Baby sah. Sie suchte überall nach ihm.« Mutter: »Ich schaute mit ihr die anderen Babys an. Ich hatte selbst Schwierigkeiten, über seinen Tod zu sprechen.«

Beide Eltern bringen starke Schuldgefühle zum Ausdruck, der Vater mehr als die Mutter. Vater: »Wir sind beide schuldig. Ich kam zu spät« (als es geschah). Mutter: »Du kannst jetzt nichts mehr ändern.«

Über den Todestag berichtet die Mutter, daß der Junge um acht Uhr morgens aufwachte und schrie. Er wurde gefüttert und lachte danach. »Alles war normal. Er hatte keine Verstopfung (wie so oft), ich legte ihn ins Ställchen auf seinen Bauch. Es war neun Uhr, ich ging wieder ins Bett (mit dem Mann). Ich wachte etwa um Viertel nach zehn auf und nahm mein Mädchen hoch.« Vater: »Ich ging ins Wohnzimmer, ohne zu wissen, daß er dort war. Nach zehn Minuten kam die Tochter zu uns und sagte ›Baby‹. Da fiel mir auf, daß er reglos auf seinem Bauch lag. Ich nahm ihn sofort hoch, er war schlaff und seine Pupillen weit offen. Er atmete nicht. Ich beatmete ihn von Mund zu Mund. Beim vierten oder fünften Mal reagierte er, aber mit einem Rasseln in seinen Lungen. Ich fühlte seinen Puls. Der war normal. Meine Frau rief sofort den Arzt. Seine Pupillen reagierten nicht. Er hatte Schwierigkeiten zu atmen, als wir beim Arzt ankamen. Der Arzt rief den Krankenwagen. Dann übergab sich das Kind und seine Pupillen reagierten auf Licht. Seine Hautfarbe wurde besser. Ich blieb bei der Kleinen, und meine Frau fuhr mit dem Jungen ins Krankenhaus ... Diese Pupillen machten mich skeptisch. Ich dachte, daß er zu lang ohne Sauerstoff gewesen war. Für die Ärzte war es ein Gehirnödem. Am Nachmittag reagierte seine linke Pupille nicht mehr. Auf dem Computerbildschirm war ein kleiner Punkt zu sehen. Nach 24 Stunden begannen die Nieren zu versagen. In der Nacht hörte sein Herz auf zu schlagen.« Mutter: »Als ich ihn am Morgen hinlegte, schrie er nur ganz kurz. Ich hatte ihn nach dem Füttern auf meiner Schulter herumgetragen, und er wachte auf, als ich ihn hinlegte. Er schrie, aber hörte gleich wieder auf. Wahrscheinlich war er gar nicht richtig aufgewacht und schlief gleich weiter. Bei seiner Schwester hatte ich oft gedacht, sie wäre tot, wenn sie so langsam atmete (!).«

Frau O. ist sehr zurückhaltend mit ihren Äußerungen, wird aber offener, wenn ihr Mann sie korrigiert. Er läßt ihr oft gar keine Zeit, auf Fragen zu antworten, sondern spricht an ihrer Stelle. Während sie versucht, die Ereignisse »normal« erscheinen zu lassen, widerspricht er ihrer Darstellung; sie gibt dann zu, daß er recht hat, und fügt weitere Einzelheiten hinzu. Beiden macht es Schwierigkeiten, Daten und Ereignisse genau zu rekapitulieren. Sie müssen dafür ständig einen Kalender heranziehen. Herr O. ist auf eine etwas strafende Weise kritisch. Als seine Frau ihre erste Geburt als sehr schnell beschreibt, fügt er hinzu: »Zu schnell für das erste Mal.« Er betont oft das Negative, sie gibt jedesmal nach. Sie beschreibt ihre eigenen Eltern als alt und friedlich. Er: »Keine Probleme? Du hast mir doch gesagt, daß du als Kind vor deinem Vater Angst hattest.« Sie: »Ja, aber nur wegen der Zeugnisse. Mit meiner Schwester ging es gut.« Sie bagatellisiert alles. Ihre Todesgedanken und ebenso ihre Phantasien, in einem Leben irgendwo ganz anders Erlösung zu finden, kommen dennoch zum Vorschein. Ihr Mann kommt leicht aus dem Gleichgewicht, wenn nicht alles so läuft wie immer und irgend etwas Unerwartetes geschieht. Das Unerwartete war für ihn schwer zu ertragen. Er gestand sich aber nicht ein, daß es ihm selbst zu schaffen machte, sondern meinte, es wäre für die anderen schlimm.

Mein Eindruck war, daß Herr O. sich durch seine zwanghafte Fürsorglichkeit in Feindseligkeiten verstrickte, die er sich nicht eingestehen konnte. Sie finden ihren Ausdruck in unbewußten Todeswünschen. Auch seine Frau ist in diese

Vorgänge verwickelt, indem sie die Fürsorglichkeit ausbeutet; sie benutzt ihre Hilflosigkeit, um Zuwendung zu erzwingen. Teilweise drückt sich dies in ihrer gefühllosen Beziehung zu ihren Kindern aus. Als ihre Tochter mit sechs Monaten anfing, sich im Schlaf zu bewegen, bekam die Mutter Angst, das Kind könnte in seinem Gitterbett ersticken.

Das Problem wurde auf technische Weise gelöst: Das Kind bekam zum Schlafen einen Pyjama mit überlangen Ärmeln, die unter der Matratze festgemacht wurden, so daß es sich nicht mehr bewegen konnte. Zum Interviewzeitpunkt wurde das immer noch so gemacht. Das Kind schlief damals schon in einem normalen Bett ohne Gitter; die Begründung lautete jetzt, es müsse daran gehindert werden, »aus dem Bett zu klettern«. Die feindseligen Gefühle gegenüber dem Kind, als Fürsorglichkeit getarnt, kommen darin klar zum Ausdruck. Solche verdeckten Feindseligkeiten, die unbewußt bleiben und mit scheinbar vernünftigen Gründen gerechtfertigt werden, spielen im Familienleben eine große Rolle. Ich komme später noch darauf zurück.

Befragungen von Eltern von Beinahe-Opfern

(1) Frau AA., 33 Jahre alt, Vater 35. Ihr zweites Kind, ein Mädchen, hatte im Alter von drei Monaten, einem Jahr und eineinhalb Jahren PKT-Krisen. Von Anfang an zeigten sich beim Interview Spannungen zwischen den Eltern. Dabei war jedoch deutlich, daß das Interview nicht als unerwünschte Einmischung empfunden wurde, sondern als eine Gelegenheit zur Aufarbeitung. Herr AA. übernahm es sofort, die Fragen des Interviewers zu beantworten. Seine Frau zeigte genauso deutlich, daß sie das ärgerte. Der Vater: »Wir heirateten, nachdem meine Frau schwanger geworden war ... Ich verlor meinen Kopf, fühlte mich überwältigt und gefangen. Ich weiß, daß sie deswegen litt, aber damals habe ich nicht darauf reagiert. Ich sah nur mich und meine Probleme ... Die Heirat war übereilt.«

Nach der Geburt dieses ersten Kindes, eines Jungen, der jetzt acht Jahre alt ist, wurde Frau AA. auf dem Entbindungsbett blau. Schnelles Eingreifen brachte sie wieder in Ordnung. Beide Eltern schilderten den Jungen im Alter von zweieinhalb Jahren als »wild«. Die Mutter: »Er konnte nicht bei mir bleiben, blieb nicht in meiner Nähe. Er war immer weg, wollte frei sein. Er gab mir nie seine Hand, wurde immer ärgerlich und wütend. Ich mußte ihn suchen und war froh, wenn ich ihn fand.«

Die Eltern beschreiben ihr Leben als »gestreßt«. Die Mutter: »Ich fühlte mich allein, wurde mir allmählich meiner Situation bewußt. Seine Mutter kam einmal für ein paar Tage, um zu helfen.« Er: »Ich lief immer vor all dem davon. Sie mußten gehen und nach mir suchen.« Dieser Zustand hielt fast fünf Jahre an, bis kurz vor der Geburt des zweiten Kindes. Dieses war geplant. »Wir wollten ein Mädchen.« Die Mutter: »Die Schwangerschaft verlief gut, aber ich litt unter seinen Arbeitszeiten und litt auch, als er für kurze Zeit arbeitslos wurde. Würde er wieder Arbeit finden? Ich hatte oft Bauchschmerzen. Da war diese Unsicherheit, ich fühlte mich unter Druck.«

Die Geburt dauerte vier Stunden. »Ich hatte ein gutes Gefühl. Sie war ganz rot, ich war glücklich. Sie wurde neben mich gelegt. Der Kontakt war schön. Ich konnte sie beobachten.« Vater: »Es ging jetzt besser, ich ließ sie in Ruhe. Ich hatte damals so viel Arbeit, manchmal bis Mitternacht. Sie konnte in Ruhe auf mich warten – ich hatte so viel zu tun.«

Auf die Frage, was sie mit ihrem Sohn während der Geburt der Tochter und danach gemacht haben, sagte die Mutter: »Kein Problem. Er war da.« Vater: »Nein, war er vielleicht allein zu Hause? Nein, nein, er war bei ihnen (den Schwiegereltern).«

Die Angaben über den Schlaf des Mädchens während der ersten Monate waren widersprüchlich. Einerseits hieß es, sie habe »gut« geschlafen, andererseits, sie habe keinen »leichten« Schlaf gehabt. »Sie weinte oft im Schlaf und auch wenn sie wach war. Es war ein stilles Weinen von Anfang an. Ich stillte sie drei Wochen lang. Sie war nicht so stark, nicht so gierig wie mein Sohn. Manchmal schlief sie während des Fütterns ein. Sie spuckte viel ... Sie hatte nie Schnupfen, hatte nie Verstopfung. Lächelte wie ihr Bruder. Ich ließ sie nicht zu lang schreien, versuchte sie zu beruhigen.«

Über den Tag der ersten Krise berichtet die Mutter: »Um zwei Uhr nachmittags machten wir einen Spaziergang, kamen etwa um sechs Uhr zurück. Sie war schon im Wagen eingeschlafen. Ich weckte sie nicht mehr, sondern stellte sie im Wagen ins Schlafzimmer. Um zehn nach sieben ging ich ins Zimmer, um Geld zu holen. Ich hörte eigenartige Geräusche und schaute nach ihr, sah, daß sie blaß war wie ein Schwamm, naß geschwitzt, die Augen nach oben gerollt. Ich nahm sie hoch, schüttelte sie. Sie begann zu reagieren. Ich dachte, sie hätte etwas verschluckt und deswegen einen Erstickungsanfall. Ich schrie meinem Mann zu, daß sie am Ersticken sei. Wir fuhren zum Krankenhaus, schüttelten sie immer wieder. Am Anfang reagierte sie auf der Fahrt nicht, dann, nach einer halben Stunde, kam sie langsam wieder zu sich. Ich blieb die Nacht über bei ihr. Sie blieb drei Tage lang im Krankenhaus. Alles war wieder in Ordnung, ganz normal.«

Die zweite Krise ereignete sich, als das Kind ein Jahr alt war. Die Familie war zwei Monate vorher in eine andere Stadt gezogen. Die Mutter: »Es war am Anfang an dem neuen Ort schwierig. Nur Arbeit. Dieser Tag fing ganz normal an. Mittags machte ich gebackene Kartoffeln. Sie aß viel. Wir saßen dann im Wohnzimmer, es war Viertel nach eins. Plötzlich spürte ich ihre Anwesenheit nicht mehr. Sie lag bewegungslos auf dem Boden, die Augen nach oben gedreht. Ich schüttelte sie. Wieder dachte ich, daß sie etwas verschluckt hätte. Wir hatten noch kein Telefon, so bat ich einen Nachbarn, einen Arzt zu rufen.« Vater: »Du mußt sagen, daß du sie geschüttelt und ihr auf den Rücken geklopft hast.« Sie: »Der Arzt kam, und während er sie untersuchte, fing sie an zu reagieren. Das ganze dauerte vielleicht 25 Minuten. Sie schlief an diesem Tag viel.« Auf die Frage, ob sie danach irgendwelche Ängste gehabt hätte, sagte die Mutter: »Ja, ich hatte Angst, aber sie schlief ruhig.«

Die dritte Krise ereignete sich fünf bis sechs Monate später. Die Mutter: »Ich war zu Hause (sie meinte damit im Haus ihrer Eltern), weiß nicht mehr genau, wann es war. Es war in der Nacht. Sie wachte zwischen Viertel nach eins und halb zwei auf und weinte. Ich ging in die Küche, um ihr Tee zu machen, und legte sie dann wieder hin. Zehn Minuten lang war alles ruhig. Dann hörte ich wieder diesen Ton. Ich machte das Licht an. Ihre Augen waren wieder nach oben gedreht, und sie zitterte am ganzen Körper. Ich nahm sie auf meinen Schoß. Ich rief meine Eltern. Meine Mutter schüttelte sie immer weiter. Nach 15 Minuten fing sie an zu reagieren. Sie hatte auch hohes Fieber. Am Morgen gingen wir mit ihr zum Doktor. Er fand nichts, gab ihr aber ein Beruhigungsmittel.«

Die Eltern erwähnten Sprachprobleme ihrer Tochter. Der Vater: »Sie gibt oft nur einzelne Worte von sich, keine zusammenhängenden Sätze. Aber sie kann allein spielen und sich beschäftigen. In der Zeit der dritten Krise weinte sie jeden Tag zwei Stunden, etwa zehn (!) Monate lang.« Die Mutter fällt ihm ins Wort: »Nur 15 Minuten.« Der Vater: »Sie hatte auch Wutanfälle.« Mutter: »Wenn sie etwas will und ich nicht verstehe, was es ist, wird sie wütend. Das ist heute noch so.« Vater: »Ich kann sie nicht auf den Schoß nehmen, sie läßt es nicht zu.«

Gleich zu Beginn des Interviews entschuldigte sich der Vater für das »billige« Mobiliar des Zimmers. Die ganze Einrichtung sei nur eine Übergangslösung. Das klang so, als schäme er sich, nicht wohlhabend zu sein, und müsse sich dafür entschuldigen.

Die Eltern haben wohl keine sehr starke Verbindung miteinander, sie gestehen sich dies aber ein. In ihrer Beziehung wechselt gegenseitige Abwehr ständig mit Fürsorglichkeit. Beide gehen mit ihrer Lebenssituation realistisch um. Der Junge zeigte in früheren Jahren deutliche Anzeichen von autistischen Verhaltenszügen, die an seinem Sprachverhalten noch wahrnehmbar sind. Die nachträgliche Durchsicht der Krankenhausunterlagen ergab, daß die erste PKT-Episode des Mädchens als möglicher epileptischer Anfall mit erstickungsähnlichen Begleiterscheinungen eingestuft worden war; später wurde eindeutig »Epilepsie« diagnostiziert. Die seelische Verbundenheit der Mutter mit ihrer Tochter ist offensichtlich der Grund dafür, daß sie stets in der Nähe war, wenn das Kind ihre Hilfe zum Überleben brauchte. Der Vater hat zwar intellektuelles Verständnis, bleibt aber emotional auf Distanz zu seinen Kindern.

(2) Frau BB., 29 Jahre alt, Vater 32. Der Junge, der mehrere Plötzliche-Kindstod-Krisen hatte, war ihr Erstgeborener. Die Eltern hatten neun Jahre lang umeinander geworben. Nach der Heirat wollten sie Kinder, und so wurde Frau BB. bald schwanger. Im dritten Monat der Schwangerschaft bekam sie plötzlich eine Blutung. Der Arzt sagte, daß möglicherweise ein Zwilling »ausgestoßen« worden sei. Am Anfang des siebten Monats bekam Frau BB. eine Beckenentzündung und wurde mit Antibiotika behandelt. Abgesehen von diesen Krisen fühlte sie sich während der ganzen Schwangerschaft gut und ging auch ihrer Arbeit nach. Sie ging erst ins Krankenhaus, als die Wehen schon eingesetzt hatten, und gebar das Kind innerhalb von eineinhalb Stunden. »Es war ein gutes Gefühl, als sie mir mein Baby gaben. Er machte einen guten Eindruck – er schrie.«
Erste Krise: Das Kind wurde an einem Samstag geboren. »Ich stillte ihn am Mittwoch gegen vier Uhr nachmittags in der Klinik, als er plötzlich blau wurde. Ich rief die Schwester. Er war wie Blei, alles an ihm fühlte sich wie ein lebloser Gegenstand an. Es dauerte zehn Minuten, bis sie kamen. Sie schüttelten ihn einfach, taten nichts. Sie dachten, ich hätte mir alles nur eingebildet.«
Zweite Krise: »Am Freitag der gleichen Woche, wieder gegen vier Uhr, wurde er blau. Diesmal war jemand im Zimmer und rannte zu den Schwestern. Sie schüttelten ihn, er war wieder blau. Nach zehn Minuten wurde er wieder normal. Der Arzt verlegte ihn ins Kinderkrankenhaus. Er blieb eine Woche dort, ich war tagsüber die ganze Zeit bei ihm.« Der Untersuchungsbefund war normal.

Der Junge schlief viel, wachte nicht leicht auf, weinte nur ab und zu kurz. Er schlief zwischen den Mahlzeiten. Er lächelte selten. Während der ersten vier Tage in der Klinik wurde er gestillt, was aufhörte, als er ins Kinderkrankenhaus verlegt wurde. Er habe gut gesaugt, heißt es, und nie Schnupfen gehabt. Mutter: »Viele sagten, daß er während dieser ersten sieben Monate schwach ausgesehen habe, blaß und müde. Mit dem achten Monat wurde er stärker. Wenn ich ihn jetzt mit den Zwillingen vergleiche (danach geboren), dann war er wirklich schwächlich.«

Frau BB. wurde während dieser ersten Monate wieder schwanger und gebar Zwillinge (zwei Mädchen), als ihr Sohn erst elf Monate alt war. Vater: »Wir waren überrascht, aber es war gut.« Mutter: »Ich hatte Angst nach den Geschehnissen mit ihm, aber alles ging gut.« Die Geburt dauerte eine halbe Stunde. Da ihr Sohn so viel schlief, blieb ihr Zeit für die Zwillinge.

Die dritte Krise ereignete sich, als der Junge fünfeinhalb Monate alt war. Beide Eltern waren zu Hause. Der Vater hatte Urlaub. Früh am Morgen gegen acht Uhr begann das Kind zu weinen. Das Weinen wurde immer lauter, »als ob er Schmerzen hätte. Wir dachten, daß er vielleicht Zähne bekäme. Dann wurde er sehr blaß. Wir schüttelten und schüttelten ihn. Er brach alles heraus und hörte auf zu schreien. Dann drehten sich seine Augen nach oben, und er wurde schlaff, fast so, als würde er schlafen. Wir riefen den Arzt an.« Die Eltern sprachen gemeinsam, einander ergänzend. »Er war nicht da, so riefen wir einen anderen an. Als wir im Auto zu seiner Praxis fuhren, kam das Kind zu sich.« Mutter: »Ich hatte wirklich Angst, daß er sterben könnte. Der Arzt fand nichts, und so fuhren wir wieder ins Kinderkrankenhaus. Sie machten ein EEG. Man sagte uns, es sei alles in Ordnung.«

Eine Zeitlang schauten wir Fotos von ihrem Sohn an. Mit vier Monaten sah er traurig aus, mit neun Monaten aber glücklich und lebendig. Mutter: »Wenn er seinen Kopf irgendwo anstößt, wird er weiß und ringt nach Luft. Aber nur einen Augenblick. Man bekommt Angst. Er ist am Nachmittag immer noch viel müde.«

Beide Eltern beschrieben die Beziehungen zu ihren eigenen Eltern und Familien als glücklich. Die Eltern unterstützen sich gegenseitig ohne Dominanz. Sie sind liebevoll zueinander und drücken dies auch ihren Kindern gegenüber aus. Sie nehmen andere Menschen wahr in dem, was sie tun und fühlen. Sie beschönigen ihr Urteil über das unsensible Verhalten der Schwestern und Ärzte im ersten Krankenhaus nicht, scheinen dabei jedoch von Groll und Vorwürfen frei zu sein. Es wird nichts von einem starren Blick des Kindes berichtet. Die Symptome des Kindes weisen auf eine vasomotorische Störung hin und gehören offenbar nicht zum Syndrom des Plötzlichen Kindstodes.

(3) Frau CC., 28 Jahre alt, Vater 42. Die Krise ereignete sich, als ihre Tochter sechs Wochen alt war. Die Schwangerschaft war nicht geplant. Die Mutter wollte abtreiben. Sie wollte keine Kinder. Der Ehemann überzeugte sie, daß Abtreibung schlecht sei. »Er wußte besser, was für das Kind gut war. Er sagte, ein Kind sucht sich seine Eltern aus, und eine Abtreibung würde das verhindern.« Vater: »Kurz bevor wir wußten, daß sie schwanger war, wollte ich unsere Beziehung beenden. Aber ich wollte keine Abtreibung. Ich war glücklich darüber, ein Kind zu haben.« Die Eltern heirateten einen Monat vor der Geburt des Kindes. Mutter: »Ich hatte keine Erwartungen, was während der Schwangerschaft und danach sein würde. Eine junge Frau sagte zu mir, ›du kannst dir nicht vorstellen, wie es sein wird‹ (ein Kind zu haben), so wartete ich einfach und ließ mich überraschen.«

Die Geburt war sehr schmerzhaft, dauerte acht Stunden, die Wehen waren schwach. »Sie weinte nicht viel. Schlief tief, wachte nicht leicht auf, aber lächelte. Ich betrachtete sie im Krankenhaus, sie schnitt Grimassen und war sehr lebendig, schaute überall herum, als ob sie alles beobachtete. Ich war glücklich.« Über den Tag der Krise berichtet die Mutter: »Sie war sechs Wochen alt, hatte noch nicht zu ihrem eigenen

Rhythmus gefunden. So weckte ich sie nicht für eine Mahlzeit, wenn sie noch schlief. Sie schlief sechs Stunden. Ich fütterte sie um zwei Uhr nachmittags, nein um drei Uhr, ich weiß nicht mehr genau. Am Abend ging ich die Treppe hinunter, als sie plötzlich wie verrückt zu schreien anfing, vielleicht zehn Minuten lang. Ich ging dann hinauf (nach zehn Minuten!) und nahm sie hoch. Plötzlich ließ sie ihre Arme fallen. Sie war vollkommen weiß im Gesicht und atmete nicht. Ich wußte nicht, was ich machen sollte. Ich rannte mit ihr hinunter zu meinem Mann. Sie fing wieder an zu atmen, war aber immer noch weiß. Ich hielt sie aufrecht. Er klopfte sie auf den Rücken und ging dann schnell mit ihr an die frische Luft. All das dauerte ungefähr 15 Minuten. Sie war schwach, ich gab ihr eine Flasche, hatte das Gefühl, daß sie wieder aufhören würde zu atmen. Sie stieß die Luft heraus, atmete aber nicht ein. Ich legte sie auf meine Schulter, band sie mit dem Tragetuch auf meinen Rücken. Nach einer Weile wurde es besser. Ich fühlte mich sehr unsicher. Legte sie zum Schlafen hin und beobachtete sie. Danach sah ich jede halbe Stunde nach ihr.«

»Ich glaube nicht, daß es im Schlaf passiert, nur beim Aufwachen oder beim Einschlafen. Ich glaube, daß ein Säugling nicht automatisch atmen kann. Ich hatte Angst und sprach mit anderen Frauen darüber. Sie wußten etwas über solche Dinge, sagten, daß ihre Kinder auch schon so etwas gehabt hätten. Zehn Tage später ging ich zu einer Ärztin. Sie wußte nichts darüber. So ging ich ins Krankenhaus. Sie machten ein EEG. Es war normal ... Bis zum Alter von drei Monaten kam es ein paar Mal vor, daß sie unregelmäßig atmete. Ich dachte oft, sie würde ganz aufhören zu atmen, aber das ist nie passiert.«

Über ihre allgemeinen Eindrücke von diesem Kind sagt die Mutter: »Ich hatte das Gefühl, daß sie nicht ganz da war, unberührbar, unerreichbar. Alle vier Wochen überkam mich so ein Gefühl. Es gibt Leute, die spinnen, die sind nicht ganz mit den Füßen auf dem Boden. Es war, als würde sie (die Tochter) schweben. All das hörte auf, als sie drei Monate alt war. Jedes Mal, wenn ich meine Periode hatte, war sie appetitlos, freudlos und quengelig. Das muß mit meiner Milch zu tun gehabt haben. Ich stille sie immer noch.« Das Kind ist zum Interviewzeitpunkt achteinhalb Monate alt. »Es muß also an meiner Milch gelegen haben (während der Menstruation). Die Milch schmeckte ihr nicht. Jetzt stille ich sie nur noch morgens. Als sie das letzte Mal unerreichbar schien, war sie nicht ganz so freudlos und nörgelnd.«

Der Vater hat dieses Gefühl der »Unerreichbarkeit« nie gehabt: »Im Gegenteil, nicht im geringsten.« Die Mutter: »Als wäre sie nicht ganz hier auf der Erde.« Mutter: »An den der Krise vorausgehenden Tagen hatte sie schon viel geschlafen. Hatte nicht viel Hunger. Erst danach hielt ich einen festen Rhythmus von vier Stunden ein und weckte sie dafür auf.« Vater: »Das ging so bis zu ihrem siebten Monat. Seitdem ist sie tagsüber wach. Aber da bekam sie zu wenig Schlaf, so daß wir sie in der Nacht wieder durchschlafen ließen. Für meine Frau war das eine harte Zeit.« Mutter: »Das ist nicht wahr ..., doch, ja; es war hart ... Ihr Schreien war anders, panikartig. Es kam noch ein paarmal vor, daß ihre Atmung aufhörte.« Vater: »Es gab lange Pausen, tiefes Nach-Luft-Schnappen, dann fing sie wieder an zu atmen.« Mutter: »Ihre Atmung war dann ganz anders. Sie atmete aus, aber nicht richtig ein.« Bei diesem Teil des Interviews war das kleine Mädchen anwesend. Der Vater spielte mit ihr. Sie war sehr lebhaft mit ihm und lachte viel. Er zeigte deutlich starke Gefühle zu ihr. Der starrende »Radar-Blick« war sehr ausgeprägt.

Auf die Frage nach Ängsten in der Zeit vor der Geburt sagt die Mutter: »Ja, ich hatte Angst vor der Geburt. Die Dinge waren nicht klar, nicht greifbar, ich wußte nicht, was mich erwartete, alles war anders, neu.« Vater: »Du hattest Lebensangst.« Sie: »Die habe ich immer noch.« Vater: »Vor dem Krankenhaus und auch dort noch gab es viele Probleme. Im Krankenhaus kam es für sie zu einer positiven Veränderung. Ich fürchtete, daß meine Erwartungen eine Last für das Kind werden könnten, daß meine Frau sich wegen dieser Erwartungen durch das Kind eingeengt fühlen könnte. Die Probleme der Eltern können durch das Kind zum Ausdruck kommen. Die Pflichten, die sich so ergeben, würden meine Frau, so fürchtete ich, an der Verwirklichung ihrer eigenen Ambitionen hindern. Die Woche im Krankenhaus gab mir dann das Gefühl, daß es nicht so kommen würde. Aber die Befürchtungen kamen später wieder. Ich versuchte, meine Frau dazu zu bewegen, die Verantwortung auf sich zu nehmen, die sich aus der unmittelbaren Gegenwart ergab.«

Auf die Fragen, wie das Kind aufwachte, sagt der Vater: »Wenn ich die Treppe hinaufgehe, ist sie wach, fängt aber an zu schreien.« Mutter: »Ihre Schlafphasen sind die gleichen geblieben. Wenn sie um halb zwei in der Nacht aufwacht, bleibe ich zwei Stunden bei ihr, sonst würde sie schreien ... Mit vier Wochen hatte sie Schnupfen. Es machte ihr nichts aus. Kürzlich (letzten Monat) hatte sie wieder Schnupfen, der jetzt fast überstanden ist, aber jetzt setzt es ihr zu.« Auf Fragen nach dem Lächeln des Kindes sagt der Vater: »Nach ihrer Geburt hatte man den Eindruck, daß sie alles um sich herum beobachtete. Sie suchte sehr früh nach Augenkontakt, im Vergleich mit meinen anderen Kindern.« (Der Vater hatte Kinder in einer früheren Ehe.) Die Mutter ergänzt: »Sie war immer freundlich, weinte nie, nur wenn sie schlafen gelegt wurde. Einer anderen Frau fiel auf, daß man ihre Hand halten mußte, damit sie einschlafen konnte.«

Vater: »Ich hatte das Gefühl, ihr Seelisches bittet, wiederkommen zu dürfen. Das war von Anfang an so. Es war ein starker Eindruck. Wenn ich sie jetzt hinlege, schläft sie gerne ein. Aber es hängt von ihrer Stimmung ab. Wenn sie nicht dazu bereit ist, kann sie eine ganze Stunde weinen. Als sie Schnupfen hatte, trug ich sie herum, wiegte sie, bis sie einschlief. Meine Frau hatte damals das Gefühl, daß ich ihr zeigen wollte, ich sei besser als sie, denn bei ihr steigerte sie sich immer in Wut hinein.« Die Mutter wehrt ab: »Sie beruhigte sich auch dann, wenn er (der Vater) nicht da war.«

Über ihren eigenen Schlaf sagt die Mutter: »Mein Schlaf ist sehr leicht. So war es auch während der Schwangerschaft.« Vater: »Mein Schlaf ist sehr tief, man könnte mich aus dem

Haus tragen. Aber keiner von uns geht ins Bett, ohne zu denken: ›Atmet sie?‹ Aber ich habe jetzt mehr Vertrauen in ihren Lebenswillen. Sie hat Kraft. Als es geschah, war sie sehr schwach. Man konnte sie anregen, aber was die Lebensenergie angeht, so war sie schwach. Die Gefahr war, daß wir zu viel von ihr verlangen könnten.« Mutter: »Mir scheint, die ganze Sache hat mit mir zu tun. Wenn meine Aufmerksamkeit auf sie gerichtet war, war alles in Ordnung. Sie weinte, wenn ich sie vergaß oder wenn ich nicht im Haus war, dann schrie sie. Das war jeden Donnerstag so, wenn ich in die Chorprobe ging und überhaupt nicht an sie dachte. Er war dann bei ihr. Dieses Gefühl blieb, bis sie sechs Monate alt war. Dann hörte es auf.« Die Mutter berichtet, daß sie in ihrer Kindheit keinen Kontakt zu ihren Eltern gehabt hätte. »Es war so, als ob ich in der falschen Familie gewesen sei.«

Die Spannung zwischen den Eltern ist sehr offen, wird von ihnen selbst aber verleugnet. Der Vater verhält sich gegenüber seiner Frau paradox. Auf der einen Seite ist er väterlich, weiß aufgrund seiner Lebenserfahrung und seiner Ausbildung immer alles besser. Auf der anderen Seite ist er auf subtile Weise vorwurfsvoll und wirkt dadurch einschränkend und strafend. Dies wird übertüncht durch seine »väterliche« Haltung. Die Frau kämpft dagegen an, doch seine Fürsorglichkeit wirkt entwaffnend und läßt ihr wenig Spielraum. Die grundsätzlich strafende Haltung des Vaters trotz seines scheinbaren Interesses an Selbstverwirklichung ist vielleicht der Grund dafür, daß er das Weinen seiner Tochter nicht beruhigen kann. Die Rolle, die er bewußt zu spielen versucht, steht in Widerspruch zu seiner unbewußten Feindseligkeit. Auch die Mutter ist oft gefühlsmäßig nicht da; sie ist aber in der Lage, das intellektuell zu erkennen. Ihre Selbstablehnung und ihren Selbsthaß versteckt sie hinter physiologischen Erklärungen: Sie meint, es liege an der Milch, wenn das Kind während ihrer Periode ablehnend reagiert; wahrscheinlich aber spürt das Kind, daß die Mutter ihren eigenen Körper ablehnt. Beide Eltern bemerken, daß ihre Tochter weint, wenn die Mutter donnerstags weg ist, und sehen darin eine Bestätigung für die Wichtigkeit der Mutter. Diese Interpretation mag das »Selbstwertgefühl« der Mutter stützen, verhindert aber ein Verständnis dafür, warum dieser »freundliche und warme« Vater nicht in der Lage ist, sein Kind zu beruhigen, wenn er mit ihm allein ist. Die strafende Haltung, die er während des Interviews ausstrahlt, muß mit den feindseligen Gefühlen zu tun haben, die durch seine selbstauferlegte Retter-Rolle in ihm entstehen. Beide Eltern haben in ihrer Kindheit an mangelnder Zuwendung ihrer Eltern gelitten. Während die Mutter dies für sich erkennt, ist sich der Vater nicht bewußt, daß er durch das Leiden seiner Mutter in die Rolle des Retters gedrängt wurde. Ich vermute, daß die Wurzeln seiner Feindseligkeit hier zu finden sind; sie wird jedoch in der Gegenwart ständig genährt durch das Festhalten an der Retter-Rolle, die ihn auch in diese Ehe gedrängt hat (er heiratete nicht aus Liebe, sondern aus Pflichtgefühl gegenüber einem ungeborenen Kind). Die unbewußte Wut dieses Mannes ist sehr groß, wird aber ständig verdeckt durch ein kompensatorisches Verhalten, das heute stark durch seine berufliche Rolle gefärbt ist.

(4) Frau DD., 31 Jahre alt, Vater 33. Ihr zweites Kind, ein Junge, hatte vier Krisen. Ihr erstes Kind, ein Mädchen, das jetzt drei Jahre alt ist, kam überraschend, denn der Arzt hatte ihr gesagt, sie könne keine Kinder bekommen. Vater: »Wir merkten es erst, als sie im vierten Monat war. Das war ein schlechter Zeitpunkt. Wir waren nicht darauf vorbereitet. Es wurde kritisch für die Mutter, ihrer Arbeit wegen. Wir waren glücklich, aber es paßte nicht in unsere Pläne. Ich kam damals nur am Wochenende nach Hause.« Mutter: »Die Schwangerschaft verlief sehr gut. Die Entbindung geschah durch Kaiserschnitt. Das Mädchen war sehr ruhig. Fast zu lieb, zu nett. Aber ich war trotzdem sehr unruhig. Ich schlief nie gut. Das Kind schlief tief. Sie wachte nie auf, wenn jemand das Zimmer betrat. Wenn sie schrie, dann brauchte sie etwas, und dann klang es kläglich. Sie lächelte viel. Schaute sehr intensiv, nahm alles in sich auf. Man hatte das Gefühl, sie schaut durch einen hindurch. Ich stillte sie,

bis sie zehn Monate alt war, danach noch teilweise bis zu einem Jahr.«

Die Schwangerschaft des Jungen war geplant. Zur Zeit des Interviews war er gerade ein Jahr alt. »Am Anfang der Schwangerschaft ging es mir nicht gut. Die ersten vier Monate war mir häufig übel, und ich hatte oft Kopfweh. Immer noch waren wir nur an den Wochenenden zusammen. Wir sprachen darüber, aber das änderte nichts.« Vater: »Sie war deswegen nicht böse auf mich, aber es bedrückte sie doch. Mich auch. Aber wir hatten auch weniger Probleme, weil ich nicht da war.« Als der Junge gerade sechs Monate alt war, zogen die Eltern um. Vielleicht hat es eine Bedeutung, daß beide sich über das Datum dieses Umzugs irrten: Obwohl er erst ein halbes Jahr zurücklag, gaben sie an, er habe vor drei Jahren stattgefunden. Genau zum Zeitpunkt dieses Umzugs kam es zur ersten PKT-Krise.

Mutter: »Die Geburt war schwierig. Wieder ein Kaiserschnitt. Man sagte mir, meine Gebärmutter wäre nahe daran, zu platzen. Seine Herztöne waren nicht mehr zu hören. Die Ärzte dachten, er wäre schon tot. Ich wollte keinen Kaiserschnitt, aber sie sagten, mein eigenes Leben hänge davon ab. In diesem Augenblick war es mir egal, ich hatte so furchtbare Schmerzen. Danach ging in den ersten Tagen alles gut. Der Kleine reagierte gleich auf mich, aber seine Augen waren sehr müde. Wir waren zehn Tage lang im Krankenhaus. Er war drei Tage in Isolation, die Operation hatte ihn sehr mitgenommen. Er hatte einen ungewöhnlich großen Oberkörper. Er atmete schwer. Er bekam Sauerstoff. Sie mußten seine Lungen auspumpen, weil Flüssigkeit hineingekommen war. Sie sagten, seine Haut wäre wie ein Schwamm gewesen. Ich stillte ihn, sobald es mir besser ging. Eigentlich ging es mir erst nach zwei Monaten wirklich besser.«

Vater: »Meine Mutter war bei unserem Mädchen. Die Geburt war schrecklich. Sie war allein, weil ich immer noch in einer anderen Stadt arbeitete. Das kleine Mädchen freute sich auf ihren Bruder und war gern bei der Großmutter.«

Über die erste Krise berichtet die Mutter: »Es war am Ende

des sechsten Monats, an einem Wochenende morgens gegen neun Uhr. Er wimmerte wie immer. Ich wollte ihn stillen. Zum ersten Mal hatte er keinen Appetit. Er schrie dann ziemlich laut, aber nicht lange. Wir hatten Probleme, mit einem Nachbarn und seiner Stereoanlage. Wir nahmen deswegen das Baby mit uns ins Bett. Er brauchte einige Zeit, um einzuschlafen, aber dann schlief er gut und tief. Er wachte nicht leicht auf. Ich konnte ihn hochnehmen, ohne daß er etwas merkte.« Vater: »Seine Augen waren dann offen, aber sein Blick war leer. Er war nicht zufrieden. Sein Wimmern zeigte, daß er wach und hungrig war. Normalerweise nahm ihn meine Frau, aber diesmal nahm ich ihn hoch und brachte ihn zu unserem Bett. Wir dachten, er sei naß. Meine Frau legte ihn hin. Ich bemerkte, daß er nicht richtig reagierte. Sonst lachte er ... Ich konnte ihn nicht zum Lachen bringen. Er hatte bereits Schwierigkeiten beim Atmen. Es rasselte in seiner Kehle, und er schnappte nach Luft. Mir schien, daß er nicht genug Luft bekam. Als er gewickelt war, hörte er auf zu atmen, seine Arme und Beine fielen herab, und er schloß seine Augen. Er wurde totenblaß. All das dauerte zehn Sekunden.« Mutter: »Ich rief ihn. Keine Reaktion. Ich massierte seine Fußsohlen mit einer Bürste. Keine Reaktion. Ich packte ihn an den Beinen und schüttelte ihn. Keine Reaktion. Ich goß ihm kaltes Wasser über den Kopf. Keine Reaktion. Ich bewegte heftig seine Arme, er reagierte nicht. Wir zogen uns an, wir hatten noch kein Telephon, da wir gerade eingezogen waren. Wir ließen das Mädchen bei einer Nachbarin, deren Mann uns zu einem Arzt fuhr. Dort, im Auto, öffnete das Kind die Augen. Mein Mann hielt ihn ganz nah bei sich. Das Ganze hatte vielleicht 15 oder 20 Minuten gedauert. Die ganze Zeit über hatte er nach Luft gerungen, als wenn ihn etwas gewürgt hätte. Als wir beim Krankenhaus ankamen, begann er zu lachen. Alles war vorbei. Die Untersuchung ergab nichts. Er war den ganzen Tag nervös und niedergedrückt. Er schlief, und wir schauten alle fünf Minuten nach ihm. Danach bekamen wir Angst. Das übertrug sich auf ihn, bevor er später wieder schlafen gelegt wurde. Deswegen konnte er später nicht mehr einschlafen. Davor hatte er sein eigenes Zimmer gehabt. Ungefähr jede Stunde hatten wir das Gefühl, daß wir ihn beeinflußten. Sobald mir der Gedanke kam, ›lebt er noch?‹, fing er an zu schreien. So nahmen wir ihn in unser Schlafzimmer. Er wollte einfach neben mir sein, mich spüren. Vielleicht lag es daran. Jetzt schläft er zwischen uns. Für uns war es die Frage, wie wir ihm ein Gefühl der Sicherheit geben konnten. Deswegen war er in unserem Bett. Nach zwei Monaten legten wir ihn wieder in sein Zimmer. Jetzt schläft er in seinem Zimmer ein, dann schreit er, und wir nehmen ihn zu uns. Ab und zu schläft er durch, und ich bringe ihn am Morgen in sein Zimmer zurück. Oder ich lege ihn neben seine Schwester. Sie schlafen gut zusammen.«

Später berichtete die Mutter: »Wir waren gerade ein paar Tage vorher umgezogen. Wir ließen ihn allein im Haus – er schlief gewöhnlich in der Mittagszeit –, um Einkaufen zu gehen. Als wir zurückkamen, hörten wir ihn schreien. Eine Nachbarin erzählte uns, daß er schon seit einer ganzen Stunde geschrien hätte. Aber sonst schlief er immer zwei Stunden lang. Er beruhigte sich, als wir kamen. Es war das allererste Mal, daß niemand auf sein Schreien reagiert hatte. Sein Schreien war normal. Aber an diesem Abend wollte er meine Brust nicht nehmen. Am nächsten Tag war diese erste Krise, und meine Milch blieb vollständig weg. Ich konnte ihn danach nicht mehr stillen. Jetzt läßt er mich nicht mehr los, ich soll ihn ständig tragen und mit ihm spielen; andernfalls wird er ungeduldig.«

Vater: »Er kostet uns Nerven.« Auf die Frage, wie die Schwester mit all dem zurechtkommt, sagt die Mutter: »Sie hält sich sehr zurück. Sie sagt nichts, aber sie hat sehr oft Schweißausbrüche. Als ich meinen Sohn stillte, stand sie öfters neben mir und schwitzte furchtbar. Ich versuchte ihr zu erklären, warum er bei uns schläft. Manchmal kommt sie zu uns. Und dann scheint alles in Ordnung zu sein. Wir nehmen sie morgens zu uns ins Bett. Sie sagt, sie möchte meinen Atem spüren. Ich fürchte, daß meine Angst auf ihn übergreifen könnte. Er ist jetzt ruhiger. Er ist sehr lebendig. Er kann nicht still sitzen. Er ißt nur Süßigkeiten. Seiner Schwester macht das Schwierigkeiten. Er braucht sehr viel Zärtlichkeit. Er leckt mich überall ab. Sie hat das nie getan, sie berührt mich nie, ist ziemlich entfernt von mir. Nur seinetwegen hat sie jetzt mehr Körperkontakt mit uns. Er kämpft, so sehr er nur kann, wenn etwas gegen seinen Willen geht. Er beißt mich ins Bein, damit ich bei ihm bleibe. Vor der ersten Krise war er mehr wie sie. Alles war normal. Erst danach kam er mir näher.«

Vater: »Ich dachte, warum will er sein Leben verschenken? Ich bin von ihm enttäuscht. Es muß mit der Geburt zu tun haben, dem Streß, dem Schock, der Angst. Deswegen kann so etwas geschehen, wenn er tief schläft.« Mutter: »Er ist nicht mehr bereit, uns anzunehmen. Auf der anderen Seite bin ich froh, daß wir es überlebt haben.«

Die zweite Krise ereignete sich einen Monat später. Die Mutter: »Als ich ihn um neun Uhr morgens aus dem Bett holte, war er wie Blei. Seine Arme und Beine waren wie Blei. Er hörte auf zu atmen. Ich warf ihn aufs Sofa wegen der Schockwirkung, und er öffnete seine Augen. Alles war wieder in Ordnung.«

Nach einem weiteren Monat hatte das Kind die dritte Krise. Die Mutter: »Als er aufwachte, weinte er kläglich wie immer. Dann reagierte er nicht mehr. Ich schüttelte ihn, und er kam sofort wieder zu sich. Das ganze dauerte eine Minute. Danach ging alles gut.«

Ein viertes Ereignis beschreiben die Eltern folgendermaßen, Mutter: »Einmal weinte er um zwei Uhr nachts. Man konnte ihn nicht beruhigen. Er schnitt lauter Grimassen.« Vater: »Es schien aus seiner tiefsten anfänglichen Angst zu kommen.« Mutter: »Es war ein ganz anderes Schreien, voller Angst und Bitterkeit. Wir riefen nach einer Viertelstunde den Arzt, aber als er ankam, war es vorbei. Der Doktor meinte, es wäre der Anfang einer Ohrenentzündung. Aber zu der ist es nie gekommen.« Einige Zeit vorher war im Krankenhaus ein EEG gemacht worden, ohne Befund.

Die Mutter ist das jüngste von acht Geschwistern. Die Beziehung zu ihrer Mutter beschreibt sie als eng, viel enger als bei den Geschwistern. »Ich stehe meiner Mutter immer noch sehr, sehr nahe. Nach der Heirat lebte ich eine Weile bei ihr.« Der Vater hat einen älteren Bruder. Er beschreibt die Beziehung zu seinen Eltern als zunächst gut, in den letzten Jahren jedoch sehr negativ. Im Alter von 16 brach er alle Bindungen ab. »Ich konnte ihre Kämpfe nicht mehr ertragen, so zog ich mich von beiden zurück.«

Was mir an diesen Eltern zuerst auffiel, war die geradezu demonstrative Zärtlichkeit, mit der sie einander behandelten. Sie küßten sich häufig vor dem Interviewer und ihrem älteren Kind. Das wirkte jedoch als Fassade. Es war unmöglich, direkten Zugang zu ihren Gefühlen zu finden. An Träume konnten beide sich nicht erinnern. Ihr Verhalten jedoch gibt Hinweise auf die wirklichen Probleme. Sie lassen ihr sechs Monate altes Kind (am Tag vor der ersten Krise) allein zu Hause, um Einkaufen zu gehen – in einem Haus, das sie gerade erst bezogen hatten. Ganz sachlich stellt die Mutter fest: »Es war das erste Mal, daß niemand auf sein Schreien reagiert hat.« Dieses Schreien hat immerhin eine ganze Stunde gedauert. Der Vater sagt, daß das Kind »Nerven kostet«, und ist »enttäuscht über seinen Mangel an Lebenswillen«.

Auf fundamentale Beziehungsprobleme in der Familie deutet hin, daß die Tochter Schwierigkeiten hat, die Nähe der Eltern zu suchen und daß der Sohn die Mutter beißt, um seinen Willen durchzusetzen. Der zur Schau getragenen zärtlichen Verbundenheit der Eltern widerspricht auch, daß sie weitgehend getrennt leben, daß die Mutter im Haus ihrer Eltern lebt, statt zu ihrem Mann zu ziehen, und daß der Vater die offensichtliche Misere seiner Frau völlig ungerührt hinnimmt. Seine Aussage, sie hätten auf diese Weise »weniger Probleme« gehabt, ist Ausdruck des Ausweichens vor zwischenmenschlichen Konflikten und nicht die Bereitschaft, sie gemeinsam zu meistern. Intellektuell allerdings sehen beide Eltern die Situation sehr klar. Der Eindruck einer tiefen Abgespaltenheit von den tatsächlichen Gefühlen wird dadurch noch verstärkt. Sie ist beim Vater größer als bei der Mutter. Seine »Enttäuschung« über den Sohn läßt uneingestandene, tiefe Ressentiments gegen das Kind vermuten.

(5) Frau EE., 32 Jahre alt, Vater 45. Ihr drittes Kind, ein Mädchen, das jetzt zweieinhalb Jahre alt ist, hatte mit sechs Monaten eine PKT-Krise.

Ihr erstes Kind, ein Sohn, jetzt acht Jahre alt, war geplant. Frau EE. hatte damals Schwierigkeiten gehabt, schwanger zu werden. Nach dem Krankenhausaufenthalt ging sie für zehn Tage zu ihren Eltern. »Ich fühlte mich dort besser aufgehoben.« Das Baby war sehr ruhig, hat nicht viel geweint. »Er schlief von Anfang an durch (sechs bis neun Stunden), wachte nicht zwischendurch auf, wie alle unsere Kinder.«

Das zweite Kind, ein Junge, der jetzt sechs Jahre alt ist, war lebhafter als sein Bruder. Die Geburt wurde eingeleitet. Frau EE. stillte das Kind zehn Tage lang, dann blieb die Milch weg. Sie blieb zwölf Tage lang im Krankenhaus, »weil ich niemanden zu Hause hatte«. Der ältere Sohn war während dieser Zeit bei ihren Eltern.

Das dritte Kind war auch geplant. Die Geburt wurde auch diesmal eingeleitet, weil die Herztöne des Kindes schwächer geworden waren. Es war jedoch bei der Geburt nicht blau. Die Mutter blieb nach ihren eigenen Worten 14, nach den Angaben des Vaters zehn Tage im Krankenhaus, wegen der zwei Kinder, »die schon im Haus waren«. Wie die anderen Kinder schlief das neugeborene Mädchen durch, wachte in der Nacht nie auf. Drei Tage nach der Geburt bekam es Gelbsucht und wurde für drei Tage ins Kinderkrankenhaus verlegt, dann wieder zurück ins Krankenhaus der Mutter.

Auf die Frage nach dem Blick des Kindes sagte der Vater: »Unser Erster hatte einen Adlerblick. Seine Augen waren immer weit offen und sind es immer noch. Das Mädchen ist irgendwo dazwischen.« Tatsächlich hatte sie einen äußerst durchdringenden Blick, voller Angst, ließ den Interviewer nicht aus den Augen. Die Mutter hatte ihre Tochter fast während des ganzen Interviews auf dem Schoß. Als ihr Vater sie einmal berühren wollte, stieß sie ihn zurück.

Die Krise ereignete sich, als das Kind sechs Monate alt war. Vater: »Ich war mit ihr im Garten. Meine Frau rief uns zum Mittagessen. Ich legte das Mädchen in ihr Bett. Sie war wütend und schrie wie am Spieß. Ich dachte, es hat keinen Sinn, neben ihrem Bett zu stehen. ›Laß sie schreien, das kräftigt ihre Lungen‹, dachte ich und ging zum Essen. Sie war ungewöhnlich zornig. Sie hatte noch nie so laut geschrien. Plötzlich war alles still.« Die Mutter: »Wir aßen weiter, aber nach zehn oder 15 Minuten hatte ich so ein merkwürdiges Gefühl und ging in ihr Zimmer. Sie lag auf der Seite, ganz blau, ich packte sie und gab sie meinem Mann.« Vater: »Meine Frau schrie, daß etwas Schlimmes passiert sei.« Mutter: »Sie war völlig schlaff, ihr ganzer Körper.« Vater: »Erst dachte ich, es wäre nicht so schlimm. Dann schaute ich sie an und wußte, daß etwas nicht stimmte. Sie hatte keine Reflexe, war blau und bewußtlos. Mir fiel jedoch auf, daß ihr Herz schlug – eigenartig. Ich fühlte ihren Puls, ich konnte ihn sogar hören! Ich ging mit ihr an die frische Luft, bewegte ihre Arme rauf und runter. Ihr Atem ging keuchend, ich weiß nicht, ob sie das schon vorher hatte. Wir rannten zum Nachbarn, der ein Röntgenarzt ist. Er war nicht da. Meine Frau rief einen Kinderarzt an. Ich dachte, wir müßten uns selbst helfen.« An diesem Punkt wollte mir der Vater mit seiner Tochter die Bewegungen zeigen, die er mit ihr gemacht hatte. Sie schrie fürchterlich. »Nach einer halben Stunde fing sie wieder an zu reagieren und richtig zu atmen.« Mutter: »Ihre Hautfarbe war wieder normal, und ihre Augen reagierten langsam wieder.« Sie waren mit der Tochter herumgerannt, die sie schief hielten, damit sie atmen könne, falls etwas in ihrer Kehle steckte. Die Mutter erreichte schließlich den Arzt, er konnte aber nicht sofort kommen. Er kam zwei Stunden später und weckte das Mädchen auf, das inzwischen eingeschlafen war. Sie schrie, und alles schien wieder normal. Danach wurde ein EEG und EKG gemacht, ohne Befund.

Hatten die Eltern Angst? Der Vater: »Im Augenblick ja, danach nicht – na ja, vielleicht ein bißchen. Ich hatte lange geglaubt, daß Kinder blau werden, wenn sie wirklich wütend sind. Entweder das Kind beherrscht mich oder ich das Kind.«

Hatten Sie oft so ein Gefühl zu ihr? »Nein, es war das erste Mal.« Zu den anderen? »Das ist mir nicht so klar.« Warum zu ihr? »Ihr Zorn war größer.« Die Mutter: »Aber mit den Jungen gab es auch solche Momente!« Auf die Frage nach Träumen sagt die Mutter: »Ich habe nie viel geträumt.« Der Vater korrigiert: »Ich weiß, daß sie träumt. Sie redet oft im Schlaf, ruft und setzt sich manchmal im Schlaf sogar auf.« Auf die Frage nach seinen eigenen Träumen sagt er: »Ich weiß nicht.«

Vater: »Abends bin ich bei den Kindern. Ich gab ihr immer die letzte Flasche.« Da die Frau am Abend gut schlafen konnte, war der Vater bis Mitternacht für die Kinder da. »Danach war sie dran. Ich schlafe am besten am Morgen.«

Als das Interview fast zu Ende war, kam der Vater noch einmal auf die Krise zu sprechen: »Wenn ich zurückdenke, wenn sie gestorben wäre, dann hätte ich … Ich war hart mit ihr in diesem Augenblick. Ich fühlte, daß ich sie echt verletzt hatte, daß ich sie wirklich weggestoßen, wirklich zurückgewiesen hatte. Ich hatte ähnliche Fälle mit den Buben, aber zu ihnen war ich nie so hart. Ich hatte den Abend vorher gerade ein Buch über Kindererziehung gelesen, ›Kinder fordern uns heraus‹. Darin hieß es, man sollte nicht der Sklave des Kindes werden. Ich habe mittlerweile gedacht, daß vielleicht ein Zusammenhang zwischen all dem und dem Anfall bestanden hat. Ich erinnere mich, gesagt zu haben, ›lassen wir sie schreien, es ist ein Test‹. Mit den Jungen haben wir nie so etwas gemacht. Man wird härter mit den Kindern, und sie ist äußerst empfindlich. Ich hatte einmal einen Traum, in dem ich fiel und fiel und fiel. Vielleicht kann man mit einer derartigen Todesangst aufhören zu atmen.«

Der Vater ist mit seiner 13 Jahre jüngeren Frau und seinen Kindern etwas streng. Seine Verantwortung als Vater und Ehemann nimmt er sehr ernst. Die Strenge, die er ausstrahlt, wird durch die unbeschwertere Wesensart seiner Frau nicht gemildert. Sie läßt sich von ihm nicht einschüchtern, widersetzt sich aber auch nicht offen. Wenn er ihr widerspricht, antwortet sie nicht, fährt aber in ihrer Weise fort, anscheinend ohne Groll. Sie unterwirft sich nicht, kämpft aber auch nicht gegen ihn, sondern geht ihren eigenen Weg, ohne sich um ihn zu kümmern.

Das verstärkt vielleicht ein Gefühl der Entbehrung, das man an ihm spürt. Die Lektüre des Erziehungsbuches hat bei ihm offenbar feindselige Gefühle und verborgenen Groll an die Oberfläche kommen lassen. Daß das Kind ein Mädchen ist, mag dabei unbewußt eine Rolle gespielt haben; er selbst sagt jedenfalls, mit den Jungen sei er nie so hart umgegangen. Die »Unabhängigkeit«, die Frau EE. ihrem Mann gegenüber an den Tag legt, dürfte mit ihrer Abhängigkeit von ihren Eltern zusammenhängen und mit ein Grund für seinen zurückgehaltenen Groll sein.

Ambivalenz der Gefühle und Todesphantasien

In den Interviews sprach in der Hauptsache die Mutter, während der Vater unterstützend dabei saß. Das Bild, das sich in der Abfolge der Interviews ergab, war eine Familienkonstellation, in der die Kinder vor allem für die Mutter, in geringerem Maße auch für den Vater eine Quelle des Konfliktes darstellten. Im Fortgang der Interviews wurde klar, daß die Ambivalenz der Mutter durch Zweifel an ihrer Fähigkeit zur Mutterschaft genährt war, die sie schon vor der Schwangerschaft gehegt hatte und die durch Schwangerschaft und Geburt noch verstärkt worden waren. Das Gefühl eigenen Ungenügens war in einigen Fällen bewußt, in anderen durch die gegenteilige Haltung eines scheinbar starken Selbstvertrauens kompensiert.

Die Interviews drehten sich natürlich hauptsächlich um die Erfahrungen der Mütter. Die Väter erweckten durchweg den Eindruck einer großen Fürsorglichkeit, die sogar die Mütterlichkeit der Mütter zu übertreffen schien; eine Ausnahme bildete nur Herr C., der eine ausgesprochen bestimmende Haltung zeigte.

An den täglichen Pflichten der Versorgung des Kindes nahmen die Väter nach eigener Aussage allerdings kaum teil

(Ausnahme: Herr K.). Ihre Haltung der Fürsorglichkeit entsprach eher einem Rollenbild; tatsächlich waren sie einen guten Teil der Woche nicht zu Hause und brauchten sich der Mühsal des Alltags nicht zu unterziehen. Alle brachten zum Ausdruck, daß ihnen das bewußt sei. Daß die Väter kaum ambivalente Gefühle gegenüber ihren Kindern erkennen ließen, mag daher rühren, daß sie sich den mütterlichen Pflichten des Nährens, Wickelns und ständigen Umsorgens entziehen können – Anforderungen, die in den Müttern oft zwiespältige Gefühle entstehen lassen.

Wo auch Väter Ambivalenz gegenüber dem Kind zeigten, war dies offensichtlich eine Reaktion darauf, daß das Kind ihnen die Aufmerksamkeit und Fürsorge ihrer Ehefrauen entzog; ob dieser Entzug wirklich oder nur eingebildet war, spielte dabei keine Rolle.

Todesgedanken spielen bei den befragten Eltern mehr oder weniger deutlich eine auffallende Rolle. Lassen wir hier Familie K. aus den schon erwähnten Gründen außer Betracht (der Tod ihres Kindes fällt nicht in die diagnostische Kategorie des Plötzlichen Kindstodes), so haben von den verbleibenden 14 Eltern immerhin 13 selbst berichtet, daß sie in der Zeit vor dem Tod ihres Kindes Phantasien oder Träume hatten, die um den Tod kreisten; manchmal waren es die Mütter, manchmal die Väter, manchmal auch beide Eltern.

Eine Ausnahme scheint Frau G. zu bilden, denn sie bestreitet, Todesphantasien oder Todesträume gehabt zu haben; ihr Verhalten und ihre Schilderung ihrer ersten Schwangerschaft deuten jedoch auf starke unbewußte Todeswünsche hin. Gegen die Deutung von Frau M.s Träumen als Todesträume wird man nur dann Einwendungen erheben, wenn man verkennt, daß es in diesen Flugträumen offensichtlich darum geht, das Kind zu verlieren. Bei Frau I. wiederum wird die Unterströmung unbewußter feindseliger Gefühle bis hin zum Todeswunsch gerade daran erkennbar, daß sie überhaupt keine Angst um ihr Kind hatte, obwohl dessen Gesundheitszustand immer wieder Grund zu ernster Sorge gab. Die übrigen Mütter berichteten von Gedanken an den Tod oder von Vorahnungen (10), von tiefer Depression (1) oder von eindeutigen Todesträumen (6).

Von den Vätern hatte Herr O. eine plötzliche Phantasie über den Tod seines Kindes, machte dafür aber seine ältere Tochter verantwortlich. Herr N. war sein ganzes Leben lang von Todesgedanken beherrscht gewesen; besonders intensiv wurden sie in der Beziehung zu seinem Sohn, von dessen Tod er im voraus träumte.

In allen Fällen handelt es sich um Mütter, die von ihrem empathischen Einfühlungsvermögen für ihre Kinder abgeschnitten sind. Oft traten feindselige oder ambivalente Gefühle zutage; sie richteten sich entweder speziell gegen das am PKT gestorbene Kind oder waren diesem gegenüber stärker ausgeprägt als gegenüber den Geschwistern.

Für Frau A. zum Beispiel war das gestorbene Kind »Das Kind meines Mannes«; ähnlich war es bei Frau G., deren kleine Tochter mit dem Vater lachte, aber vor der Mutter Angst hatte. Frau B. bekam das PKT-Kind in einer Zeit, in der sie sich isoliert und entfremdet fühlte; das Haus und die Nachbarschaft bedrückten sie außerordentlich. Frau C. fühlte sich überlastet durch körperliche Anforderungen, die kurz vor der Schwangerschaft an sie gestellt wurden und bis nach dem Tod des Kindes blieben. Frau E. hatte das Gefühl, sich von ihrer vorangegangenen Schwangerschaft noch nicht erholt zu haben. Für Frau H. wurde die Schwangerschaft mit dem PKT-Kind zu dem Tropfen, der das Faß zum Überlaufen bringt; sie hatte sich immer leidend und schutzlos gefühlt, nun wurde der Leidensdruck überwältigend. Frau D. machte das Kind zum Objekt ihrer Verschmelzungswünsche, über das sie volle Kontrolle haben mußte; wenn die Bedürfnisse des Säuglings den ihren in die Quere kamen, steigerte sich ihre Wut. Frau J. und Frau E. empfanden die Kinder schon während der Schwangerschaft als Bedrohung für ihre eigenen Bedürfnisse nach Zuwendung und Fürsorge. Bei Frau F. führte die unbewußte Bindung an die Erwartungen ihrer Schwiegermutter in ein Crescendo der Unterwerfung, als diese ganz offen Todeswünsche gegen sie und ihre Kinder entwickelte. Frau L. mußte ihre eigenen Bedürfnisse abspalten und kann darum auch die ihres Kindes nicht wahrnehmen, sie bemerkte nicht einmal, daß es Fieber hatte. Frau M. wurde durch das Kind zur Ehe gezwungen und mußte seinetwegen ihre beruflichen Ambitionen aufgeben. Frau N. hungert nach Fürsorge, versteckt dieses Bedürfnis aber hinter ihrer zur Schau getragenen Stärke, die sich freilich hauptsächlich negativ äußert, als ständiges Nein-Sagen-Müssen. Ihr Ehemann fühlte sich durch den Sohn aus der Symbiose mit seiner Frau verdrängt. Frau O. kann nur wenig Wärme geben; sie braucht Beistand, wird aber böse auf ihren Mann, wenn er ihr Hilfe anbietet. All dies kann sie sich nicht eingestehen. Bei ihrem Mann wiederum ist ein dumpfer Groll die Kehrseite der Fürsorglichkeit.

Ein anderes Bild bieten die Eltern, deren Kinder nur beinahe am Plötzlichen Kindstod gestorben wären. Die für die Gruppe der PKT-Eltern kennzeichnenden Todesphantasien oder Todesträume finden wir bei ihnen ebenso wenig wie die unbewußte Ambivalenz gegenüber den Kindern und dem Ehemann; ganz allgemein ist die Unterdrückung der Gefühle weniger ausgeprägt. Vor allem die Mütter drücken feindselige Gefühle oder Groll weitaus offener aus, statt sie unterschwellig am Kochen zu halten und zum Angelpunkt ihrer Selbstintegration zu machen. Diese Eltern sind also dem Durchschnittsbild menschlichen Verhaltens wesentlich näher.

Es ist kaum anzunehmen, daß die auffallende Häufung von Todesgedanken einerseits und unterdrückter Wut andererseits in der Gruppe der PKT-Eltern purer Zufall ist. In einer repräsentativen Untersuchung an 136 Elternpaaren mit vergleichbarem sozialen Hintergrund (Mittelschicht) fanden sich Gefühle der Ablehnung gegenüber den Kindern nur bei 16 Prozent der Befragten (Thomas, Chess und Birch 1968). Die Abweichung von unserem Befund ist mit Zufallsstreuung nicht zu erklären. Es spricht also einiges dafür, daß die von uns beobachteten Verhaltenszüge für PKT-Eltern typisch sind.

Gewiß ist unsere Vergleichsgruppe der Eltern von Beinahe-Opfern zahlenmäßig sehr klein. Aussagekraft gibt ihr jedoch die eindeutige Abgrenzung in der psychischen Struktur. Die fünf Elternpaare der dem PKT entronnenen Kinder zeigen eine ganz andere Qualität der zwischenmenschlichen Beziehungen als die PKT-Gruppe. Mütter wie Väter gingen offener mit ihren Meinungsverschiedenheiten und ihren wechselseitigen Aggressionen um. Die Väter spielten nicht die Rolle einer überbehütenden Mutter; sie dominierten eher offen, gaben damit aber auch den Frauen Gelegenheit, offen zu rebellieren. Die Partner erwarten voneinander, daß jeder seine eigene Aufgabe erfüllt. Die Väter stehen nicht unter dem Zwang, den Mangel an Selbstwertgefühl bei ihren Frauen zu überbrücken. Die Mütter sind weniger passiv und in ihrer Persönlichkeit konturierter. Drei der Fünf Väter berichten von feindseligen Gefühlen, die sie vor dem kritischen Zeitpunkt gegenüber dem beinahe am Plötzlichen Kindstod gestorbenen Kind gehabt hatten. Sie drückten diese Feindseligkeit aber offen aus und hatten keine Todeswünsche.

Die Interaktion zwischen Ehefrau und Ehemann

In den PKT-Familien spielten die Väter im Grunde den mütterlichen Part. Außer Herrn M. waren sie fürsorglicher und bejahender, sowohl den Kindern als auch ihren Ehefrauen gegenüber. Und es scheint, daß die Frauen sie eben dieser Eigenschaften wegen als Ehepartner gewählt hatten. Eine Mutter, Frau A., brachte das ganz deutlich zum Ausdruck: »Ich hatte Probleme, und das war die Grundlage meiner Beziehung zu ihm. Ich habe meine Mutter verloren, sie hat sich selbst umgebracht, und seitdem hatte ich kaum mehr etwas, für das es sich zu leben lohnte.«

Die Bedürfnisstruktur dieser Mütter, wie sie in ihrem Verhalten während des Interviews und in ihren Berichten über die Zeit der Partnerwahl und des Werbens zutage tritt, ist gekennzeichnet durch das Verlangen nach Schutz und emotionaler Sicherheit (A, F, H, J, L, N, O); manchmal wird von der Ehe auch eine Bekräftigung der Position »Frau« (B, E, G, N) oder ein erhöhtes Statuspotential (D, M) erwartet. Es ist eine Struktur, die diese Frauen stark vom Ehemann abhängig macht: Er ist es, der ihnen Selbstwertgefühl vermittelt.

Solche Konstellationen entsprechen der traditionellen Vorstellung von der »Schwäche«, »Abhängigkeit« und »Unterlegenheit« der Frau und müssen trotz aller Lippenbekenntnisse zur Gleichberechtigung immer wieder zur Rechtfertigung dieses Vorurteils herhalten. Es gehört zu den verhängnisvollsten Wirkungen der Institution Ehe, daß ihre traditionelle Struktur die Ungleichwertigkeit der Frau zementiert: Die Versorgung, die der Mann ihr verspricht, muß die Frau mit Anpassung und Unterordnung bezahlen. Wo dieses Grundmuster durch die persönliche Bedürfnisstruktur der Ehepartner verstärkt wird – zum Beispiel wie in unseren Fällen durch ein starkes Verlangen der Frau nach Umsorgtwerden, das den Mann ganz im Sinne der alten Vorurteile zum überlegenen Partner macht –, muß ein tiefer Groll entstehen, der unbewußt bleibt und daher nicht verarbeitet werden kann.

Abhängigkeit erzeugt Feindseligkeit; wo aber ein Verlangen nach Abhängigkeit besteht, darf diese Feindseligkeit nicht bewußt erlebt und schon gar nicht offen ausgedrückt werden; sie muß abgespalten und verdrängt werden, bleibt aber dennoch wirksam. So lädt sich eine Beziehung immer mehr mit unterschwelliger Aggression auf; den Partnern aber bleibt verborgen, daß diese Aggression aus dem Machtgefälle herrührt, auf dem ihre Beziehung beruht. Sie können dies nicht wahrnehmen, ohne die Grundlage ihrer Partnerschaft in Frage zu stellen. Sie verdrängen die Strukturen ihrer Partnerschaft immer tiefer ins Unbewußte. Diese Entwicklung muß überall dort eintreten, wo Frauen in der Abhängigkeit vom Mann einen Ausgleich für ihren Mangel an Selbstwertgefühl suchen. Dies aber tun sie letztlich unter dem Druck einer gesellschaftlichen Ideologie, die von Frauen Hilflosigkeit und von Männern Dominanz erwartet. Frauen können darum nach Abhängigkeit verlangen, obwohl sie die Unterwerfung, die das von ihnen fordert, nicht wirklich wollen. Der Konflikt ist unlösbar, weil er unbewußt bleibt und weil er nicht zu lösen wäre, ohne das Machtarrangement der Ehe zu sprengen, wird er immer stärker im Unbewußten gehalten.

Da es die Frau ist, die sich zuerst innerlich gegen diese Situation auflehnt (der Mann tut dies erst, wenn seine Vorherrschaft in Frage gestellt wird), ist ihre Verleugnung ihrer feindseligen Gefühle für das kleine Kind von weitaus größerer Bedeutung als die seinige. Denn diese verdrängten negativen Gefühle sind ein grundlegender Aspekt der unmittelbaren Erfahrungswelt des Kindes – es erspürt sie empathisch. Daß letztlich der Mann diese Vorgänge in den Müttern auslöst, ohne daß ihm das bewußt wird, gibt dem Geschehen eine Dimension von Tragik: Es wirkt ausweglos wie ein blindes Verhängnis.

Die Tragik der Frau ist, daß ihr Elend um so größer wird, je mehr ihr Bedürfnis nach Abhängigkeit tatsächlich befriedigt wird. Denn gerade dann darf sie sich ihrer Feindseligkeit und des Ursprungs dieser Feindseligkeit noch weniger bewußt werden. Das Bewußtwerden würde ja zugleich auch alles in Frage stellen, was sie in der Vergangenheit bereits an mühsamer Integration geleistet hat. Schon als Kind hat sie die feindseligen Gefühle gegen ihre Eltern nur durch Verleugnen und Verdrängen bewältigen können – eine Anpassungsleistung, die zusammenbräche, wenn sie nun Aggression gegen einen fürsorglichen Ehemann zuließe. Die unbewußt bleibende Feindseligkeit nimmt aber nicht ab, sondern zu und wird darum auf andere Objekte übertragen. Statt dem Mann zu grollen, von dem sie sich abhängig fühlt, grollt die Frau den Kindern, die von ihr abhängig sind. Kinder sind das bevorzugte Objekt abgespaltener Feindseligkeit.

Die Feindseligkeit sadistischer Mütter ist von grundsätzlich anderer Art. Ich komme darauf später noch zurück, möchte hier aber betonen, daß keine einzige Mutter dieses Samples sadistische Züge hatte. Ganz im Gegenteil, sie alle wollten eine gute, fürsorgliche Mutter sein. Worauf es ankommt, ist, daß in allen echten PKT-Fällen die Mütter von starker unbewußter Feindseligkeit beherrscht waren, die sich vor allem gegen das Kind richtete, das dann starb. Wo noch

Geschwister da waren, wurden diese weniger stark unbewußt abgelehnt als das gestorbene Kind. In dem einen Fall, in dem diese unbewußte Feindseligkeit nicht zu beobachten war, mußte die Diagnose »Plötzlicher Kindstod« bei einer späteren Überprüfung revidiert werden.

Selbstverständlich soll hier kein zwingender Kausalzusammenhang zwischen unbewußter Feindseligkeit und Plötzlichem Kindstod behauptet werden. Es ist für mich unbezweifelbar, daß die meisten Kinder die unbewußte Ablehnung ihrer Mütter überleben. Ich möchte meine Hypothese so formulieren: Die unbewußte Feindseligkeit einer Mutter kann zum auslösenden Faktor für den Plötzlichen Kindstod werden, wenn bestimmte Bedingungen zusammentreffen. Mit diesen werde ich mich im folgenden befassen.

Empathie und die Entwicklung des REM-Schlafs

Liebe zum Kind und Freude an seiner Lebendigkeit sind eine entscheidende Voraussetzung für seine gesunde Entwicklung. Diese verläuft ganz anders, wenn es an einer bejahenden Grundhaltung mangelt. In der psychiatrischen und psychologischen Literatur sind die Folgen einer ablehnenden Haltung für Charakter und Persönlichkeitsbildung ausgiebig dargestellt und klinisch belegt worden. Weniger beachtet wurden bisher die Wirkungen auf die allgemeine körperliche Entwicklung, auf die strukturelle Reifung und auf die Lebendigkeit oder Apathie des Organismus. Sie sind jedoch nicht minder bedeutungsvoll.

Nissen, Chow und Semmes (1951) haben gezeigt, daß der Mangel an kinästhetischen Erfahrungen durch Berühren und Berührtwerden bei einem jungen Schimpansen nicht nur zu Defiziten in der Koordination von Tastsinn und Bewegungsapparat führen, sondern sogar Verhaltensmuster löschen kann, die als »instinktiv« und angeboren gelten. Der untersuchte Schimpanse griff nicht mehr nach seinen Wärtern, klammerte sich nicht mehr an ihnen an; er lauste sich nicht, gab keinen Laut von sich und machte nicht einmal mehr Lippenbewegungen. Diese Beobachtungen sind direkt übertragbar auf die Situation eines Kindes, das von seiner gefühlsambivalenten Mutter zwar mit Nahrung und Kleidung versorgt und sauber gehalten, aber kaum berührt, gestreichelt und auf den Arm genommen wird. Montagu hat in verschiedenen Publikationen (1953, 1982) dargelegt, wie wichtig für das Neugeborene die Stimulation der Haut durch Berührung ist, und daß bei einem Mangel an solcher Stimulation physiologische Funktionen wie zum Beispiel die Atmung beeinträchtigt werden. Sogar ungenügendes Wachstum ist – wo keine organischen Defekte nachweisbar waren – auf die Unfähigkeit mancher Mütter zurückgeführt worden, auf die Bedürfnisse ihrer Kinder angemessen zu antworten, vor allem auf das Bedürfnis nach Berührung und Körperkontakt (Shaheen et al. 1968).

Zu diesem Mangel an Körperkontakt und Berührung des Babys kommt es, wenn der Zugang der Mutter zu den Bedürfnissen des Kindes gestört ist. Grundlage eines adäquaten Zugangs ist weitgehend eine intakte Liebesfähigkeit. Sie kann nicht aus Büchern gelernt werden. Eine wirklich liebende Mutter kann durch genauere Kenntnis der Entwicklungsprozesse zwar lernen, die Bedürfnissignale ihres Kindes noch aufmerksamer wahrzunehmen. Das Entscheidende aber ist Liebe als freudiges Gewahrsein der Lebendigkeit und einmaligen Individualität des Kindes. Wenn diese vorbehaltlos bejahende Liebe da ist, kommt es zwischen Mutter und Kind zu einem dynamischen Prozeß wechselseitig sich verstärkender Freude aneinander.

Ein Beispiel, aus dem wir direkte Folgerungen für den Plötzlichen Kindstod ableiten können, stammt von Mona Lisa Boyesen (1981). Sie hat das Verhalten ihres Erstgeborenen beim Füttern ungewöhnlich einfühlsam beobachtet. Ihr Aufsatz macht deutlich, daß die Art und Weise, wie ein Neugeborenes gefüttert wird, für die Entwicklung seines REM-Schlafes ausschlaggebend sein kann. Frau Boyesens Beobachtungen geben nicht nur sehr genauen Aufschluß über den Zusammenhang von REM und Apnoe während des Nährens; sie sind vor allem ein Zeugnis dafür, was eine wahrhaft liebende Mutter für ihr Kind bedeutet. Es wird am besten sein, sie selbst sprechen zu lassen; vorausbemerkt sei jedoch, daß Frau Boyesen mit dem »Trance«-Zustand ihres Kindes die REM-Phasen meint, die sich bei einem Neugeborenen dadurch anzeigen, daß sich unter den geschlossenen Lidern die Augäpfel schnell hin und her bewegen, wenn es beim Füttern in den Schlaf abgleitet.

Boyesen entwickelte die theoretische Position, daß der REM-Zustand bei Neugeborenen einem Trancezustand ähnlich ist, aus dem sie nicht zurückkehren können, wenn die Bindung an die Mutter nicht richtig stattgefunden hat (die liebende Verbindung mit der Mutter, die ihr Kind liebevoll in den Armen hält). Wenn der Trancezustand aber während des Stillens im Kontakt mit einer empfänglichen und liebenden Mutter erfahren wird, dann wird der Säugling nicht in der Nacht nach diesem Zustand suchen, wenn sein flaches Atmen (Apnoe) von niemandem bemerkt werden kann.

Boyesen drückt mit der Beschreibung ihrer Gefühlsreaktionen auf ihren Sohn etwas aus, was vielleicht jeder erfahren hat, der einen Säugling bemuttert und genährt hat, ohne sich der ablaufenden Prozesse bewußt gewesen zu sein. Daß wir das, was sie beschreibt, nicht »gesehen«, sondern vielleicht nur intuitiv gefühlt haben, mag teilweise auf die Vorurteile zurückzuführen sein, die aus den vorherrschenden männlichen Ansichten über das Muttererleben stammen. Auch weibliche Forscher haben zur Verfestigung dieser Ansichten beigetragen. Ich zitiere Boyesen darum ausgiebig.

Boyesen schreibt: »Ich habe gesehen, wie flach Dorian auf dem Gipfel seines Trancezustandes geatmet hat ..., wie leicht sein Körper wurde, der fast ohne Gewicht in meinen Armen lag. Manchmal mußte ich mich über ihn beugen, um sicher zu sein, daß er noch atmete. Diese ausdrucksstarke Reglosigkeit machte mir angst; er war vollständig nach innen gewendet und entrückt, das Gesicht war bleich und durchsichtig, hatte keine Form mehr, sondern nur noch Ausstrahlung. Er war mehr ätherische Erscheinung als körperliche Gegenwart, als wäre da gar niemand, den ich in den Armen hielt. Jede Mutter, die ihr Neugeborenes in dieser Trance wahrgenommen hat, hat wohl den Impuls gespürt, es aufzuwecken, irgend etwas zu tun, um es aus diesem subnormalen Zustand herauszuholen.«

Diese poetische Beschreibung stimmt mit dem überein, was Klaus und seine Kollegen (1970) in ihrer bahnbrechenden Arbeit über das Verhalten menschlicher Mütter berichten. Sie stellten fest, daß Mütter, die zum ersten Mal geboren haben, ein intensives Bedürfnis haben, ihren Säugling aufzuwecken, um seine Augen offen zu sehen. Die Autoren halten dies für ein »artspezifisches« Verhalten menschlicher Mütter. In Anbetracht der Reaktionen von Boyesen scheint das von Klaus und seinen Kollegen festgestellte Verhalten einem Bedürfnis der Mutter zu entspringen, die sich selbst nicht hinreichend lebendig fühlt. Interessanterweise enthüllen die von diesen Autoren zitierten Äußerungen der Mütter, daß ihnen die Schläfrigkeit ihrer Säuglinge angst machte und daß sie in ihren Gesichtern tatsächlich nach etwas suchten, das ihr eigenes Gefühl des Lebendigseins aufrechterhalten konnte: »Mach die Augen auf. Oh, komm schon, mach doch die Augen auf.« »Wenn du die Augen aufmachst, weiß ich, daß du lebst.« Der Vergleich mit Boyesens Beobachtungen macht deutlich, daß es sich dabei nicht um empathische Einfühlung in das Kind handelt, sondern um selbstbezogene Bedürfnisse. Es ist zu vermuten, daß diese Mütter auf tiefe Ruhe ihres Kindes mit Angst reagiert haben. Wie wir sehen werden, wird dadurch die Abfolge von REM-Phasen in einer Weise gestört, daß sich die Aufwachschwelle erhöht; dies wiederum erhöht die Chancen für den Plötzlichen Kindstod.

Frau Boyesen aber war wirklich empathisch verbunden mit ihrem Kind und stärker auf seine Empfindungen bezogen als auf ihre eigene Angst, und darum konnte sie geschehen lassen, was geschah. Sie schreibt: »Ich hatte diesen Impuls am Anfang auch, aber ich habe ihm nie nachgegeben. Zunehmend faszinierte mich Dorians Intensität beim Trinken und der damit einhergehende Trancezustand, dieses Fluktuieren zwischen Benommenheit und Schlaf. Ich lernte auch, daß diese Trancezustände nicht unterbrochen werden dürfen, im Gegenteil, sie müssen *respektiert* (Hervorhebung A. G.) und manchmal sogar unterstützt werden ... Wenn Dorian beim Trinken in meinen Armen lag, gab er die ganze Zeit über die unglaublichsten Töne von sich. Manchmal zuckte er mit den Augen, rollte sie und verdrehte sie wie in Ekstase nach oben«.

Boyesen scheint hier auf ein Verhalten zu reagieren, das Roffwarg und Mitarbeiter (1966) bei Säuglingen beschrieben haben: Gelegentlich haben sie beim REM-Schlaf die Augen offen, wobei man die hin- und herspringenden Augäpfel direkt sehen kann. Diese Autoren äußern sich auch zu dem ständigen Wechsel des Gesichtausdruckes der Säuglinge, der auf differenzierten Gefühlen und Gedanken zu beruhen scheint, wie Erstaunen, Geringschätzung, Skepsis und mildes Amüsement. Es ist aber gerade die Interaktion der Mutter mit diesen Gefühlsäußerungen des Kindes, die ihnen persönliche Bedeutung verleiht und damit die lebensstimulierende Bindung zwischen ihr und dem Kind schafft.

»Es war«, schreibt Boyesen weiter, »wahrhaftig nicht nur die Milch, die er trank, nicht einmal nur die Liebe, die ich ihm gab ... Manchmal wurden seine Töne so hoch und erregt, daß ich mich ein wenig schämte, ihn in der ... Öffentlichkeit zu füttern.«

Mona Lisa Boyesen lenkt hier die Aufmerksamkeit auf die wechselseitige Verstärkung im Bindungsprozeß zwischen Mutter und Kind. Mit ihrem Bericht gibt sie uns – auch wenn das gar nicht ihre Absicht war – tiefe Einblicke in das Wesen des Bindungsprozesses und seine Bedeutung auch für die Entwicklung physiologischer Funktionen. Sie handelt dabei rein intuitiv. Und allein aus der empathischen Verbundenheit erkennt sie auch die Gefahr, sich von eigenen Bedürfnissen – die mit mangelndem Selbstwertgefühl zu tun haben, daher Verlegenheit und Scham – zu störenden Eingriffen verleiten zu lassen, die die freie Entfaltung des Kindes beeinträchtigen würden.

Sie schreibt: »Es war ein Gefühl, als würden wir die intimsten Details unseres Liebeslebens der ... Öffentlichkeit preisgeben.« (Wir sollten uns klar machen, was es bedeutet, wenn Menschen schon Angst davor haben, ihre Gefühle der Liebe zu genießen.) »Leute drehten sich um. Das Gurgeln der Zufriedenheit klingt in den Ohren unserer Gesellschaft zu kurz gekommener Erwachsener fast unappetitlich. Kein Wunder, daß manche Erwachsene sich der ekstatischen Äußerungen ihrer Neugeborenen schämen und manchmal sogar zweifeln, ob solche Äußerungen überhaupt normal sind.«

Nun aber zu ihren Beobachtungen des Ablaufs der Nahrungsaufnahme. »Aus gesundheitlichen Gründen konnte ich nicht stillen ... Dorian trank gierig und wollte bei der vorgesehenen Menge nicht aufhören ... Er hatte, wie alle Babys, das Bedürfnis, weit länger zu saugen als die paar Minuten, die er brauchte, um seinen Durst zu stillen ... Er hatte genug Milch bekommen, aber noch nicht genug Befriedigung. Ich gab sie ihm dann mit meiner Brustwarze, manchmal auch mit meinem kleinen Finger. Dann schlief er mit einem zufriedenen Ausdruck ein.«

»Eines Tages lehrte mich Dorian seinen ganzen Zyklus der Nahrungsaufnahme. Ich hatte über den Sauger der Flasche noch einen zweiten gestülpt, um den Milchfluß zu verlangsamen ..., und im Alter von sieben Tagen erlebte Dorian zum ersten Mal seit seiner Geburt eine ununterbrochene, lang anhaltende Symbiose mit mir.«

»Ein paar Minuten lang saugte er die Milch gierig in sich hinein mit aufreizenden Tönen des Genusses. Dann verlangsamte sich sein Tempo, bis er kaum mehr trank, obwohl er noch ganz mit Saugen beschäftigt war. Es war zu sehen, wie sich seine Lippen und sein Gaumen rhythmisch bewegten, aber er schluckte nicht mehr viel Milch. Zeitweise saugte er gar nicht mehr, lag einfach ganz ruhig mit geschlossenen Augen da, während seine Lippen den Sauger zart umschlossen. Mit jedem Atemzug seufzte er sanft und leise vor Befriedigung. Nach einer Weile öffnete er die Augen wieder, blinzelte und trank erneut mit geschlossenen Augen, dem konzentrierten Genuß ganz hingegeben. Die Phasen des Trinkens und des Saugens im Halbschlaf wechselten einander ab, bis er nach etwa der halben Portion so ruhig dalag, als wäre er nun ganz eingeschlafen. Aber immer noch gab er die leisen Töne der Zufriedenheit von sich.«

»Da er nicht mehr zu saugen schien, wollte ich ihm eigentlich die Flasche wegnehmen. Es hatte nicht viel Sinn, die Flasche weiter zu halten, da er ja nicht mehr trank. Ich saß nun schon mehr als eine halbe Stunde da, und er schien im Augenblick zufrieden zu sein ...«

»Als ich die Flasche gerade herausziehen wollte, zögerte ich, denn in diesem Augenblick bemerkte ich einen Schatten der Unbehaglichkeit auf seinem Gesicht, er drückte die Augenlider ein wenig fester zusammen, als ob ihm etwas mißfiele, schlief aber weiter. Ich ließ also die Flasche, wo sie war ... Gleich darauf bemerkte ich, daß er kurz vor dem tiefen Einschlafen noch immer den Schnuller mit dem Mund festhielt, als würde er saugen. Es hätte ihn aufgeweckt, wenn ich ihn herausgezogen hätte ... Nach einer Weile hörten die Seufzer der Zufriedenheit auf, und ich bemerkte, daß seine Augenlider zuckten. Er war jetzt im REM-Schlaf. Abgesehen von ein paar Zuckungen war sein Gesicht jetzt ruhig und friedlich; nur ab und zu huschte ein Lächeln oder Grinsen über sein Gesicht, in fast schon komischem Kontrast zu seinem ansonsten völlig gleichmütigen Ausdruck ... In diesem Augenblick bemerkte ich auch eine fast unsichtbare Vibration seiner Lippen, als würde er immer noch saugen. Diese Bewegungen waren so unmerklich, daß ich sie leicht hätte übersehen können. Aber jetzt war ich darauf aufmerksam geworden. Wenn er seinen Mund entspannte, dann lag der Sauger auf seiner Unterlippe, und ich konnte durch die kleine ...Öffnung seines Mundes ein rhythmisches Zittern seiner Zunge erkennen.«

Diese Beobachtungen stimmen mit denen von Roffwarg und seinen Mitarbeitern (1966) überein. Saugähnliche Mundbewegungen verstärken sich zunehmend einige Minuten vor dem Übergang in den REM-Schlaf. Sie führen »in einem Crescendo zum Beginn der REM-Phase, begleiten diese, steigern sich gegen Ende noch einmal kurz und verschwinden ganz, sobald die Nicht-REM-Phase voll etabliert ist. <u>Die Saugaktivität scheint also hauptsächlich mit dem Beginn des REM-Schlafes verbunden zu sein.</u>«

Frau Boyesen spürte, welche außerordentlichen endogenen Aktivitäten und Erregungen durch den REM-Zustand ausgelöst werden, und sie konnte ihn darum in einer Weise beschreiben, die uns das fundamentale Wechselspiel in der Mutter-Kind-Beziehung begreifen läßt: »Er war in einem Zustand, der innere Konzentration verlangte. Es vollzog sich ein intensiver Prozeß in ihm, der durch seine kaum wahrnehmbaren Saugbewegungen immer neu angeregt wurde ... Nun verzog sich sein Mund wieder zu diesem Grinsen, wieder ein kurzes Lächeln, das für einen Augenblick unverändert blieb. Ich sah seine Zungenspitze auf beiden Seiten des Saugers, wie sie immer noch vibrierte ... Dann öffnete er plötzlich seine Augen und schaute mich mit einem sonderbar intensiven Blick an ... Ich glaube nicht, daß er mich sah ... Dann schloß er die Augen wieder, und mit einem kleinen Ruck seines Körpers, der ihn halb aufzuwecken schien, saugte er gierig den Rest der Milch leer. Ungefähr eine Stunde war vergangen, seit ich mit dem Füttern begonnen hatte ... Etwas später hörte er wieder auf zu trinken. Eine enorme Hitze ging von ihm aus ... Er schien jetzt fest zu schlafen, und bald begannen wieder die raschen Augenbewegungen (REM). Er lag vollkommen ruhig da; sein Atem war unhörbar und manchmal so flach, als würde er überhaupt nicht atmen ... Plötzlich ergriff mich Angst, daß sein Lebenslicht erlöschen könnte ... Aber er reagierte auf Veränderungen seiner Umgebung, zum Beispiel auf meine Bewegungen, auf leise Geräusche im Flur und so weiter. Ich verfolgte jeden Atemzug, den die undeutlichen Bewegungen seiner Brust erkennen ließen, fast nur ein schwaches Pulsieren. Das Ausatmen dauerte so lang, als würde er nie mehr einatmen ... Und plötzlich lächelte er über das ganze Gesicht ... Als er aufwachte, schaute er mich an. Dieses Mal schaute er nicht durch mich hindurch, sondern in mich hinein ... Seine Augen waren erfüllt von einem Ausdruck der Erleichterung und des Einverständnisses.«

Wir sehen an diesem Beispiel, welche enorme Bedeutung die Reaktionen der Mutter für das Schlafmuster des Kindes und die Abfolge der REM-Phasen haben. Allein dadurch, daß sie dem Kind eine eigenständige Lebendigkeit zugesteht und sie voll respektiert, sein Verhalten also positiv interpretiert als Ausdruck einer inneren Notwendigkeit und der Verbundenheit mit ihr selbst, kann sie ihm Raum zur freien Entfaltung geben, indem sie es in ihren Armen ungestört saugen und lutschen läßt.

REM, Aufwachschwelle und Sterben

Boyesen verdanken wir eine erste Beschreibung des Wechselspiels von REM und Nahrungsaufnahme und seiner möglichen Auswirkungen auf das Schlafmuster von Säuglingen. Daraus ergibt sich die Vermutung, daß die innere Einstellung der Mutter zu ihrem Kind auf dessen REM-Rhythmus einen entscheidenden Einfluß hat. Denn von dieser Einstellung hängt ab, wieweit die Mutter die Bedürfnisse des Kindes erspüren kann und in welchem Ausmaß sie seine REM-Phasen stört und unterbricht.

Für den Plötzlichen Kindstod haben diese Störungen wahrscheinlich darum Bedeutung, weil sie zu vermehrtem REM-Schlaf und einer Erhöhung der Aufwachschwelle führen, auch wenn dies auf sehr indirekte Weise geschieht. Roffwarg und Mitarbeiter beschreiben in der bereits zitierten Arbeit eine interessante Sequenz von Saugen und REM: »Saugen im Schlaf kann ein Ausdruck von REM-Aktivität sein, aber bei physiologischem Hunger setzt es sich in der Nicht-REM-Phase fort.«

Aserinsky und Kleitmann (1955) haben berichtet, daß spontanes Aufwachen bei Säuglingen im allgemeinen zu Beginn von REM-Phasen auftritt. »Wir haben dies bestätigt gefunden und zusätzlich beobachtet, daß sich das Aufwachen im allgemeinen in der REM-Phase ereignet, die auf den Durchbruch anhaltenden Saugens in einer Nicht-REM-Phase folgt. Sobald die Aktivität einen gewissen Schwellenwert übersteigt, scheint also das Einsetzen der REM-Phase zum Aufwachen zu führen. » *Dies legt die Vermutung nahe, daß es ohne vorhergehendes Saugen kein Aufwachen gibt.*

Das Ausbleiben des Saugens wiederum versteht sich nicht von selbst, sondern bedarf der Erklärung. Sie ist zu suchen in dem Wechselspiel zwischen Reizerwartung und tatsächlich eintretender Stimulierung, das ich für einen entscheidenden Vektor der Entwicklung halte: Die bisherige lebensgeschichtliche Erfahrung mit den Stimulierungen des Gefüttertwerdens und Saugens entscheidet darüber, ob und inwieweit das Kind Saugbewegungen macht. Sogar strukturelle Defizite finden möglicherweise in diesem Zusammenhang ihre Erklärung. J. Ollson hat bei seinen Forschungen in Naeyes Laboratorium (zitiert bei Naeye 1980) festgestellt, daß jene Stammhirnregion, welche die Zunge kontrolliert, bei vielen PKT-Kindern einen signifikanten Mangel an Neuronen aufweist. Es ist gut möglich, daß zwischen einem solchen Mangel und den Möglichkeiten des Kindes, sein Saugbedürfnis zu befriedigen, ein Zusammenhang besteht. Es ist bekannt, daß ein Mangel an sensorischer Erregung die neuronale Gehirnstruktur ändert (Freeman et al. 1972, Wallace 1974).

Die Stärkung der Zunge kann durchaus mit der »Tonisierung« zusammenhängen, von der Boyesen spricht, das heißt mit der Gelegenheit, die eine Mutter ihrem Säugling zum richtigen Saugen gibt. Es mag das verstärkte Saugen sein, das einem Säugling hilft, aus dem REM-Schlaf aufzuwachen, wenn die Atmung zu versagen droht. In den Armen der Mutter (oder des Vaters) gehalten zu werden – das heißt die Erfahrung liebevoller Geborgenheit – schafft die notwendigen Bedingungen für richtiges Saugen. Boyesen spricht darüber in einer für unsere Ohren allegorischen Sprache: »Etwa eine Stunde lang bei jedem Füttern – insgesamt vielleicht fünf oder sechs Stunden am Tag – kann das Neugeborene dieses Gebiet des Stammhirns einüben.« Ist dies die Voraussetzung für das Aufwachen aus einer REM-Phase, so kann eine Schwächung dieser Voraussetzungen die Fähigkeit zum Aufwachen beeinträchtigen. Liegen Apnoe und teilweiser Lungenkollaps vor, so kann ein Kind, das nicht aufwacht, sterben.

Frustrierte Erwartungen, Träume und REM

Von entscheidender Bedeutung für die Unfähigkeit, rechtzeitig aufzuwachen, ist möglicherweise auch die Art des Träumens während der REM-Phase. Berger (1963) fand heraus, daß bei träumenden Menschen das Ausbleiben erkennbarer Reaktionen auf einen akustischen Reiz nicht auf eine Anhebung der akustischen Reizschwelle zurückzuführen ist, sondern auf die spezifische Art der Reizverarbeitung, durch die der Stimulus in den Traum eingeflochten wird.

Jouvet (1962) hat auch bei Katzen eine Abnahme der Reaktion auf akustische Signale (Klicks) während des »Hinterhirn«-Schlafes beobachtet, häufig verbunden mit Bewegungen der Augen und Schnurrhaare. Er führte diese Abnahme der Reaktionsbereitschaft darauf zurück, daß die Katze in ihren Traumbildern gefangen sei. Mit anderen Worten: Die Intensität des Traumerlebens führt zu einer Blockierung an der Peripherie des Organismus, so daß Reize, die sonst zum Erwachen führen würden, nicht wahrgenommen werden. Zu vermuten ist also, daß es auch von der Art des Traumes abhängt, ob eine solche Blockierung eintritt und damit ein Aufwachen verhindert wird, das im Falle von anhaltender Apnoe lebensrettend wäre.

Ein auffallendes Merkmal an Kindern, die dem Plötzlichen Kindstod erlegen sind, ist, daß es keine Anzeichen eines Todeskampfes gibt. Wenn sie aufgefunden werden, sehen sie im allgemeinen aus, als ob sie schliefen. Sie sind weder blau noch verkrampft. Ein Vater in dieser Untersuchung (Herr C.) beschreibt das Auffinden seines Sohnes so: »Er sah nicht aus, als ob er um sein Leben gekämpft hätte, wie Tiere es tun. Er verschwand einfach aus dem Leben, dem er nicht gewachsen war.« Im vorliegenden Sample wird über elf von 15 Kindern gesagt, daß sie entspannt aussahen, als ob sie schliefen, und keine sichtbaren Verkrampfungen zeigten. Von den übrigen vier Kindern wird berichtet, eines habe aufgeblasene Backen gehabt, »als hätte er vergessen zu niesen«, eines sei mit Schleim bedeckt und in seine Decke verheddert gewesen, und eines habe wie ein »zusammengeschnürtes Bündel« ausgesehen.

Diese scheinbar zufälligen Aspekte des Zustandes von PKT-Opfern führe ich hier deswegen an, weil ein Kampf ums Leben offenbar dann ausbleibt, wenn der Tod durch mangelnde Aufwachbereitschaft bei reduzierter Sauerstoffzufuhr und erhöhter CO_2-Konzentration eintritt. Das stimmt überein mit den erwähnten Erkenntnissen von McCulloch und Mitarbeitern (1982) über die sinkende Aufwachbereitschaft bei Hypoxie. Ich vermute, daß die wiederholte Erfahrung von Apnoe ein Kind so konditionieren kann, daß es auf eine erhöhte CO_2-Konzentration im Blut mit einer weiteren Verlangsamung des Stoffwechsels reagiert, um Sauerstoff zu »sparen«. Die Arbeit von Bykov und Airapetiants (1945) zeigt die Möglichkeit einer solchen Entwicklung. Derartige Mechanismen können der Hintergrund für Unterventilation als Reaktion auf erhöhte CO_2-Konzentration sein, wie sie bei Babys von Müttern festgestellt wurde, die Methadon erhielten, und ebenso für die Häufung lang anhaltender Perioden von Apnoe bei Frühgeburten. Zugrunde liegen könnte allerdings auch eine Umkehr neurologischer Abläufe durch Überstimulation, wie Lorente de No annahm, oder eine Reafferenz im Sinne von v. Holst und Mittelstaedt. Der Kreislauf von neutralen Impulsen in einer Kette von Neuronen kann durch Impulse, die von außerhalb der Kette stammen, unterstützt werden. Lorento de No (1939) stellte die Behauptung auf, daß äußere Impulse eine unterschwellige Stimulierung auf Neuronen ausüben, so daß es für Impulse innerhalb der Kette möglich wird, im richtigen Moment der Sequenz zu »feuern«, was ohne den Stimulus von außen nicht geschehen würde. Der schädliche Effekt von Überreizung ist auf der anderen Seite das Ergebnis davon, daß ein Neuron in einer Kette nicht mehr auf Stimulation reagiert, weil es durch *wiederhol-*

te Aktivität (meine Hervorhebung) eine hohe Reaktionsschwelle erworben hat. Ein solches Versagen bei der Vermittlung der zirkulierenden Impulse würde das Darniederliegen der Aktivität einer ganzen Gruppe von Zellen bedeuten (s. a. Malmo 1959).

Die Tatsache, daß es vor Ende des ersten Lebensmonats praktisch keinen Plötzlichen Kindstod gibt, hat wohl nicht nur mit der für die oben genannten Entwicklungen notwendigen Zeit zu tun, sondern auch mit dem Wesen der REM-Phasen und der Entwicklung des Traumlebens. Durch die beschriebenen Deprivationen wird der Säugling in ein Schlafmuster mit vermehrten REM-Phasen getrieben. Die Voraussetzung für ein verlängertes Verweilen in Schlafphasen mit erhöhter Wahrscheinlichkeit lebensbedrohenden Sauerstoffmangels werden also erst in einem Entwicklungsprozeß geschaffen, der Zeit braucht. Natürlich spielt bei der Entwicklung der REM-Phasen nicht nur das Füttern eine wesentliche Rolle. Emde und Mitarbeiter (1971) berichten, daß die Überstimulierung durch Streß – etwa Blutentnahme oder Beschneidung im Krankenhaus – bei Neugeborenen zu verlängertem Nicht-REM-Schlaf führt. Auch auf diese Weise kommt es zu einer REM-Deprivation, die dann wieder mit einer Verstärkung der REM-Phasen beantwortet wird. Daß eine solche Verstärkung bei Säuglingen zu einer Fortsetzung von REM-Stürmen über die fünfte Lebenswoche hinaus führt, kann gut eine Erklärung für die Ergebnisse von Becker und Thoman (1981) sein. Ihre Untersuchung ergab, daß Kinder, deren REM-Stürme im Schlaf sich nach sechs Monaten nicht gelegt hatten, mit einem Jahr eine negative Korrelation in ihrer geistigen Entwicklung zeigten.

Der wichtigste Grund dafür, daß der Plötzliche Kindstod erst nach Ablauf des ersten Lebensmonats eintritt, dürfte allerdings darin zu suchen sein, daß sich erst in der Interaktion mit der Mutter (oder der bemutternden Bezugsperson) die Rückkoppelung zwischen der Entwicklung des Bewußtseins und der des Traumlebens herausbildet. Der zeitliche Aufschub hängt also wohl damit zusammen, daß das Traumleben sich erst so weit entwickelt haben muß, daß es die Alltagserfahrung des Wachzustandes in ihrer emotionalen Bedeutung repräsentieren kann. Denn dann erst kann das Kind im Schlaf eine Möglichkeit entdecken, die Vielfalt und Widersprüchlichkeit seiner Erfahrungen zu verarbeiten und zu integrieren. Und dann erst kann es in seine Traumarbeit so tief verstrickt sein, daß es selbst dann nicht aufwacht, wenn es ums Überleben geht (Gunteroth 1977).

Inhalt der Träume eines menschlichen Säuglings dürften zu Beginn akustische, kinästhetische und taktile Erfahrungen der Schwangerschaft und der Geburt sein und erst später auch Bilder aufgrund von visuellen Eindrücken. Roffwarg und seine Mitarbeiter halten es aufgrund ihrer Forschungen für möglich, daß der REM-Zustand sogar schon beim Fötus die neurophysiologischen Bedingungen für eine halluzinatorische Wiederholung der angesammelten Erfahrungen schafft. (Darauf beruhen vielleicht auch die vorgeburtlichen LSD-Erfahrungen, die Grof [1978] erforscht hat.)

Wir wissen, daß der Fötus im letzten Drittel der Schwangerschaft die Fähigkeit hat, auf Geräusche zu reagieren, und bis zur Geburt ein erhebliches akustisches Differenzierungsvermögen ausgebildet hat (Eisenberg 1976, Tomatis 1987, Azor 1998). Das Neugeborene sieht, hört und bewegt sich bereits in den ersten Stunden seines Lebens in rhythmischem Einklang mit der Stimme seiner Mutter (Wolff 1959, Klaus und Kennell 1976). Die Beziehung zur Mutter wird schon durch vorgeburtliche Wahrnehmung ihrer Stimme und ihrer Bewegungen hergestellt. Es ist nachweisbar, daß ein Säugling schon in den ersten drei Tagen in der Lage ist, die Stimme seiner Mutter von anderen zu unterscheiden und sogar Anstrengungen zu unternehmen, um ihre Stimme, und nicht die von anderen Frauen, zu hören (DeCasper und Fifer 1980).

Gegenstand des Traumlebens sind jedoch nicht nur Erlebnisse der Tagesrealität, deren Nachbilder im Schlafzustand einfach noch fortwirkten. Gerade weil diese Erlebnisse mit Erwartungen, gezielter Suche und den damit einhergehenden Möglichkeiten der Enttäuschung zu tun haben, entsteht die

Notwendigkeit, sie sogleich bei ihrem Eindringen in den Traumzustand und ihrer Verflechtung in die Träume auf immer höheren Ebenen des Bewußtseins zu integrieren.

Das Bewußtsein des Säuglings hat schon nach 36 Stunden einen hinreichenden Differenzierungsgrad erreicht, um Gesichtsausdrücke von Glück, Traurigkeit und Überraschung zu unterscheiden (Field und Mitarbeiter 1982). Es kann also nicht überraschen, daß sich Erwartungshaltungen schon nach dem ersten Lebensmonat auf einer hohen Komplexitätsebene störend bemerkbar machen können. Aronson und Rosenbloom (1971) haben, wie bereits erwähnt, bei 30 Tage alten Säuglingen festgestellt, daß sie irritiert und verstört reagierten, wenn die Mutter nicht in der gleichen Richtung zu sehen war, aus der ihre Stimme kam, die Einheit und Ganzheitlichkeit der akustischen und der visuellen Wahrnehmung also auseinandergerissen waren.

Wir dürfen annehmen, daß sich in der Erfahrung von Säuglingen schon sehr früh ganzheitliche »Gestalten« ausbilden, insbesondere in der Beziehung zu ihrer Mutter. Wenn die Zweideutigkeit oder Gespaltenheit einer Mutter (oder eines Vaters) dem Kind gegenüber dazu führt, daß diese »Gestalten« auseinanderbrechen, so können wir uns vorstellen, mit welcher Intensität der Säugling versuchen wird, ihre Ganzheit und damit sein Gleichgewicht wieder herzustellen. Hier kommen die Erwartungen ins Spiel, die Inhalt und Richtung seines Traumlebens bestimmen.

Es braucht nicht betont zu werden, daß eine Frustration der kindlichen Bedürfnisse und Erwartungen unausweichlich ist. Selbst bei den liebevollsten und einfühlsamsten Eltern wird es zu Frustrationen kommen. Die Unterschiede allerdings sind beträchtlich. Wie überaus komplex die Interaktion zwischen Mutter und Kind allein schon auf der Ebene physiologischer Reaktionen ist, demonstriert die Arbeit von Vuorenkoski und Mitarbeitern (1969).

Diese Autoren untersuchten die Wirkung des Schreiens von Neugeborenen auf die Temperatur der Brüste stillender Mütter. Die Tests wurden zwischen dem dritten und fünften Tag nach der Entbindung vorgenommen; die Mütter mußten die Hunger- und Schmerzschreie eines gesunden Neugeborenen hören, und dabei wurde mit Infrarot-Thermographie die Reaktion ihrer Brustdrüsen gemessen. Bei vier von 40 Müttern war keine Reaktion zu beobachten. In 16 Fällen zeigte sich bereits eine Minute nach dem ersten Hungerschrei eine Temperaturveränderung, in fünf Fällen trat sie erst bei den Schmerzschreien auf. Hier können wir eine Ahnung von der Komplexität der Vorgänge bekommen.

Bis in die rein physiologische Reaktionsbereitschaft hinein wirkt sich die größere oder geringere Offenheit der Mutter für die Bedürfnisse des Kindes aus. Entsprechend vollständig oder unvollständig wird das Kind mit den Stimuli versorgt, die es zur Entwicklung eines adäquaten Saug-»Reflexes« braucht. Aber es geht gar nicht nur um den Werdegang dessen, was im Endresultat einfach »Reflex« genannt wird. Es geht um die Erwartungen, die das individuelle Kind aus den von der Mutter kommenden visuellen, akustischen und taktilen Reizen aufbaut und um die herum sich die spezifische emotionale Qualität der Mutter-Kind-Bindung entwickeln kann. Die Frustration dieser Erwartungen kann in einen Zustand äußerster Ohnmacht und Hilflosigkeit führen. Darum haben wir es hier mit jenen Elementen der Erfahrung zu tun, die mit besonderer Intensität in das Traumleben hinübergenommen werden – als ein Versuch, das im Wachzustand unvollendet Gebliebene abzuschließen und zu integrieren.

Der Grundmechanismus des Träumens dreht sich um den Ausgleich emotionaler Verluste, um unerfüllte Wünsche und unbefriedigte Bedürfnisse. Freuds epochaler Beitrag zur Interpretation des Traumes konzentrierte sich deswegen auf den wunscherfüllenden Aspekt des Traummaterials. Der Traum ist natürlich nicht einfach die Stimme verdrängter oder archaischer Impulse, sondern eine weitergeführte Auseinandersetzung mit jenen Problemen, die das Bewußtsein auch im Wachzustand beschäftigen, wobei der Traum die unbewältigten Aspekte der im Augenblick gerade kritischsten Beziehungsprobleme zusammenfaßt und verdichtet (Ullman 1955).

Wenn nun ein Säugling, dessen Bedürfnisse von einer uneinfühlsamen Umwelt nicht befriedigt wurden, bereits eine Neigung zu übermäßig ausgedehnten REM-Phasen entwickelt hat, so dürfen wir annehmen, daß die sich entwickelnde Traumarbeit weitgehend um Wunscherfüllung kreist. Unter diesen Bedingungen entsteht zusätzlich zur Verstärkung der REM-Phase und damit zu vermehrter Apnoe auch das von Jouvet beobachtete »Gefangensein« im Traummaterial, das die Reaktion auf Reize außerhalb des Traumes reduziert und das Aufwachen blockiert. Dies ist wohl auch der Zeitpunkt, zu dem ungenügendes Saugen in der Nicht-REM-Phase, das in der REM-Phase fortgesetzt wird, nicht zum Aufwachen führt. Der Traum nimmt den Säugling dann gerade wegen seiner wunscherfüllenden Funktion gefangen. Der Gefahrenpunkt liegt in der Art und Weise, wie ein Kind in seiner Traumwelt Erfüllung sucht. Ich vermute deswegen, daß Apnoe, Unterventilation der Lungen und überlange REM-Phasen im »normalen« Säuglingsschlaf weit häufiger vorkommen, als man bisher für möglich hielt. Das Auftreten von Hypoxie, das Naeye veranlaßte, nach den anatomischen Ursachen zu suchen, dürfte viel verbreiteter sein als angenommen.

Die Häufigkeit einer ablehnenden Haltung der Mütter gegenüber ihren Kindern ist sogar Autoren aufgefallen, die gar kein spezielles Interesse an diesem Thema hatten; Thomas, Chess und Birch (1968; vgl. dazu Gruen 1980) fanden eine solche Ablehnung bei 16 Prozent der von ihnen untersuchten Mütter. Wir dürfen also annehmen, daß es ein in der gesamten Bevölkerung weit verbreitetes Kinderschicksal ist, die Erfahrung des Abgelehntseins im REM-Schlaf verarbeiten zu müssen. Dies dürfte Auswirkungen auf die allgemeine Entwicklung von Atemschwierigkeiten haben, nicht nur auf den Plötzlichen Kindstod.

Mit diesen Überlegungen soll noch einmal betont werden, daß hier nicht behauptet wird, die ablehnende Haltung der Mutter (oder auch des Vaters) gegenüber ihrem Säugling sei die Ursache des Plötzlichen Kindstodes. Ich behaupte vielmehr, daß eine solche Haltung die Anfälligkeit für den Plötzlichen Kindstod erhöht, sofern die Ablehnung unbewußt ist. Was den Plötzlichen Kindstod dann tatsächlich auslöst, hängt von einer spezifischen Verkettung von Umständen ab. Da der Plötzliche Kindstod überwiegend während des REM-Schlafes eintritt, dürfte dabei eine entscheidende Rolle spielen, wie das Kind seine Mutter am Tag erlebt hat.

Wut und Traumleben

Von entscheidender Bedeutung für die Entwicklung der Interaktionen zwischen dem Kind und seiner Umwelt sind die sehr unterschiedlichen Reaktionen der Erwachsenen auf Äußerungen von Zorn und Wut. Die Art dieser Reaktion ist in einem gewissen Grade vom Alter des Kindes abhängig. Je älter es wird, desto mehr bewerten die Eltern seine Wutausbrüche als etwas Ungehöriges, das unter Kontrolle gebracht werden muß. Unsere Kultur neigt dazu, Ärger und Wut bei Kleinkindern grundsätzlich nicht für berechtigt und begründet zu halten, sondern als Ausdruck eines Machtkampfes zu verstehen. »Das Kind will seinen Willen durchsetzen; es muß lernen, sich der ›Realität‹ zu fügen.« Die Mißbilligung und Unterdrückung berechtigter Wut aber muß wiederum Wut erzeugen. So schürt in unserer Kultur der Sozialisationsprozeß selbst eben jene Gefühle, die diese Kultur verurteilt. Das bringt jedes Kind schon sehr früh in eine schwierige Lage. Weil Gefühle der Wut mit dem Liebesentzug seiner Eltern bedroht sind, muß es frühzeitig eine Angst vor diesen Gefühlen entwickeln.

Diese Angst vor der Wut gehört zu unserem Thema, weil sie die Entwicklung des Träumens beim Kind beeinflußt. Mit dem sechsten Monat beginnt sich nach meinem Eindruck in den Träumen eine neue Aktivitätsebene zu entfalten. Natürlich wird der tatsächliche Zeitpunkt dieses Übergangs von individuellen Unterschieden des Wachstums, der Reaktion der Eltern auf Wutäußerungen und anderem abhängen. Auf jeden Fall aber ändert sich durch die Reaktion der Eltern auf den kindlichen Ausdruck von Wut und Ärger allmählich der Charakter der Träume.

In der Literatur gibt es Berichte von Erwachsenen, die Erfahrungen des Würgens und Erstickens im Säuglingsalter noch einmal durchlebt haben. In der therapeutischen Praxis ist dies für Therapeut und Patient keine ungewöhnliche Erfahrung, sofern es gelingt, tief genug vorzudringen und die Wut in ihrer vollen Wucht zuzulassen.

Gerda Boyesen (1981) beschreibt einen Patienten in transaktionaler Körpertherapie. Es begann mit Entspannung durch Berührung von Hals und Stirn, so daß der Patient leichter atmen konnte. Die Bewegung seines Zwerchfells zeigte, daß starke Gefühle aufstiegen, und seine Arme begannen zu zittern. Als er gefragt wurde, was los sei, antwortete er, er fühle sich sehr klein, und etwas später, er habe jetzt das Gefühl, in seinem Bettchen zu liegen, und er habe Angst. Als er aufgefordert wurde, nach seiner Mutter zu rufen, sagte er, es sei sinnlos, denn sie würde nicht kommen. Er hatte zutiefst resigniert und sagte, er habe Angst vor ihrem Kommen, obwohl er so sehr wünsche, daß sie da wäre. Dann sagte er, daß er in seinem rechten Kiefer Schmerzen empfinde, und fing an zu beißen. Als die Therapeutin ihm ein Handtuch zwischen die Zähne steckte, biß er mit Lust zu. Dieses Beißen führte jedoch sehr bald zu so starken Krämpfen in seiner Kehle, daß er einen Erstickungsanfall bekam. Er wurde rot im Gesicht und rang nach Luft. Am nächsten Tag sagte er seiner Therapeutin, er sei vor Entsetzen eiskalt gewesen, und dieses Entsetzen war der Tod. Er habe gewußt, daß er an der Schwelle des Todes gestanden habe, hätte seine Mutter aber nicht rufen können. Er hätte vor Angst keinen Ton hervorbringen können.

Boyesen kommt in diesem Zusammenhang auf eine eigene Erfahrung aus ihrer Selbstanalyse zu sprechen. Sie war damals mehrmals in der Nacht aufgewacht und hatte nicht atmen können: »Es war höchst sonderbar. Ich spürte keine Spannungen in meiner Kehle und hatte keine Schmerzen. Ich war ganz klar, und es fehlte mir nichts. Nur atmen konnte ich nicht. Es war, als ob sich die Kehle nicht öffnen konnte, obwohl sie durch nichts behindert war. Ich konnte einfach nicht atmen, als hätte ich keinen Atmungsmechanismus mehr. Ich konnte es nicht fassen ... Aber dann merkte ich, daß ich sterben würde, wenn ich nicht wieder anfing zu atmen. Ich versuchte einen Laut hervorzubringen, konnte es aber nicht. Ich versuchte mich aufzusetzen und aufzustehen. Mit einem Ruck meines ganzen Körpers und einer gewaltigen Anstrengung gelang es mir, den Zustand zu durchbrechen und Laute in der Kehle zu erzeugen. Ich hatte es geschafft. So war ich in der Lage zu verstehen, was bei meinem Patienten vorging. Als ich ihn aufforderte, ›Mama‹ zu rufen oder einen Ton von sich zu geben, konnte er das nicht, weil kein Atem da war, keine Stimme ... In einer anderen Nacht wachte ich wieder im gleichen Zustand auf ..., plötzlich wußte ich, daß auch ich eine Überlebende des Plötzlichen Kindstodes war ... Es passierte immer nur im Schlaf, wahrscheinlich beim Übergang zur REM-Phase.«

Gerda Boyesen bringt diese Erfahrung in Zusammenhang mit der Art, wie sie als Baby gefüttert wurde: »Meine Mutter nahm mich immer wieder von der Brust ab, um mich zu triezen; sie fand mich nämlich so süß, wenn ich wütend war ...« Dies ist ein Beispiel dafür, wie Persönlichkeitsstörungen der Mutter das Problem der Wut für das Kind noch komplizierter und ausweglloser machen können.

Die zitierten Erfahrungen sind in unserem Zusammenhang bedeutsam, weil sie auf die Möglichkeit hinweisen, daß Wut über unbefriedigte Bedürfnisse einen Träumer tatsächlich paralysieren kann, wenn er gerade dabei ist, traumatische Erfahrungen zu verarbeiten, die er im Wachzustand nicht bewältigen konnte. Die Lähmung wäre dann Folge des Entsetzens vor der eigenen Aggressivität. Denn Aggressionen gegen das Liebesobjekt (die Mutter) kann das Kind nicht integrieren oder bewältigen, wenn es spürt, daß sein Verlangen nach Liebe die Mutter aggressiv macht. Das ist auch im Wachzustand eine ausweglose Situation. Die Lähmung trifft nicht nur die Psyche, sondern beeinträchtigt ernstlich die physiologischen Prozesse der Atmung.

Es ist bekannt, daß solche Erfahrungen der Ausweglosigkeit auch asthmatischen Zuständen zugrunde liegen und ganz allgemein bei Atemschwierigkeiten eine Rolle spielen, die Menschen unter emotionalem Streß haben. Die zitierten Berichte bestärken mich in der Vermutung, daß es beim Kind während eines Wuttraumes zur Atemlähmung kommen kann, die zum Plötzlichen Kindstod führt.

Wir können es also in der Vorgeschichte des Plötzlichen Kindstodes mit zwei verschiedenen Ebenen der Traumarbeit zu tun haben. Auf der ersten ist das Kind so stark von Träumen, die sein Verlangen nach Liebe halluzinatorisch sättigen oder aber die unbewußten Todeswünsche der Mutter widerspiegeln, absorbiert, daß die Aufwachschwelle erhöht ist (erschwertes Aufwachen).

Auf der zweiten, entwicklungsgeschichtlich späteren Ebene, hat sich die emotionale Situation dadurch zugespitzt, daß das Kind inzwischen auf seine eigenen Gefühle von Wut und Aggression mit panischer Angst reagiert. Hier kann der Traum direkt zu einer Lähmung des Atmungsapparates führen. Voraussetzung für den tödlichen Ausgang ist auf beiden Ebenen eine bereits vorhandene Schwächung der physiologischen Substruktur, bedingt, wie bereits ausgeführt, durch überlange REM-Phasen, Reafferenz, Defekte im Fokussieren und so weiter. Für den Prozeß auf der zweiten Ebene muß die Bindung zwischen Mutter und Kind immerhin schon hinreichend stark gewesen sein, daß sich ein so komplexes emotionales Dilemma wie die Panik vor der eigenen Wut aus Angst vor Liebesverlust überhaupt entwickeln konnte. Die Unmöglichkeit, sich aus einem solchen emotionalen Engpaß zu befreien, erzeugt jene Hoffnungslosigkeit, die Cannon und Richter für »unerklärbare« Todesfälle verantwortlich machen.

Frederick Sypher (1978) hat ebenfalls eine Zwei-Phasen-Theorie des Plötzlichen Kindstodes entwickelt. Er glaubt, daß in der früheren Stufe das unerfüllte Bedürfnis nach Liebe direkt zu Apnoe führt. Er setzt Apnoe mit uteriner Atmung gleich und diese mit mangelnder Anstrengung zu atmen und

Resignation. Auf der zweiten Stufe ist seiner Ansicht nach das Bedürfnis nach Liebe ebenfalls noch stark, doch besteht nun auch Furcht vor dieser Liebe, weil Leiden vermieden werden soll. Das führt zur Wut, und diese wiederum zu einer Panik, die nicht ausgedrückt werden kann, was schließlich zur Folge hat, daß der Säugling erstickt.

Die besondere Rolle des Fokussierens

Schon am allerersten Tag reagiert das Neugeborene auf visuelle Stimuli und empfängt von ihnen Entwicklungsimpulse. Die Mutter spielt hier – in unserer Kultur mehr als der Vater – eine lebenswichtige Rolle. Das Baby folgt nicht nur ihrem Gesicht mit den Augen, sondern bewegt sich innerhalb der ersten 16 Stunden nach der Geburt im Rhythmus ihrer Worte (Condon und Sander 1974). Diese Aktivitäten verflechten sich mit Prozessen, in denen das Fokussieren des Säuglings zu verminderter Mobilität und größerer Reaktivität des Hautwiderstands führt, wodurch Aufmerksamkeit und Wachheit gesteigert werden (Stechler, Bradford und Levy 1966). Das Einstellen des Blicks auf die Mutter löst Aktivitäten aus, durch welche die Empfänglichkeit des Säuglings für den Informationsfluß aus seiner Umgebung erhöht wird. Das Zusammenspiel von Mutter und Kind im Blickkontakt schafft die physiologischen Grundlagen zu dem Prozeß des Lernens überhaupt. Bei Katzen zum Beispiel geht visuelle Stimulation mit Veränderungen der Sauerstoffspannung im Corpus geniculatum laterale einher, die Veränderungen im Gehirnstoffwechsel und in der Gefäßaktivität widerspiegeln (Gijsbers und Melzack 1967).

Wichtiger für unsere Überlegungen ist, daß das Kind durch dieses Fokussieren die Liebe seiner Mutter in sich aufnimmt, ihre Anerkennung, aber auch ihre Erwartungen. Der Dichter Friedrich Hebbel hat sehr klar zum Ausdruck gebracht, daß dieser Prozeß auf zwei Ebenen verläuft, die beide von entscheidender Bedeutung sind für die Herausbildung der Selbstwahrnehmung und des Selbstgefühls:

»Sie weiht es küssend ein zum Leben
Und dieser erste Liebeskuß
Hat ihm das Bürgerrecht gegeben ...
...
So dir im Auge wundersam
Sah ich mich selbst entstehen.«

Intuitiv drückt der Dichter aus, wie die Liebe und Anerkennung der Mutter dem Kind Impulse vermitteln, die seine Lebenskraft stärken, und zugleich beschreibt er sehr prägnant, wie der Blick der Mutter für das Kind zum Spiegel wird: Ihre Sicht des Kindes steckt den Bezugsrahmen ab, innerhalb dessen es seines Selbstseins und seiner eigenen Lebendigkeit gewahr werden kann. Nur nach einem solchen ersten Schritt kann es zur Entwicklung eines eigenen Selbst kommen (Benedetti 1983, Bettelheim 1977, Gruen 1968 u. ö.).

Die Liebe der Mutter ist der Katalysator für den Prozeß der Bindung, den Klaus und Kennell (1976) so beredt als einen gemeinsamen »Tanz« der Augen von Mutter und Kind beschrieben haben. Dieser Augentanz ist der grundlegende Akt des Austauschs zwischen Mutter und Kind, der die Bindung zwischen ihnen begründet und aufrecht erhält, und konstituiert damit das Urmodell des Liebesaktes.

Was aber geschieht, wenn solche Liebe gar nicht oder nicht in ausreichendem Maße erfahren wird? Oder wenn sie anfangs einmal da war, aber dann wieder entzogen wird? Was wird dann aus der Suche des Kindes nach Augenkontakt? Wir wissen, daß eine Verminderung des Fokussierens die Häufigkeit und den Ausschlag der Augenbewegungen während des folgenden REM-Schlafes erhöht (Herman und Roffwarg 1983). Das deutet darauf hin, daß das Fokussieren ein Bedürfnis erfüllt, das im Schlaf Befriedigung suchen muß, wenn es im Wachzustand nicht befriedigt worden ist. Es ist von Bedeutung, daß frühe Forschungen der Gestalt-Psychologie (Zeigarnik 1927) wie auch neuere Arbeiten gezeigt haben, daß das Bedürfnis, eine unvollendete Aufgabe zu vollenden, für lange Zeit anhält und das spätere Verhalten prägt (Rosenzweig 1943, Gruen 1958). Es ist gut möglich, daß dadurch die Entwicklung des Traumlebens intensiviert wird und damit auch das Verstricktsein in die Träume zunimmt.

Interessanterweise berichten elf der 14 Eltern, die ein Kind durch den Plötzlichen Kindstod verloren haben, daß dieses Kind einen ungewöhnlich intensiven oder starren Blick gehabt habe. Klar verneint wurde die Frage nach einem besonders intensiven Blick ihres Kindes von jenen beiden Elternpaaren (G und I), die ganz allgemein die individuelle Eigenart ihrer Kinder leugneten; ein Elternpaar (J) konnte die Frage überhaupt nicht beantworten. Möglicherweise besteht ein Zusammenhang zwischen dem starren Blick und der Unempfindlichkeit für innerkörperliche Vorgänge, die in den Interviews immer wieder zur Sprache kamen: Nur zwei der PKT-Kinder haben nach den Aussagen ihrer Eltern bei Erkältungen ein Unbehagen erkennen lassen.

Der suchende Charakter dieses starren Kinderblickes wurde von elf der befragten Eltern eigens hervorgehoben, und auch einige der Kinderärzte haben ihn erwähnt. Den Interviewer hat er stark beeindruckt.

In einer Arbeit über den Autismus, die sich durch einen ungewöhnlich weiten Horizont auszeichnet, hat sich George Victor (1983) speziell mit dem Phänomen des starren Blicks auseinandergesetzt. Er sieht das Starren als einen Ausdruck von Streß in der Beziehung zur Mutter und als Versuch des Kindes, unterbrochene Nähe aufrechtzuerhalten. Nach seinen Beobachtungen beginnt das Starren, wenn die Mutter das Kind verläßt; bei fortgeschrittener Konditionierung wird das Starren bereits durch Hinweise auf ein bevorstehendes Weggehen der Mutter ausgelöst. »Ein Kind, das auch in Anwesenheit der Mutter einen großen Teil der Zeit starrt, hat wahrscheinlich häufige Trennungen von ihr erlebt.« Trennung aber wird nicht nur bei physischer Abwesenheit der Mutter erlebt, sondern auch, wenn sie sich innerlich zurückzieht und von ihrem Kind abwendet.

Auch auf diese Situation paßt Victors (1983) Formulierung, daß das Beibehalten des Starrens (wenn die Mutter tatsächlich anwesend ist) »einem Mißlingen des Suchens zuzuschreiben« sei. Hier finden wir nicht nur eine Erklärung für ein typisches Verhaltensmerkmal autistischer Kinder, sondern auch für den »Radar-Blick« unserer PKT-Kinder. Mehr noch: Wenn alleingelassene Kinder dazu neigen, ihre abwesenden Mütter zu halluzinieren, wie Ferenczi (1950) meint, dann handelt es sich beim starren Blick möglicherweise um »ein Verhalten zur Aufrechterhaltung von Nähe, das sich an ein halluziniertes Gegenüber richtet« (Victor). Dies wiederum mag erklären, warum dieser starre Blick scheinbar gerade nicht fokussiert (ein »Durch-den-anderen-Hindurchsehen«): Es handelt sich um ein Fokussieren auf weite Distanz, gerichtet auf das halluzinierte Bild und nicht auf die physisch anwesende Person. Wenn dies so ist, dann könnte der bei PKT-Kindern beobachtete starre Blick Probleme in der Beziehung zur Mutter widerspiegeln, die denen autistischer Kinder sehr ähnlich sind.

Die Frage nach spezifischen Frustrationen des Bedürfnisses nach Blickkontakt drängte sich förmlich auf – um so mehr, als unterschwellige Feindseligkeit und unbewußte Ablehnung ihrer Kinder bei allen Müttern unseres Samples mehr oder weniger deutlich zu beobachten waren.

Außer den bereits genannten Autoren haben auch Robson (1967), Stern (1973) und andere hervorgehoben, wie fundamental wichtig es für die Entwicklung des Kindes ist, die Mutter anzuschauen und von ihr angeschaut zu werden. Was Kinder im Gesicht ihrer Mutter suchen – und ebenso in ihrer Stimme und ihren Berührungen –, ist Liebe. Dieses Gefühl der Liebe nehmen sie augenblicklich wahr, vermutlich durch Empathie, wie die Arbeit von Field und Mitarbeitern (1982) nahelegt. Meine Behauptung ist: wenn das Bewußtsein der Mutter dem Kind nicht die Gefühlsintensität bietet, nach der es sucht, dann wird es diese Intensität in den weniger bewußten psychischen Äußerungen der Mutter finden.

Wir sind damit an den Punkt gelangt, an dem begreifbar wird, warum unbewußte Gefühle der Mutter und vor allem ihre unbewußten Erwartungen eine so entscheidende und manchmal verhängnisvolle Bedeutung erlangen können. Wenn die Mutter dem Kind keine starken bewußten Gefühle entgegenbringt, die ihm eine intensive Erfahrung emotionaler Bedeutsamkeit vermitteln, dann muß es in ihren unbewußten Regionen nach seelischer Nahrung suchen. Was es sucht und braucht, ist Intensität, und diese Intensität findet es dann in den Todes- und Zerstörungsphantasien, die seine Mutter aus ihrem Bewußtsein verdrängt hat.

Daß Kinder tatsächlich mit den unbewußten Seelenregionen ihrer Eltern Verbindung aufnehmen, gehört zur klinischen Erfahrung jedes Psychotherapeuten – ob er sich darüber Rechenschaft gibt oder nicht. Daß Kinder sich in unserer Gesellschaft so häufig verletzen, ist Ausdruck dieser Verbindung mit dem Unbewußten der Eltern und hat höchstwahrscheinlich sehr viel mehr mit den negativen Erwartungen der Eltern zu tun als mit echter Ungeschicklichkeit: Die Eltern trauen den Kindern einfach nicht zu, Gefahren selbst zu erkennen und sich zu schützen, und die Kinder verhalten sich dieser Erwartung entsprechend. So stellte Helen L. Martin vom Londoner Kinderkrankenhaus fest, daß 90 Prozent der von ihr untersuchten Brandwundenfälle auf Spannungen zwischen Kindern und Müttern oder anderen Familienmitgliedern zurückzuführen waren (Liedloff 1980).

Der Erwartung der Eltern, daß das Kind sich verletzen werde, liegt ein unbewußter Wunsch zugrunde, der so stark verdrängt ist, daß er nur als Besorgtheit wahrgenommen werden kann; diese hochgradige Unbewußtheit einer feindseligen Tendenz unterscheidet solche Eltern von jenen, die ihre Kinder körperlich mißhandeln.

Es handelt sich um fundamental gespaltene Persönlichkeiten, die selbst emotional verletzt wurden und Schuldgefühle haben, weil sie in ihrem eigenen Inneren das haßerfüllte, zerstörungswütige Kind ahnen. Wo die Eltern frei von Ambivalenz sind – so wie die Yequana in Venezuela (Liedloff 1980) –, kommt es auch in einer gefahrenreichen Umwelt so gut wie nie zu ernsthaften Verletzungen des Kindes.

Hilflosigkeit kann tödlich wirken

Die Unbewußtheit der Mutter, die Abspaltung und Verleugnung ihrer Ambivalenz schafft also die Voraussetzung dafür, daß der Säugling in den fatalen Sog ihrer unbewußten Gedanken, Gefühle und Vorstellungen gerissen wird. Für ihn ist es ja lebenswichtig, seine emotionale Bedeutung für die Mutter intensiv zu erfahren. Unbewußte Impulse aber sind immer intensiv; eben deshalb dürfen sie ja nicht bewußt werden. Sie werden in der Psyche des Kindes Engramme hinterlassen, bleibende Spuren, mit denen sich das wachsende Bewußtsein auseinandersetzen muß. Weil aber dieses Material seinem Wesen nach nicht integrierbar ist, muß sich das Kind im Schlaf und im Traum weiter damit beschäftigen. Mit Todeswünschen kann man nicht leben.

Der Traum, welcher das Aufwachen verhindert, kann entweder der intensiven Wunscherfüllung dienen oder der Notwendigkeit, Todeswünsche zu verarbeiten, die das Kind vor dem Einschlafen aufgefangen hat. Diese Wünsche der Mutter (oder auch des Vaters; alles was hier über Mütter gesagt wird, gilt in abgewandelter Form auch für Väter) waren vielleicht nur eine vorübergehende Phase in ihren eigenen psychischen Prozessen. Wenn der Säugling aber gerade dann mit ihnen konfrontiert wird, wenn er besonders empfänglich ist, schaffen sie die »Bühne« für das Drama des Plötzlichen Kindstodes. Im Traum, wo alles Ungelöste wieder auftaucht, wird das Kind versuchen, auch die Todeswünsche der Mutter zu verarbeiten. Bei Todesengrammen aber gibt es keine Lösung. Sie konfrontieren das Kind mit einer Ausweglosigkeit, die es vollkommen hilflos macht. Cannon und auch Richter haben diese Hilflosigkeit und Hoffnungslosigkeit als eine Grenzsituation beschrieben, die auch bei Erwachsenen zum plötzlichen und »unerklärbaren« Tod führen kann.

Hoffnungslosigkeit ist tödlich. Wird der Zustand der Hoffnungslosigkeit aber beendet, indem sich doch noch ein Ausweg öffnet, so kann – wie die Arbeit von Richter gezeigt hat – ein Organismus überleben, der bereits im Begriff war zu sterben. Auch die Arbeit von Visintainer und Mitarbeitern (1982) weist in die gleiche Richtung. Diese Forscher hatten Ratten in eine ausweglose Lage gebracht, indem sie ihnen die Möglichkeit nahmen, Elektroschocks auszuweichen, und beobachteten an den Tieren eine signifikant reduzierte Abwehrkraft gegen Tumore. Das Entscheidende für die Schwächung der Vitalität war, daß die Ratten alle ihnen zur Verfügung stehenden Verhaltensmöglichkeiten als wirkungslos erlebten. Damit wird der Überlebenswille im Kern getroffen. Es kann nicht verwundern, daß ähnliche – wenn auch ungleich kompliziertere – Vorgänge bei menschlichen Säuglingen den Lebenswillen zum Erlöschen bringen.

In jedem PKT-Fall, der hier untersucht wurde, hatte die Mutter gegenüber allen ihren Kindern ambivalente Gefühle, gegenüber dem PKT-Säugling waren sie aber besonders stark ausgeprägt. Im allgemeinen machte die Mutter ihr eigenes Gefühl, zu kurz gekommen zu sein, schon bald nach der Empfängnis gerade an diesem Kind fest. In manchen Fällen konnten die Mütter verbalisieren, daß sie sich selbst ums Bemuttertwerden betrogen fühlten.

Kempe und Helfer (1972) haben solche Schwierigkeiten bei 20 Prozent von 1000 untersuchten Familien festgestellt. Wenn eine Mutter das Bemuttertwerden selbst hat entbehren müssen, dann hat sie Schwierigkeiten, es ihren eigenen Kindern zu gewähren. Es kann dann zu einer unbewußten Umkehrung der Rollen kommen: Die Mutter erwartet von ihrem Kind die Liebe, die ihr einst vorenthalten wurde und die sie nun dem Kind geben müßte (ähnliches gilt für einige der Väter in unserem Sample). Einige der von uns interviewten Mütter fühlten sich zum Beispiel beim kleinsten Anzeichen von Schmerz oder Unbehagen von ihrem Kind zurückgewiesen, sogar als es noch ein Fötus war.

Wenn das Kind seine Mutter nicht ganzheitlich wahrnehmen kann, weil ihr Verhalten zu widersprüchlich ist, kann die Erweckung zum Leben problematisch werden. Heimann (1979) stellte bei Depression eine erhöhte negative Rückkoppelung verschiedener psychophysiologischer Systeme fest.

Die daraus resultierende Verminderung der physiologischen Reaktionsfähigkeit erhöht die Aufwachschwellen und macht das Aufwachen dadurch schwerer – und all das innerhalb der Subjektivität unserer erlebten Sinneswelt: Burdach schrieb schon 1830, daß »die Psyche sich während des Schlafes isoliert ... Dennoch ... werden wir nicht immer allein durch die Kraft der Sinnesempfindungen aufgeweckt, sondern durch die psychische Beziehung, die wir dazu haben; ein gleichgültiges Wort erweckt den Schlafenden nicht, wenn er aber beim Namen gerufen wird, wacht er auf ... Die Mutter wacht beim leisesten Geräusch ihres Kindes auf ... Wir können sogar durch das Fehlen eines Sinnesreizes aufwachen, sofern es etwas Wichtiges anzeigt ... Der Müller wacht auf, wenn die Mühle anhält« (zit. bei Oswald, Taylor und Treisman 1960). Aber gerade die Erfahrungen, die ein Kind im Wachzustand macht, können für es eine Notwendigkeit begründen, in seiner Traumwelt zu verharren (s. a. Christos 1994).

Die zwei Phasen des PKT-Risikos

Die frühen Todesfälle aus unserem Interviewsample ereigneten sich in den folgenden Familien (in Klammern das Alter des Kindes in Monaten): B (zweieinhalb), C (drei), D (drei), E (zweieinhalb), H (dreieinhalb), J (zwei), N (vier) und O (zweieinhalb). Stark selbstbezogen waren alle von uns befragten Mütter; die acht Mütter der schon vor dem fünften Lebensmonat verstorbenen Kinder zeichneten sich dadurch aus, daß sie für die Kinder einfach ›nicht da‹ waren. Frau B. empfand ihren Sohn von Beginn der Schwangerschaft an als fremd. Frau C. hatte bei diesem Kind das Gefühl, daß ihr alles zu viel wurde. Frau D.s Beziehung zu ihrer Tochter war geprägt von ihrem eigenen Bedürfnis nach einer »Puppe«. Frau E. hatte das Gefühl, daß das Kind ihr die Aufmerksamkeit und Zuwendung wegnahm, nach der sie selbst sich sehnte. Frau H. steigerte sich bei ihrem PKT-Kind immer mehr in das Gefühl eigener Verletzlichkeit und Zurückgesetztheit hinein. Frau J. hatte für dieses zweite Kind einfach keine Energie, sie war vollkommen in sich selbst gefangen. Frau N. war realistisch, hatte aber wenig Wärme zu geben; ihr Ehemann hegte gegenüber seinem Sohn unbewußte Todesgedanken. Frau O. war erreichbarer für ihr Kind als Frau J., aber von ihrem Ehemann gingen unbewußte Todesimpulse aus.

Die Todesfälle nach dem sechsten Lebensmonat des Kindes ereigneten sich in folgenden Familien (in Klammern das Alter in Monaten): A (sieben), F (sechseinhalb), G (neun), J (neun), L (siebeneinhalb), M (sechseinhalb). Den Müttern dieser Gruppe fehlte zwar ebenfalls das emotionale Engagement für ihre Kinder, sie nahmen sie aber intensiver wahr. Frau A. spürte deutlich die Intensität ihres Kindes, lehnte es aber zunehmend ab, weil sie es für ihre eigenen Bedürfnisse als störend empfand und weil sich der Vater diesem Kind immer mehr zuwandte. Ihre wachsende Ablehnung des Kindes spiegelte ihre eigene wachsende Selbstablehnung wider. Frau F. ging zwar auf ihr Kind ein, blieb dabei aber stark mit sich selbst beschäftigt. Im sechsten Monat verstärkten sich die Todesphantasien über ihr Kind, anscheinend als Folge ihres unbewußten Gehorsams gegenüber den Todeswünschen ihrer psychotischen Schwiegermutter, deren Virulenz zu dieser Zeit gerade einen Höhepunkt erreicht hatte. Frau G. legte größten Wert auf ihr gesellschaftliches Image als Mutter und folgte zugleich einem bewußten Ideal der guten Mutter, die das Richtige tut. Der Tod ihres Kindes ereignete sich, als ihr Mann sie gerade zum ersten Mal wegen einer Geschäftsreise verlassen hatte. Ihre Bemerkung, ihr Mann würde so lange wegbleiben, daß die Tochter bei seiner Rückkehr schon krabbeln könne, deutete auf ein unbewußtes Gefühl eigener Verlassenheit hin. Frau J. schien anfangs zwar für ihr Kind da zu sein; dies änderte sich aber, als sie das Gefühl bekam, daß sich ihre Schwiegereltern zu sehr an dem Kind freuten. Offenbar von diesem Zeitpunkt an lehnte sie ihr Kind unbewußt ab. Bei Frau L. war der Ehemann ungewöhnlich warmherzig und fürsorglich. Bei Frau N. ist die Situation unklar.

Diese Eindrücke lassen vermuten, daß die Mehrzahl der Kinder, die nach dem sechsten Monat starben, anfangs mehr lebensfördernde Impulse empfangen haben als die Kinder der ersten Gruppe.

Ablehnung des Kindes und Kindesmißhandlung

Entscheidend an der Art von elterlicher Ablehnung des Kindes, mit der wir es in unserem Sample zu tun haben, ist nicht, daß das Kind bewußt als Quelle des Unbehagens und des Leidens oder auch als Bedrohung erlebt wird. Entscheidend ist, daß die Ablehnung als solche unbewußt bleibt und die Fähigkeit, empathisch mit dem Kind zu fühlen und sich an seiner Individualität und Lebendigkeit zu freuen, erheblich herabgesetzt ist. Die Mütter scheinen ihrerseits durchweg einen Mangel an mütterlicher Zuwendung erfahren zu haben. Aus dieser Entbehrung heraus erwarten sie unbewußt von ihren Ehemännern Fürsorglichkeit und Bemuttertwerden und fügen sich damit in ein Rollenschema ein, wie es der traditionellen Vorstellung von der Institution Ehe entspricht. Sie akzeptieren mit dieser »Lösung« also eine Abhängigkeit, aus der Feindseligkeit erwachsen muß, die nicht bewußt werden darf.

Damit wird die Ehe selbst zu einer Quelle wachsender Unbewußtheit. Die daraus resultierende Ablehnung von Kindern wird ein wesentlicher Bestandteil des Machtgefälles, das durch die Institution Ehe gefördert wird. Da Abhängigkeit und Feindseligkeit nicht ins Bewußtsein treten dürfen, wächst die Feindseligkeit immer mehr an und damit die Notwendigkeit, Feindseligkeit zu verdrängen. Daraus resultiert eine ganz andere Art von Ablehnung als bei Eltern, die ihre Kinder körperlich mißhandeln.

Solche Eltern mögen zwar leugnen, daß sie gewalttätig sind, aber die Gewalttätigkeit ist nicht der Wahrnehmung entzogen; sie ist vielmehr offenkundig und ein fester Bestandteil des Alltagslebens. Es gehört zu den Paradoxien des Lebens, daß die Befriedigung, die manche Eltern aus sadistischen Quälereien an ihren Kindern ziehen, deren Überlebenswillen anzufachen scheint. Elterlicher Sadismus schafft eine Bindung an die gewalttätigen Eltern und führt bei den Kindern dazu, daß sie auf liebevolles Verhalten aggressiv reagieren. Mary Main (1977) hat diesen Prozeß ausführlich dargestellt. Von seiner Mutter oder seinem Vater gebraucht zu werden – und sei es auf unmenschliche Weise –, scheint eine Art zündender Funke zu sein, der den Willen anstachelt, um das eigene Leben zu kämpfen. Verhängnisvoll ist es für den Säugling dagegen, wenn er überhaupt nicht mehr erfährt, daß er in den Augen der Mutter irgend eine Bedeutung hat.

Wir haben es hier mit einer tragischen Situation zu tun. All die PKT-Eltern, mit denen wir gesprochen haben, haben durchaus Vorstellungen davon, was Menschlichkeit ist. Sie können aber, befangen in traditionellen gesellschaftlichen Rollenmustern wie sie sind, ihre eigenen Verletzungen und ihre daraus resultierende Wut nicht erkennen, weil Wut ihr Selbstbild sprengen und ihre Anpassung gefährden würde. Die Gefühle werden dann unbewußt. Eltern, die ihre Kinder mißhandeln, haben keine solche Vision von Menschlichkeit und können darum ihre aggressiven Impulse ungehemmt ausleben. Nach einer Untersuchung von Gil (1970) hat jeder fünfte erwachsene Amerikaner das Gefühl, er könnte ein Kind mißhandeln; 16 Prozent gaben zu, daß sie sich manchmal kaum zurückhalten konnten. Das Tragische ist: Ein Kind, das sich auf die unbewußte, abgespaltene Destruktivität seiner Eltern eingestellt hat, hat unter Umständen geringere Überlebenschancen als das halb zu Tode geprügelte Kind. Es gerät in einen Sog, der zum Plötzlichen Kindstod führen kann.

Die Annahme, daß abgespaltene Gefühle Teil des Prozesses sind, der zum Plötzlichen Kindstod führt, wird auch durch eine Untersuchung von Carpenter und Mitarbeitern (1983) gestützt, auch wenn das Erkenntnisinteresse dieser Autoren gar kein eigentlich psychologisches war. Ihrer statistischen Analyse des »Sheffield Intervention Programme« läßt sich entnehmen, daß regelmäßige Hausbesuche bei Müttern PKT-gefährdeter Säuglinge (bis zur 20. Lebenswoche alle 14 Tage, danach in größeren Abständen) eine signifikante Verringerung der unerklärlichen Todesfälle um immerhin 33 Prozent zur Folge hatten. Dieser bemerkenswerte Wandel wurde nicht durch medizinische Interventionen bewirkt, sondern durch menschliche Zuwendung und verständnisvolle Gespräche.

Aus psychotherapeutischer Erfahrung wissen wir, wie sehr eine Person wachsen kann, wenn sie sich akzeptiert fühlt. Denn die Wirksamkeit der therapeutischen Arbeit beruht zu einem ganz erheblichen Teil darauf, daß die verständnisvolle und einfühlsame Haltung des Therapeuten den Patienten aus seiner Isolation erlöst und es ihm damit möglich macht, seine Unbewußtheit zu reduzieren. Die Isolierung des Patienten von sich selbst, die mit der Dissoziation der Gefühlswelt verbunden ist, wird durchbrochen, und damit können die abgespaltenen Gefühle an Intensität verlieren. Die Arbeit von Carpenter und Mitarbeitern deutet auf einen ähnlichen Vorgang hin. Weil diese Mütter von einer verständnisvoll auf sie eingehenden Person begleitet wurden, konnte – so dürfen wir annehmen – der Druck ihrer Abhängigkeitsgefühle gegenüber dem Ehemann und ihrer narzißtischen Ressentiments gegen das Kind abnehmen. Dies berechtigt zu der Hoffnung, daß verständnisvolle Zuwendung den Eltern gegenüber und Hilfe beim Ausdruck ihrer abgespaltenen Gefühle zu einer Verringerung der Häufigkeit des Plötzlichen Kindstodes beitragen können.

Valdes-Dapena (1967) konnte feststellen, daß PKT-Mütter in der ersten Phase der Schwangerschaft signifikant seltener einen Arzt aufgesucht hatten als die Mütter einer Kontrollgruppe. Dies ist ein Beispiel für die Selbstverstärkung der Isolation bei dissoziativen Prozessen: Der von sich selbst abgespaltene Mensch isoliert sich immer mehr. Die Untersuchung Carpenters zeigt, wie diese Isolation durchbrochen und die Abspaltung der Gefühlswelt gelindert werden kann. Die Lage des Kindes wird dadurch weniger aussichtslos, und es kann zurück ins Leben finden.

Daß das »Sheffield Intervention Programme« in der Lage war, die Zahl der zu erwartenden PKT-Fälle zu verringern, zeigt einerseits, welche entscheidende Rolle die zwischenmenschliche Entfremdung beim Plötzlichen Kindstod spielt, andererseits aber auch, daß man gegen diese Entfremdung etwas tun kann. Wenn man einem Menschen die Hand reicht, der unter der Dissoziation seiner Gefühle leidet, kann dem Plötzlichen Kindstod entgegengewirkt werden. Darin liegt Hoffnung.

Die Problematik der Psychosomatik wurzelt in einer Gesellschaft, in der Liebe nicht möglich ist, weil es an Ebenbürtigkeit fehlt

Kann die Neigung des Menschen, seine Mitmenschen übertrumpfen und dominieren zu wollen, verändert werden? Diese Frage stellt der englische Politologe Ronald V. Sampson in seiner Analyse unseres Machttriebes (1966). Freud, schreibt er, veränderte das menschliche Selbstkonzept sehr grundsätzlich: Er gab ihm die Kindheit zurück. Er sah, daß der individuelle Charakter eines Menschen durch die Ängste und den Druck innerhalb einer Gesellschaft geprägt wird. Die Bildung des menschlichen Charakters – und der darauf aufbauenden somatischen Reaktionen – können, so Sampson, nur mit Hilfe der Soziologie und der Politikwissenschaft verstanden werden. Da Freuds Verständnis von Soziologie und Politik zwar liberal getönt war, aber über das Verständnis seiner Klasse und seiner Zeit nicht hinausging, konnte er nicht erkennen, wie die Ungleichheit in den Geschlechterbeziehungen zu bestimmten Krankheitsbildern beiträgt.

»Es ist nach allem diese Beziehung, die die Quelle allen menschlichen (gesellschaftlichen) Lebens ist. ... (In Freuds Denken) gilt ein Mann auch dann als psychoanalytisch geheilt, wenn er weiterhin gesellschaftliche Überlegenheit anstrebt, die in unserer Gesellschaft als das natürliche Ziel des menschlichen Strebens gilt« (Sampson). Deswegen bleibt die Psychoanalyse, so sehr sie sich im Prinzip als Basis für eine Sozialwissenschaft verstehen könnte, beschränkt: In seinem politischen Programm begnügte Freud sich mit den bescheidenen gesellschaftlichen Änderungen, die mit einem verbesserten seelischen Zustand einhergehen, fundamentale Änderungen hin zu mehr Gleichberechtigung in gesellschaftlichen und politischen Beziehungen strebte er nicht an. »Er zweifelte, ob dies jemals möglich sei. Gleichzeitig stritt er nicht ab, daß Gleichberechtigung ein wünschenswertes Ziel sei ..., aber weil er die Ungleichheit in den Geschlechterbeziehungen nicht erkannte, ließ er die Krankheit an der Wurzel dieser Beziehung unerforscht und konnte deswegen auch deren immensen gesellschaftliche Konsequenzen ... nicht erkennen. Darüber hinaus nimmt die Psychoanalyse die gesellschaftlichen Werte und die Klassenkonflikte des Spätkapitalismus überwiegend als selbstverständlich hin und versucht, Krankheit unabhängig von diesen Faktoren zu diagnostizieren und therapeutisch beim Individuum anzusetzen. Der Wille zur Macht und zum Status als gesellschaftlich bedingter Wille bleibt bei Freud meist ohne Kritik. Deswegen ignoriert er meist das moralische Ringen des Individuums gegen den Druck der gesellschaften Werte« (Sampson).

Sampson untersuchte die Auswirkungen der Ungleichheit in den Geschlechter-Beziehungen bei den bekannten englischen Familien der Barretts, der Mills und der Butlers (Sampson 1966). Er zeigt sehr aufschlußreich, wie Symptome körperlicher Spannungen und von Stress beim heranwachsenden Kind mit dem Macht-Ungleichgewicht in der elterlichen Beziehung verknüpft sind. Wo Ebenbürtigkeit fehlt, folgert er, ist Liebe nicht möglich. Hinter der väterlichen oder mütterlichen Fürsorglichkeit lauert der Wille zur Macht. Er mag sich in Besorgnis ausdrücken, doch dreht diese sich darum, daß die Kinder sich nicht auf Wegen entfalten sollen, mit denen die Eltern selbst nicht vertraut sind oder die sie ganz aktiv missbilligen (Sampson, S. 104). Aber zugleich kann ein Kind die Verleugnung der Liebe nicht erkennen, ebensowenig wie den Machttrieb, der seine Eltern antreibt. Ein Kind, das auf der Wahrheit beharrt, wird bestraft, entweder körperlich oder – viel öfter – dadurch, daß die Eltern sich abwenden. Dadurch entwickelt sich die Neigung, sich selbst zu betrügen, also die Wahrheit nicht zu erkennen. Nur dadurch, und das ist unser Schicksal, kann ein Kind eine Bindung zu solchen Eltern aufrechterhalten. Diese Bindung aber ist (zur Zeit seiner größten Hilflosigkeit und Abhängigkeit) die einzige, durch die es die Einheit seiner Existenz aufrechterhalten kann. Wenn ein Mensch sich von Kindheit in irgendeiner Weise an der Verleugnung widersetzt, widersetzt er sich nicht nur dem allgemeinen Druck zur Anpassung, sondern setzt sich auch der Gefahr aus, isoliert und als krank verachtet zu werden.

Jeder Mensch ist sich bis zu einem gewissen Grad dieser verhängnisvollen Widersprüchlichkeit bewußt. Aber die Wahrheit zu bejahen, sie sogar zu leben, würde bedeuten, daß er gegen die inhärenten Beschränkungen der Gleichberechtigung kämpfen müßte. Dafür haben wir oft nicht die Kraft. Im Gegenteil, wir machen die Menschen, die das wagen, zum Opfer derselben Aggression, die wir auch an uns gespürt haben. Und so wird nicht nur die Gewalttätigkeit zum Verhaltensmodus, durch den wir uns aufrechterhalten, vielmehr werden auch die somatischen Verspannungen und Leiden, die damit entstehen, zum Merkmal unserer Kultur. Hier sei nur darauf aufmerksam gemacht, daß Psychopharmaka und Beruhigungsmittel in allen westlichen Ländern den Hauptanteil der ärztlichen Verschreibungen ausmachen.

Bereits John Stuart Mill (»The Subjection of Women« 1869, S. 181f.) bemerkte, daß die Abhängigkeit, in der dem anderen kein Recht auf die eigene Existenz zugestanden wird, uns dazu bringt, daß wir die Macht zum großen Objekt menschlicher Bedürfnisse machen, wenn Freiheit nicht erhofft werden kann, Macht dagegen schon. Nach Sampson (S. 100) führt das jedoch dazu, daß eine machthungrige Mutter Macht am leichtesten in der Beziehung zu ihren Kindern ausüben kann. »Dies ist die offensichtlichste Quelle der Erleichterung und Kompensation für eine Mutter, die in ihrer Selbsterfüllung enttäuscht ist und die ihre Energien nicht frei im ebenbürtigen Austausch mit anderen ausleben kann. Das korrumpiert ihre Beziehung zu ihren Kindern, weil ihre Emotionen durch eheliche und gesellschaftliche Rollen, die das Prinzip der Unterdrückung der Frau fördern, abgeschnürt werden und sie verbittert wird. Kinder werden so zu lebendigen Objekten für den Erhalt von ›Zuwendung‹, die sich aus enttäuschtem Stolz,

erdrücktem Selbstrespekt oder zurückgewiesener Liebe speist«
(Sampson, S. 100f., Übs. A.G.).

Aber fehlende Ebenbürtigkeit ist das Merkmal jener gesellschaftlichen Entwicklung, die mit dem Auftauchen der sogenannten Hochkulturen vor rund 6000 Jahren beginnt. Neueren Forschungen zufolge war es der Machtdrang kriegerischer patriarchaler indoarischer Nomadenstämme, der die älteren matriarchalen Kulturen zerstörte. (Eine äußerst klare Beschreibung dieses Vorgangs findet sich in Wolf 1994.) Damit sei nur angedeutet, daß unsere Problematik alt und deshalb schwer zu durchschauen ist, da ihre Selbstrechtfertigung über Tausende von Jahren zementiert wurde. Die Problematik der somatischen Auswirkungen machtorientierter Gesellschaften zeigt sich aber in der von Sampson angesprochenen Unmöglichkeit von Liebe in Gesellschaften, in denen Ebenbürtigkeit zwischen den Geschlechtern fehlt. Das Paradoxe und zugleich Tragische ist, daß es die Mutter ist, durch die diese Verzerrung der Liebe ganz direkt und am intimsten weitergegeben wird. Dabei ist sie doch das eigentliche Opfer einer vom Männerwahnsinn des Herrschens, des Erfolgs und der Größe gekennzeichneten Welt.

Macht führt dazu, daß Männer aus Besitz und Herrschaft nicht nur ihr Selbstwertgefühl ziehen, sondern auch die ihnen am nächsten stehenden, Frau und Kinder, für diesen Zweck mißbrauchen. Die schwerwiegendsten Folgen für die psychische Verfassung aller Beteiligten zieht dabei wohl die Verleugnung des Tatbestandes des Besitzens, des Beherrschens eines anderen nach sich. Diese Verleugnung der wahren Motivation verhüllt, daß solch ein Selbstwert nur auf der Basis der Unterdrückung anderer möglich ist. Das führt zu einer Bewußtseinsverdrehung. Denn wenn der Tatbestand einer Knechtschaft verleugnet werden muß, weil der Mann darauf besteht, sich als gütiger und fürsorglicher Vater darzustellen, folgt eine Gehorsamsentwicklung, die dazu dient, die Selbstdarstellung des Unterdrückers zu bestätigen und die wirklichen Beziehungsmuster aus dem Bewußtsein zu verdrängen.

Diese Entwicklung fängt früh an, in unserer Zivilisation für die meisten bald nach der Geburt. Verhängnisvollerweise führt der Gehorsam dazu, daß das Opfer sich die Sicht des Unterdrückers als eigene Sicht einverleibt, während Wahrnehmungen, die es in der Beziehung zum Unterdrücker in Gefahr bringen, vom Bewußtsein ausgeschaltet werden müssen. Die Angst, die mit diesem Terror verbunden ist, ist so enorm, daß beides, die Wahrheit des Erlebten wie auch das Erlebnis des Terrors selbst, ferngehalten werden muß. Daß beide trotzdem immer wieder auftauchen, zeigt, wie stark der Drang zur Autonomie bei vielen noch ist. In unseren Kindermärchen spiegeln sich diese Entwicklungen wider, beispielsweise im Märchen von des Kaisers neuen Kleidern (Scherf 1987).

Als erster Psychoanalytiker hat Ferenczi (1932/1984) die psychische Umkehr der Herrschaftsbeziehung zwischen Kind und Eltern beschrieben. Die Wahrnehmungen des Kindes von seiner Unterdrückung werden in eine Idealisierung des Unterdrückers umgewandelt, weil das Kind den Eltern durch seine Hilflosigkeit ausgeliefert ist. Hier finden wir die Basis der Verzerrung unserer Wahrnehmungen.

Schon im Jahre 1550 beschrieb Etienne de la Boëtie, ein Freund Michel Montaignes, die politischen Konsequenzen dieser Identifikation mit dem Aggressor (»Die freiwillige Knechtschaft«, Ausgabe 1991). Über die Unterdrückten schreibt er: »Sie leiden ..., aber diese Verlorenen, diese von Gott und Mensch Verlassenen, lassen sich das Unrecht gefallen und geben es nicht dem zurück, der es ihnen antut, nein, sie geben es an die weiter, die darunter leiden wie sie und sich nicht helfen können« (S. 40). »Sie müssen nicht nur tun, was er [der Unterdrücker] will, sie müssen denken, was er will und müssen oft, um ihn zufriedenzustellen, sogar seinen Gedanken zuvorkommen. Es genügt nicht, daß sie ihm gehorsam sind, sie müssen ihm gefällig sein; sie müssen sich in seinen Diensten zerreißen und plagen und kaputt machen; sie müssen zu seinem Vergnügen vergnügt sein, immer ihren Geschmack für seinen aufgeben, sie müssen ihrem Temperament Zwang antun und ihre Natur verleugnen, sie müssen auf seine Worte, seine Stimme, seine Winke, seine Augen achten; Augen, Füße, Hände, alles muß auf der Lauer liegen, um seine Launen zu erforschen und seine Gedanken zu erraten« (S. 41).

Während Ferenczi als Motor dieser Entwicklung den Terror ansieht, dem Kinder ausgesetzt sind, wenn »die überwältigende Kraft und Autorität des Erwachsenen sie stumm macht, sie oft jeder Sinne beraubt« (1984), beschreibt de la Boëtie das Weitergeben dieser Unterdrückung. Die aufsteigende Aggression wird nicht gegen den Aggressor gerichtet, sondern gegen jene, die einem selbst unterlegen sind. Das verewigt nicht nur die gesellschaftlichen Strukturen, die den Gehorsam unterstützen, sondern darüber hinaus auch den Kreislauf dieses Geschehens. Macht korrumpiert den Menschen, indem sie ihn von seinen wirklichen Wahrnehmungen fernhält. Die daraus resultierenden Vorgänge sind Ausdruck und zugleich Verschleierung dieses Vorganges. Deshalb führt die Notwendigkeit, Macht auszuüben, zu einer Verleugnung der Aggression dem Mitmenschen gegenüber. Der Aggressor besteht darauf, daß der Unterdrückte seinen ihm zugefügten Schmerz verleugnet. Das entfremdet den Menschen von sich selbst, und zwar den Aggressor wie auch sein Opfer. M. Kütemeyer (Fachärztin für Psychosomatische Medizin) dazu: »... (der) entfremdete Körper und (die) Verneinung des Schmerzes macht viele sonst unverständliche paradoxe Phänomene verständlich, ... die Verneinung des Schmerzes führt zu Mordimpulsen, zu Gewalttätigkeit ... ebenso häufig oder noch mehr zu Gewalttätigkeit gegen die eigene Person, wie wir es bei den Schmerzpatienten – und bei uns selbst – in vielfältiger Form beobachten können. Sie schneiden sich, verbrühen sich, erzeugen Unfälle mit Frakturen und anderen Verletzungen, sie lassen sich tätowieren (ohne körperlichen Schmerz zu spüren!), um einen letzten Zipfel vom Leben zu spüren, sie verführen die Ärzte zu vielerlei fragwürdigen Operationen, natürlich auch, um erlittene Verletzungen zu re-inszenieren, zu ›veröffentlichen‹« (persönliche Mitteilung, 10.03.1998).

Die Trennung von der Wahrnehmung eigener Aggression und eigenen Schmerzes, die in unserer Kultur im intimsten zwischenmenschlichen Bereich, der Beziehung zwischen Mann und Frau, durch Ungleichheit etabliert wird, zeigt sich auch in der basalen somatischen Interaktion zwischen Säugling und Mutter von Beginn des nachgeburtlichen Lebens an. Die Untersuchung von Vuorenkoski und Mitarbeitern (1969; vgl. S. 131) zeigt das sehr deutlich. Hier wurde, wie erwähnt, der Reaktionsprozeß der Brustdrüsen stillender Mütter auf den Hunger und Schmerzensschreie Neugeborener gemessen. Es ging also nicht um bewußte, absichtliche Reaktionen, sondern um die somatische Reaktivität der Brustdrüsen der Mütter auf das Schreien von Säuglingen 3 und 5 Tage nach ihrer Entbindung. Von 40 Müttern reagierten 16 innerhalb von 4 Minuten, 16 innerhalb von 7 Minuten, 4 erst eine Minute nach Beendigung der Schmerzensschreie und 4 Mütter überhaupt nicht.

Die somatische Reaktionsbereitschaft der Mütter, der Grad der Möglichkeit, auf das Schreien eines Neugeborenen zu reagieren, hat Konsequenzen für das Lernen oder Nicht-Lernen eines Säuglings. Ob seine Verzweiflung beantwortet wird, hat strukturelle Konsequenzen beispielsweise für die Zahl der Gehirnzellen. So zeigte F. Gage am Salk Institut, daß Stimulation die Zahl der Gehirnzellen von Tieren um 15% steigert (Hotz 1997). Robert Lee Hotz formuliert, daß sich Gehirnzellen eines Säuglings ohne liebende Aufmerksamkeit vom Leben verabschieden. Wir wissen, daß das wachsende Gehirn bis zum erwachsenen Alter ungefähr die Hälfte seiner Neuronen verliert. Bei vernachlässigten Jungtieren sterben jedoch doppelt so viele Neuronen ab wie bei Tieren, die bei ihren Müttern blieben. Eine Vernachlässigung der sich entwickelnden neuronalen Verschaltungen im Gehirn läßt diese verkümmern. Diese Verschaltungen haben jedoch Einfluß auf die Produktion von streßmodulierenden Hormonen. Ein hoher Streßpegel wiederum kann bei Säuglingen das Wachstum des Gehirns und des Körpers beeinträchtigen.

Wenn eine Tiermutter ihre Jungen leckt, stimuliert das biologische Substanzen, die die Produktion von Streßhormonen (CRH) hemmen. Der taktile Kontakt zwischen Mutter und Säugling gehört zu den entscheidenden mütterlichen Verhaltensweisen. »Streicheln der Jungen kann die Veränderungen im Drüsengewebe und im Gehirn, die nach mütterlicher Vernachlässigung entstehen, fast vollständig wieder aufheben« (Hotz 1997, Sapolsky 1997). Es ist merkwürdig, daß diese neueren Forschungen über die Somatik der Gehirnzellen keinen Bezug darauf nehmen, daß Wallace schon 1974 auf diese Zusammenhänge aufmerksam machte. Differenziertes Erziehen beispielsweise vergrößert die synaptischen Verbindungen (auch Spinelli und Jensen 1979, Wallace 1974, Brewer 1967, Weissmann und Borst 1963).

Für die Entwicklung wichtig sind aber nicht nur taktile Reize. Schon der Fötus nimmt die Stimme der Mutter wahr und reagiert auf sie. Tomatis (1987) legt dar, daß Tonfall, Rhythmus und Modulation der mütterlichen Stimme die Basis für die linguistische Entwicklung des Kindes sind. Die Stimme tägt schon im Uterus zu einer Differenzierung zwischen Ich und Nicht-Ich bei (Maiello 1997). »Der Fötus zeigt klar, daß er zwischen Abwesenheit und Präsenz von Tönen unterscheidet.« Die italienische Kinder-Psychoanalytikerin Mailleo bringt uns damit der Psychosomatik der frühsten Mutter-Kind-Interaktion näher. Sie beschreibt beispielsweise eine Mutter, deren Bedürfnis nach Einheit mit ihrem Kind sich während der ersten zwei Monate mit dem Bedürfnis ihres Säuglings deckte. Aber mit zwei Monaten änderte sich etwas. Die weichen Töne der Mutter, die auf Vereinigung mit ihrer Tochter zielten – von Maiello als »adhesive identification« bezeichnet –, wurden jetzt zu einer Blockade der auf Trennung und Differenziertheit gerichteten Bedürfnisse des Kindes. Das Baby fing nämlich an, sich gegen das Streicheln der Mutter zu wehren. Für den Beobachter wurde klar, »daß dieses Kind jetzt versuchte, sich dem zärtlichen Streicheln der Mutter zu entziehen. Manchmal schrie es, bis seine Schreie zur Verzweiflung eskalierten. Das Baby schien sich jetzt als von einem terrorisierenden Feind verfolgt zu erleben. Die Mutter bemerkte jedoch die veränderte Haltung ihres Kindes nicht und modifizierte weder ihren ›verständnisvollen‹ Umgang noch ihr Bedürfnis, es damit weiter beherrschen zu können« (Maiello). Hier zeigt sich die von Sampson beschriebene Notwendigkeit für manche Mütter, die Bestätigung ihrer »Liebe« in extenso in ihrem Kind zu suchen, weil sie selbst Opfer einer Ungleichheit im Machtgefüge mit ihrem Mann ist. Was zunächst positive somatische Bedeutung hatte, wird nun von Entfremdung und Rückzug begleitet.

Was wir mit Säuglingen und deren Schreien erleben, ist eine Reaktion auf unbefriedigende Bedürfnissituationen. Wenn der Streß sich erhöht, weil die Reaktion der Bemutternden nicht adäquat ist, wird der Schrei zu einem Schrei der Verzweiflung. Säuglinge versuchen ja schon in den ersten Tagen nach der Geburt ihre unbefriedigende Situation von sich aus zu beeinflussen (DeCasper und Fifer 1980, Azor 1997, Kolata 1987, Mandler 1990). Geschieht darauf keine Reaktion, entwickelt sich ein Zustand der Hilflosigkeit. Das Kleinkind lernt, daß es keine Wirkung auf seine Umgebung hat, daß nichts zu lernen ist außer Hoffnungslosigkeit und Apathie. Eine Arbeit über Streß und Tumorwachstum (Sklar und Anisman 1979) konnte zeigen, daß sich in der Folge des Erlebens einer ausweglosen Situation – die Ratten dieses Experiments konnten Elektroschocks nicht ausweichen – eingepflanzte Mastocytoma schneller und stärker entwickelten als in einer Kontrollgruppe. Nur wenige Tiere überlebten. Visintainer et al. (1982) versetzten Ratten, denen Tumorzellen injiziert worden waren, Elektroschocks, denen sie nicht ausweichen konnten. Nur 27 % von diesen Ratten entwickelten keinen Tumor. Von denjenigen Ratten aber, die die Möglichkeit hatten, den Elektroschocks auszuweichen, entwickelten 63 % keine Tumoren. Hier sehen wir den somatischen Ausdruck von Hilflosigkeit in der reduzierten Abwehrkraft dieser Tiere.

Die intensive Verbindung zwischen Kind und Mutter, die in vielen Kulturen existiert, ist bei uns schwierig geworden, weil wir glauben, unsere Kinder zu Selbständigkeit und Selbstvertrauen erziehen zu müssen. So lassen wir sie schreien und sehen ihre Hilflosigkeit nicht und auch nicht unsere Aggression. Die amerikanische Anthropologin Meredith Small (1997) stellte es vor kurzem so dar: »Bei uns werden die elterlichen Entscheidungen von der Ideologie der Unabhängigkeit und des Selbstvertrauens bestimmt.« Es sind die daraus resultierenden verleugneten Aggressionen, welche zum frühzeitigen Kindstod führen.

Die Verleugnung der Aggression verhindert Objektbeziehungen und führt zu psychosomatischen Lösungen

Ein Beinahe-Opfer des Plötzlichen Kindstodes

Jochen Stork (1994) beschreibt den Fall eines sechs Monate alten Jungen, Cesare, der von seinen Eltern zwanzigmal in einem moribunden Zustand aufgefunden wurde, mit Hilfe eines Monitors aber rechtzeitig wiederbelebt werden konnte. Die Mutter hatte seit über 16 Jahren gewünscht, ein Kind zu bekommen. In-vitro-Fertilisationen nach 10 Jahren endeten viermal mit Fehlgeburten, bei der fünften überlebte der Fötus. In der 37. Woche wird wegen Fruchtwassermangel und wegen Nachlassen der Kindsbewegungen die Geburt eingeleitet. Mit 3170 g und 52 cm ist Cesare ein völlig ausgetragenes Kind, wird aber wegen einer stöhnenden Atmung und einer Kohlendioxyd-Retention im Alter von 20 Minuten während seiner ersten neun Lebenstage mittels Intubation und mechanischer Beatmung in einem Inkubator gepflegt. (Alle folgenden Zitate von Stork 1994.)

Wegen eines pathologischen Atemmusters wird ab der 2. Woche ein Überwachungs-EKG-Atemmonitor eingerichtet. Die Mutter schildert ihr Entsetzen und die Fremdheit, die für sie von ihrem Kind ausgegangen sei, als man ihn ihr mit Sonden und Schläuchen brachte. »Sie habe ihn nur mit Widerwillen ansehen können und eine Wochenbettdepression von einem Monat gehabt.« In den Aufzeichnungen der Klinik ist von einer Wochenbettdepression nicht die Rede. Es wird jedoch bemerkt, daß »(sie) ihrem Kind gegenüber ein völlig unangepaßtes Verhalten hat, im Umgang mit ihm sehr distanziert und ungeduldig ist ...«.

Mutter und Säugling bleiben vier Wochen lang in der Klinik,

jedoch kann erst in den letzten fünf Tagen eine Rooming-in-Einheit eingerichtet werden. Als beide zum ersten Mal das Zimmer teilen, zeigt der Monitor zum ersten Mal ein Alarmsignal. In den ersten zwei Monaten, zu Hause übernimmt der Vater die Pflege, da es der Mutter unmöglich ist, den Säugling sauber zu halten und zu wickeln.

Im zweiten und dritten Monat ereignen sich insgesamt 8 Anfälle von Atempausen und Bradykardien. Jedesmal finden die Eltern, die von dem Monitor alarmiert wurden, ihr Kind in moribundem Zustand. Das Kind wird mit 3 Monaten in einer Klinik eingehend untersucht. Es ergeben sich keine pathologischen Befunde, weder ein pathologisches Atemmuster noch Anzeichen einer Bradykardie.

Bis zum Zeitpunkt, an dem Stork das Kind sah, ereigneten sich 12 weitere Anfälle. Verschiedene Untersuchungen ergaben jedoch nichts besonderes.

Cesares Schlafverhalten wird als äußerst auffällig beschrieben. Er schreckt plötzlich wie angsterfüllt aus dem Schlaf auf, jammert, weint und schreit herzzerreißend, ohne seine Augen zu öffnen und wirklich aufzuwachen. Der Säugling wehrt sich allgemein gegen den Schlaf, weigert sich, ins Bett gelegt zu werden, läßt sich nur dann ins Bett legen, wenn er völlig erschöpft ist. Die Mutter glaubt, daß alles passiere, »als ob er ihre Angst spüre, daß er im Schlaf sterben könnte.«

Stork beschreibt die erste Sitzung mit Mutter, Kind und Vater: »Ich nehme wahr, daß Frau P. auf der äußeren Kante des Sessels Platz genommen hat und sich das Baby auf das äußerste Ende ihrer Knie setzt. Der kleine Bub kann sich so nicht mit dem Rücken an seine Mutter lehnen und wird in der unsicheren Position nur von ihrem linken Arm und ihrer linken Hand beinahe nachlässig, auf alle Fälle jedoch notdürftig gehalten, gerade so, um ihn vor dem Herunterfallen zu bewahren. Ihr rechter Arm hängt teilnahmslos herunter. Cesare hält auf diese Weise ein schwieriges Gleichgewicht, da ihm seine Rückenmuskulatur noch kaum erlaubt, frei und sicher zu sitzen. Die Eltern kommen mit ihrem Baby zu mir, das in elementarer Weise vom Tod bedroht ist, und gleichzeitig zeigt die Mutter in ihrer Haltung gegenüber dem Kind eine unverhohlene Ablehnung.

... Im Vordergrund steht, daß Frau P. mir in ungeschminkter Verzweiflung und rücksichtsloser Offenheit, in Gesten und Worten Einblick in ihre Innenwelt gibt. Jede Form von Schönmalerei, jedes eitle Versteckspiel ist einer rückhaltlosen Offenbarung ihrer Gefühlswelt und ihrer Wünsche gewichen. Der Wille, beinahe vorbehaltlos ihr Schicksal darzulegen und zu retten, was zu retten ist, ringt mir Respekt, Achtung, sogar Bewunderung ab.

Zu Beginn berichtet mir Frau P. von der in jeder Hinsicht grausamen Situation, in der sie sich aufgrund der Anfälle von Cesare befindet. Bald darauf jedoch beginnt sie, mir von etwas zu sprechen, das für sie eine ebenso große Katastrophe ist. Sie habe sich so sehr einen blonden und blauäugigen Jungen gewünscht. Auch habe ihre Mutter immer gesagt, es sei die Regel, daß die Buben ganz nach der Mutter geraten. Ich höre ihr eine Zeitlang zu und nehme immer deutlicher eine schreckliche Mitteilung wahr, die zu der Art und Weise paßt, wie sie mir ihr Kind auf ihren Knien präsentiert, und die lautet: Sehen Sie, dieses Kind auf meinen Knien ist nicht das, welches ich mir gewünscht habe und welches mir versprochen wurde. Erst später sollte ich noch genauer verstehen, daß es ihre Mutter war, die ihrer Meinung nach ihr Versprechen nicht eingehalten hatte.

Als mich während dieser Zeit auch das 6 Monate alte Baby mit seinen dunklen Augen von Zeit zu Zeit wach und aufmerksam anschaut, unterbreche ich die Mutter, um mich ihm zuzuwenden. Ich nehme bei dem Kind einen zögernden Blick voller Ängstlichkeit wahr, mit dem er kurz den Vater streift. So beginne ich zu ihm von der besonderen Situation, ebenso wie von meinen ersten Eindrücken zu sprechen: Ich erwähne, daß er mich mit seinen heruntergezogenen Mundwinkeln wie ein erschreckter und auch wie ein Schrecken erregender chinesischer Dämon ansieht; ein besonderer, seltsamer Einfall, der mir jedoch nicht unzutreffend erschien. Ich mache zum anderen die wackelige Position auf den Knien der Mutter zum Thema, von denen er leicht herunterfallen könnte. Auch erzähle ich ihm von seinen ängstlich dreinschauenden Augen und dunklen Haaren, die sich die Mutter ganz anders gewünscht hätte, und daß es für die Mutter sehr arg sei, daß er nicht so aussehe, wie sich die Mutter ihn vorgestellt habe. ... Dabei mache ich die Entdeckung, daß er wiederholt zum Vater hinüberschaut und mit ihm Blickkontakt sucht. Letzterer reagiert darauf recht scheu und beinahe geniert. Ich spreche das Interesse von Cesare für den Vater an, und Frau P. meint irritiert, er werde immer vergnügt, wenn der Vater ins Zimmer komme. Herr P. hingegen möchte über dieses Thema nicht gerne reden: Es sei nicht der Rede wert. Er scheint Angst zu haben, daß sich darüber eine Streitigkeit mit seiner Frau ergeben könnte.

Ich thematisiere dieses, spreche ihm davon, daß es ihm vielleicht schwer sei zu akzeptieren, daß Cesare ihn gerne möge, wie es ihm vielleicht auch schwer sei, anzuerkennen, daß Cesare so dunkle Augen und Haare habe wie er und eigentlich ganz der Vater sei.«

Frau P. spricht über ihre Mutter, und Stork fährt fort: »Hier schwebt im Raum, was ich später genau erfahren werde, daß nämlich beide Frauen einen unerbittlichen Kampf über das Thema führen, wer von beiden für Cesare die bessere Mutter sei und wem Cesare eigentlich gehöre. Diese Fragen lassen in unendlicher Folge alle Vorwürfe der Kindheit wieder aufleben: Was die Großmutter früher alles falsch gemacht hätte, wie herzlos sie war, den Bruder vorgezogen zu haben ... etc.; und umgekehrt der Vorwurf der Großmutter, wie unmöglich sich Frau P. mit ihrem Sohn Cesare benehme. Dabei ist Frau P. deutlich in der schlechteren Rolle, wie sie sich auch eingestehen kann, da sie mit Cesare nicht zurechtkommt und der Bub der Großmutter mehr zugetan ist. Die Großmutter feiert ihren Triumph, indem sie den Enkel ›ihren kleinen Prinz‹ nennt.

Indem mir Frau P. davon spricht, daß sie sich einen Jungen gewünscht habe und mit einem Mädchen Schwierigkeiten gehabt hätte, deutet sie an, daß mit einem Mädchen alles noch schlimmer gewesen wäre. Dabei ist mir auch nicht entgangen, daß sie das Thema der Vorliebe Cesares für den Vater auf ihre Beziehung zu ihrer Mutter gebracht hat, was ihr noch mehr weh zu tun scheint. So ist es ihr eine Genugtuung, feststellen zu können, daß Cesare mich wegen des Daumenlutschens wohl lieber als ihre Mutter mag. Deswegen vielleicht kann mir Frau P. nun von Vorstellungen seltsamer Befürchtungen sprechen, in denen sie ihren Sohn tot sieht: ›Wie er geschlafen hat, habe ich ihn schon in einem Sarg gesehen und ihm gesagt: er habe schön in seinem Sarg ausgesehen.‹ Einmal ausgesprochen, wird ihr bewußt, daß sie mir damit auch ihre Todeswünsche anvertraut hat, und fügt beschwichtigend hinzu, in einem Film habe sie ein totes Baby in einem weißen Sarg gesehen. Sie habe immer diesen weißen Sarg gesehen.

Die so naheliegenden Befürchtungen um das Leben ihres Buben sind offensichtlich von unbewußten Todeswünschen der Mutter gegenüber dem Sohn begleitet. Später sollte ich mehr darüber erfahren.«

Nach dieser ersten Sitzung, in der die Wahrheit über die erlebten Gefühle ausgesprochen worden war, ändert sich Cesares Symptomatik. Seine Schlafstörungen bessern sich, und die Anfälle von Apnoe und Bradykardie bleiben – mit einer Ausnahme nach der dreizehnten Sitzung von insgesamt zweiunddreissig – aus. Nach der dreizehnten Sitzung gab es wieder zwei Alarmsignale, aber die Atmung fiel nicht mehr aus. Cesare brauchte nicht mehr reanimiert zu werden. Professor Stork war über Ostern abwesend, und die Mutter reagierte mit Angst und Wut auf die zwei ausgefallenen Sitzungen. Sie fühlte sich allein gelassen. Stork versuchte ihr daraufhin klarzumachen, wie tiefgreifend Cesare sich mit ihren Ängsten identifizierte. Zu seinem Erstaunen antwortete die Mutter, daß sie die Notwendigkeit verspüre, sich mit ihrem Sohn eins zu fühlen, und daß sie große Anstrengungen unternehme, eine solche Einheit herzustellen. Über diese Aussage erschrickt die Mutter selbst, weil sie eine plötzliche Erkenntnis beinhaltet, sie zeigt sich aber zugleich erleichtert, da sie die Zusammenhänge besser versteht.

Nach der dreißigsten Sitzung wird der Monitor abgeschaltet. Cesare ist vierzehneinhalb Monate alt. Seine Atemkapazität hatte sich schon in den ersten Wochen um fünfzig Prozent verbessert, und er war nicht mehr dem Tode geweiht.

Aus Cesares Geschichte ist ersichtlich, daß die fehlende Anerkennung der Emotionen und Wahrnehmungen eines Kindes, die Verletzung seiner Grenzen, einer Verleugnung seines Seins gleichkommt. Sie stellt nicht nur das Selbst des Kindes in den Hintergrund, sondern erstickt auch seine aufkommenden aggressiven Reaktionen auf diese Grenzverletzungen. Die Aggression hat sich in diesem Fall nach innen gewendet. Die erste therapeutische Sitzung führte nachweislich zu einer Entspannung innerhalb der Familie, weshalb Cesare auch zum ersten Mal seine Wut nach außen lenken konnte. Zu Beginn der zweiten Sitzung habe die Mutter, so Stork, erzählt: »... gestern habe Cesare ganz widerlich zu schreien angefangen, nicht wie sonst mit Tränen, sondern mit starker Wut. So etwas war bei ihm noch nie vorgekommen ... Auch in der Nacht sei das klägliche Weinen im Schlaf nicht mehr aufgetreten, sondern er sei verschiedene Male kurz aufgeschreckt, habe geschrien und sich wieder beruhigen lassen.« Der unmittelbare Ausdruck seiner aggressiven Gefühle führte dazu, daß seine Mutter anfing, seine Existenz anzuerkennen. In ihren Augen, sagte sie, sei er »größer« und »wichtiger« geworden.

Cannon (1942) führt den »Voodoo-Tod« auf Hilflosigkeit zurück. Wenn nun Kindern aggressive Reaktionen verunmöglicht werden, ist die Folge auch Apathie und Hilflosigkeit. Richter (1965) beobachtete an norwegischen Ratten, daß sie »buchstäblich ihr Leben aufgaben«, wenn sie sich nicht durch Kampf oder Flucht retten konnten. Bei Menschen kommt dazu, daß die Nicht-Anerkennung durch diejenigen, die ihnen wichtig sind, einer Verneinung ihres Seins gleichkommt. William James schrieb schon 1905, daß ein solches Erlebnis mit einem extremen Trauma verglichen werden kann, einer unmenschlichen Bestrafung, in deren Folge ein Mensch aufhört, sich selbst wahrzunehmen, und in eine ohnmächtige Verzweiflung gerät. Genau das erleben aber Kinder deren Bezugspersonen, die eine zentrale Rolle in ihrem Leben spielen, nicht auf ihr Sein eingehen. Die daraus resultierende Hoffnungslosigkeit kann tödliche Folgen haben.

Dolto (1988) schreibt, daß »das Begehren, durch Blick und Gehör mit den anderen zu kommunizieren, noch essentieller ist als der Nahrungstrieb, und daß der Schlaf, der nach einer Zeit ängstlicher Schlaflosigkeit wiederkehrt, die Übersetzung einer Fluchtbewegung nach innen ist, die dann eintritt, wenn von den psychischen oder substantiellen Beziehungen zur Außenwelt nichts mehr erwartet wird. Wenn nämlich mit dieser allzu lange kein belebender Austausch zustandekommt, gibt das Kind seine Suche nach der äußeren Welt auf, versinkt in einen physiologischen Schlaf, der in den Tod übergehen kann.« Das Säuglingssterben in Ruanda macht aus den Beschreibungen solcher Vorgänge tagtäglich traurige Wirklichkeit. Säuglinge, die plötzlich ihre Eltern verlieren, deren emotional stimulierende Rolle dann niemand anderer übernimmt, stellen ihre Erwartungen an Reziprozität ein und sterben. Margaret Ribble (1943) stellte bereits in den vierziger Jahren die Notwendigkeit dieses belebenden Austausches fest.

Die Aggression

Storks Beobachtungen weisen auf die zentrale Rolle der aggressiven Emotionen hin. Hier soll aber zunächst betont werden, daß Aggressionen nicht einfach als etwas Negatives angesehen werden dürfen. Aggression in der Entwicklung kreist nicht um Destruktivität oder Abwehr, sondern ist zuallererst Ausdruck einer eigenen Empfindung und damit eine Selbstbehauptung. Das ist eine aggressive Energie, eine unmittelbare und natürliche Reaktion auf störende Reize.

Die psychoanalytischen Theorien zur Aggression als Trieb oder Reaktion sind im Grunde Verarbeitungen von Freuds Darstellungen eines aggressiven Triebs (1915), den er 1920 theoretisch als *Todestrieb* faßte. Infolgedessen entwickelte sich die Idee eines eigenständigen Aggressionstriebes. Hier wurde Aggression als Neigung, andere zu verletzen oder zu zerstören, als eine in der Soma verankerte Kraft verstanden (siehe auch Martin Dornes 1997). Winnicott (1950), Greenacre (1971) und andere sprachen dann bald von einem konstruktiven im Gegensatz zum destruktiven Aspekt der Aggression. Parens (1979, 1989) kam zur Ansicht, daß aggressives Verhalten nicht angeboren ist, sondern eine Reaktion auf das, was Unlust erregte, und daß der Aggressionstrieb sowohl destruktive als auch nicht-destruktive Elemente in sich birgt (siehe auch Westermann 1994).

Es scheint mir, daß alle diese Überlegungen ein Versuch sind, damit zurechtzukommen, daß die Aggression nicht als eine entwicklungsgemäße Äußerung, sondern a priori als Ausdruck einer Veranlagung angesehen werden kann. Ich habe schon öfters auf diese gescheiterten Versuche, Theorie und Beobachtungen einander anzupassen, hingewiesen. Die Beobachtungen von T. C. Schneirla bilden jedoch die Basis für eine Lösung. In seiner Arbeit »An Evolutionary and Developmental Theory of Biphasic Processes Underlying Approach and Withdrawal« (1959) ermöglicht er einen Brückenschlag zwischen den konstruktiven und den destruktiven Aspekten der Aggression, indem er sich auf ihre gemeinsame somatische Quelle bezieht. Nur wegen der gängigen Vorannahme, daß somatisch »instinktiv« bedeutet, gilt dies immer noch als problematisch.

In einer langen Folge von Arbeiten zeigt Schneirla (1972), daß bei allen Lebewesen mit einem zentralen Nervensystem schon bei der Geburt, eine zweiphasige organische Basis für Sinnesstimulation existiert. Niedrige Stimulusintensitäten (immer relativ zur Entwicklungsgeschichte des jeweiligen Organismus) lösen Reaktionen der Annäherung aus, hohe Stimulusintensitäten führen dagegen zu einem Rückzug. Der Unterschied im Schwellenreiz der Muskeln, die Rückzug oder Annäherung bewirken – und dadurch diese Bewegungen steuern – bildet somit die Grundlage des resultierenden Verhaltensmusters.

Reize mit hohen oder zunehmenden Werten lösen organische Prozesse aus, die die Homöostase des Organismus stören. Beim Säugling erzeugt das Unruhe und »Unlust«. Beispiele von Annäherungsprozessen bei Säugetieren sind ein regulärer Herzrhythmus, ruhiges Atmen und Verdauen, also Prozesse, die durch die Aktivität des parasympathischen Teils des autonomen Nervensystems aufrechterhalten oder gesteigert werden. Beispiele des Rückzugvorgangs sind ungleichmäßiger Herzrhythmus, verhinderte Verdauung, Erregung durch Adrenalinausstoß und andere hauptsächlich durch Aktivierung des Sympathicus hervorgerufene Änderungen. Beide Muster betreffen dieselben Organe, aber auf funktionell sehr verschiedenem Wege. Das führt dazu, daß Selbstbehauptung und Destruktivität des Säuglings von dessen Eltern leicht verwechselt werden können. (Martin Dornes beschreibt diese Verwechslung in seiner Forschungsübersicht zur Aggression aus der Sicht des Säuglings, 1997, S. 250-289.)

In dem Maße, in dem Eltern auf Aggression reagieren, als sei sie Ausdruck einer ihnen feindlich gesonnenen Emotion (indem sie diese ignorieren oder zu unterdrücken versuchen), wird der Ausdruck einer eigenständigen kindlichen Reaktion zu einer das Kind gefährdenden Emotion, da sie es mit dem Verlust der »Liebe« seiner Eltern bedroht. Daraus folgt zweierlei: Das Eigene wird bedrohlich und muß abgetan werden, und die unterdrückte aggressive Reaktion vertieft, da sie ihre Energie nicht verliert, das Unbehagen und wird dadurch zum Anstoß weiterer aggressiver Reaktionen. Da aber dieser Vorgang nicht direkt ausgedrückt werden kann, wird er zum Antrieb von Aggression selbst. Drei mögliche weitere Entwicklungen mit gesellschaftlichen Konsequenzen sind dann der Aufbau von Zwangsprozessen im Denken oder im Tun, um dieser Aggression Herr zu werden, das Nach-innen-Richten dieser Aggression durch sich selbst verletzende Vorgänge wie Depression oder Selbstentwertung und die Bereitschaft, Aggression auszuagieren, sie auf andere Opfer zu richten.

Die Akzeptanz oder Ablehnung der Aggression des Kindes macht Objektbeziehungen möglich oder verzerrt sie.

Unter der Bezeichnung »Objektbeziehung« wird verstanden, daß ein Individuum ein gutes wie auch schlechtes Bild von sich selbst und seinen umgebenden Objekten aufbaut. Wenn aber ein Säugling oder ein Kind seine ihm eigene Aggression, als Ausdruck seines sich entwickelnden Selbst, unterdrücken muß, entwickeln sich seine Objektbeziehungen auf der Basis eines reduzierten Selbsterlebens.

Schneirla und auch Fuller (1967) zeigen, daß Lernen nur möglich ist, wenn Verbindungen zwischen inneren Zuständen, also eigenen emotionalen Reaktionen, und äußeren Reizen zustandekommen können. Wird das unmöglich gemacht, beispielsweise, indem auf das Verhalten des Kindes nicht reagiert wird, dann wird das Eigene nicht zum Auslöser dessen, was es lernen kann. Dann wird das »Bild« des Objekts ein ihm aufgestülptes und nicht eines, das seinen eigenen Erfahrungen entspricht. Das bedeutet, daß wir als Menschen zwei ganz unterschiedliche Entwicklungsmöglichkeiten haben. Wenn Eltern die Möglichkeiten des Kindes begrenzen, weil sie annehmen, daß es etwas nicht tun kann oder darf, dann werden sie es dem Kind unmöglich machen, seine Welt selbst zu entdecken. Das führt dazu, daß ein Kind nur lernt, was ihm von den Eltern und anderen Bezugspersonen als Lernen vorgesetzt wird. Es lernt sich ihren Vorstellungen und ihrem Willen anzupassen. Dann wird verhindert, daß die Reaktion sich ihren Stimulus aussucht (vgl. Davis 1957), also Stimulus und Reaktion aus den inneren Bereitschaftszuständen des Organismus heraus zustandekommen (vgl. dazu auch Piagets Auffassung, daß ein Stimulus seine Bedeutung erst erhält, wenn er dem Schema eines inneren Prozesses entspricht; Flavell 1963). Kommt jedoch die von Davis und Piaget angesprochene eigenständige Reaktion zustande, dann entwickelt sich ein autonomes Wesen. Dann können Objektbeziehungen entstehen, die einer echten Beziehung zwischen ebenbürtigen Wesen entsprechen, und nicht das, was gar nicht als Beziehung bezeichnet werden kann, wenn »Beziehung« durch Gehorsam erzwungen wird.

Auf diese Weise wird es für »angepaßte« Kinder sehr

schwer bis unmöglich, ein differenziertes Bild ihrer Eltern zu haben, werden diese nur so gesehen, wie sie sich selbst sehen möchten. In Untersuchungen von Bluvol (1972) und Roscam (1972) waren angepaßte Kinder zugleich voller uneingestandener Aggression. Sie mussten andere zu Unterlegenen machen, leugneten aber ihre Aggressionen. Erst das linderte ihr Unbehagen.

Es ist irreführend, unter solchen Entwicklungsvoraussetzungen von Objektbeziehungen zu sprechen, denn hier entwickeln sich keine Beziehungen, sondern Bindungen an Autoritätsbilder. Diese Verzerrungen aggressiver Impulse führen dann direkt zu den Zuständen, die ich für das Traumleben der PKT-gefährdeten Kinder beschrieben habe.

Väter wie Mütter haben an diesen Vorgängen Anteil. Häufig sind die Väter weniger direkt einbezogen, dadurch jedoch nicht weniger einflußreich. Dennoch entzieht sich der Vater dadurch öfter direkter Beobachtung. Wenn ein Vater seinen Teil im Dreieck der Beziehung Mutter–Kind–Vater vernachlässigt, werden Kinder für die resultierenden Defizite zunächst die Mutter verantwortlich machen. Die Teilnahmslosigkeit des Mannes spiegelt die Ungleichheit in der Geschlechterbeziehung wieder. Diese gibt dem Mann die Deckung für das, was er seinem Kind nicht gibt. Und es ist die Unmöglichkeit für Frauen allgemein, einen Mann dafür zur Rechenschaft zu ziehen, welche die unbewußten Aggressionen in einer Mutter erzeugt.

Das Tödliche in der klinischen Literatur

Vor diesem Hintergrund kann es dann nicht verwundern, daß zwischen Müttern und Töchtern eine weitere Verlagerung solcher Aggressionen stattfindet, so daß das Destruktive zwischen ihnen sich auf eigene Faust praktisch zirkulär vollzieht, abgetrennt von seiner Quelle in der männlichen Ideologie des Herrschens.

»Die von der Frau entwickelte weibliche Dyade mit der Mutter dient dazu, Aggression und Differenzen zu unterdrücken« schreibt Hendrika C. Halberstadt-Freud (1993). Es ist die Angst vor der eigenen Mutter, die sie unterdrücken muß, indem sie ihre aggressiven Gefühle auf das Kind projiziert. Dadurch erhält eine solche Mutter eine Illusion der Gegenseitigkeit mit ihrer eigenen Mutter aufrecht. Joseph C. Rheingold (1964, 1967) beschrieb diese Zusammenhänge schon früher in einer Untersuchung an 2500 Patienten. Er arbeitete hauptsächlich mit Müttern auf der Geburtsstation des Boston City Hospitals (also keinen psychiatrischen Patienten). Direkt nach dem Geburtsvorgang erlebte er häufig, daß die Mütter verzweifelt versuchten, ihr Muttersein ungeschehen zu machen, *um* eine schreckliche Gefahr, die sie als gegen sich selbst gerichtet erleben, zu vermeiden. Diese Gefahr ging von ihren eigenen Müttern aus. »Ich hörte (einmal) eine Mutter gleich nach ihrer Entbindung ihre verstorbene Mutter beschwören, sie nicht zu töten« (1964, S. 38). Rheingolds Schlußfolgerung: Frauen möchten schon Frauen sein, haben aber zugleich Angst davor, weil sie ihre eigene Mutter fürchten (1964, S. 129). Er deutet somit auf eine Schwierigkeit hin die daraus entsteht, daß die Unterdrückung der Frau zu einem Selbsthaß der Frauen führt. So schreibt Zilboorg (1931) über depressive Reaktionen im Kindbett: »Die mörderische Feindlichkeit der Mutter gegen ihr Kind ist der Kern ihrer depressiven Reaktion.« Rheingold dagegen hat den Eindruck, daß solche deprimierten Mütter zwar zwanghaft von der Idee besessen sind, ihre Kinder zu töten, aber dennoch dem Kind gegenüber keine Feindschaft hegen, es sogar lieben und den Wunsch haben, eine gute Mutter zu sein. »Sie will ihr Kind gar nicht töten, sie hat aber Angst, daß etwas in ihr sie dazu zwingen wird, trotz allem Widerstand in ihr dagegen.« Es wirkt, als ob Kindesmord ihr durch die tiefe Angst vor dem Terror ihrer eigenen Vernichtung diktiert wird und nur die Opferung ihres Kindes diese Bedrohung besänftigen kann. Solch ein Vorgang läßt uns erkennen, daß die Tochter einer tödlich besessenen Mutter die Bedrohung der

Mutter selbst internalisiert, dadurch entsteht eine »grundlegende Angst«. »Die Mutter vermittelt ihrer Tochter die Angst, die aus dem Terror der drohenden Vernichtung emporsteigt, die diese wiederum ihrer Tochter weitergeben wird« (1964, S. 61). Rheingold zieht diese Schlußfolgerung auf der Basis von 350 untersuchten Fällen. Der primäre Konflikt dreht sich also nicht um die Beziehung der Mutter zu ihrem Kind, sondern um die Beziehung zu ihrer eigenen Mutter. Die Vorstellung, das Kind zu töten, spiegelt den Versuch, diesen primären Konflikt zu lösen und so dem inneren Schrecken zu entkommen.

Ferenczi beobachtete 1929, daß Kinder, die bei ihren Müttern Widerwillen oder Ungeduld erleben, an einem Bruch in ihrem Lebenswillen leiden. Gerade die Unbewußtheit dieses Vorgangs (eingebettet in die REM-Prozesse des Träumens, wie oben beschrieben) ist es offenbar, die den Plötzlichen Kindstod auslöst. Nach Johnson (1951) verleibt sich der Säugling eine vollständige Imago der Mutter ein, einschließlich der intuitiv wahrgenommenen mütterlichen Feindseligkeit. Und so, schreibt Rheingold, kann der Todeswunsch einer Mutter, sogar ohne erkennbar feindseliges Verhalten, im Kind Selbstzerstörung hervorrufen. Er führt einen Bericht von Mathis (1964) von einem Mann an, der schon immer passiv und abhängig von seiner fordernden und herablassenden Mutter war. Als er nun mit 53 Jahren gelegentlich unabhängig agierte, warnte sie ihn, daß »ihm etwas Schreckliches passieren würde«; er entwickelte dann Bronchialasthma. Früher hatte er nie irgendwelche Atemprobleme gehabt, und sein Zustand verbesserte sich im Krankenhaus. Am Tage seines Todes befand er sich in sehr gutem seelischem und körperlichem Zustand. Er rief seine Mutter an, um ihr zu sagen, daß er Geld in eine Sache investiert habe, die sie ablehnte. Sie antwortete, er solle sich »auf schreckliche Folgen« vorbereiten. Eine Stunde später war er semikomatös, cyanotisch und schnappte nach Luft. Zwanzig Minuten darauf war er tot. Die Autopsie zeigte nur ein bronchiales Asthma und eine akute rechte ventrikuläre Erweiterung des Herzens.

Rheingold schreibt hier nicht von der Angst vor dem Tod selbst, sondern von der überschwemmenden Angst vor einem katastrophalen Tod, wie man ihn öfter bei psychotischen Kindern erleben kann. Schilder und Wechsler (1934) befragten 76 Kinder auf einer psychiatrischen Station zum Tod und fanden heraus, daß für die Kinder der Tod selbst als natürliches Ende des Lebens keine Bedeutung hatte. Für sie war der Tod immer eine Folge der Feindseligkeit anderer, eine Bestrafung für Sünden. Die Furcht der Kinder kreist deshalb nicht um die Angst vor dem Sterben, sondern um die grausige Furcht davor, ermordet zu werden.

Es ist nun keinesfalls so, daß Väter solche mörderischen Impulse nicht in sich tragen würden. Jedoch ist bei den meisten Säuglingen die Beziehung zur Mutter die engere. Deswegen ist auch der unbewußte Aspekt größer und führt zu dem, was Rheingold als »Catastrophic Death Complex« beschreibt. Dieser Terror ist so enorm, daß er vom Bewußtsein abgespalten werden muß. »Wenn in einer Psychotherapie für einen Augenblick alle Abwehrmechanismen aufbrechen, kann man einen flüchtigen Widerschein davon erkennen« (Rheingold 1967, S. 119).

Diese Vorgänge sind deshalb so schwer zu durchschauen, weil wir eine Scheu haben, solche mörderischen Impulse bei Müttern wahrzunehmen. Wir alle, Frauen und Männer, dürfen es nicht sehen, weil wir aus unseren Eltern etwas Heiliges machen müssen. »Mit zunehmender Frustration wird Liebe zu einer Maske für und eine Abwehr gegen rachsüchtige Impulse. Das Bestürzende in der Analyse dieser Empfindung, die so viele als ›Liebe‹ erleben, ist, daß sie Ausdruck einer Selbsttäuschung ist, die nicht zuläßt, daß das wahre Gefühl Haß ist« (Rheingold 1967, S. 201).

Schuld und Verantwortung

Die Abwehr von Schuld durchzieht das Leben in unserer Gesellschaft wie ein roter Faden. Sie macht eine Konfrontation mit sich selbst für viele zu einem schwierigen Unterfangen. Wir betrachen unser Gewissen und die damit verbundenen Schuldgefühle als moralische Grundlage unserer Zivilisation, und dennoch haben wir Mühe damit. In unserem Erleben ist Schuld verbunden mit Schlecht-Sein, Weniger-Sein, mit allem, was zu einem defizitären Selbstwertgefühl führt. Dies liegt darin begründet, daß Schuldgefühle als Erziehungsmittel eingesetzt werden, um uns gefügig zu machen. Deshalb versuchen in unserer Gesellschaft viele, der Schuld zu entkommen, werden aggressiv, sogar gewalttätig, wenn sie sich angeschuldigt fühlen – sogar wenn das gar nicht zutrifft. Das hängt damit zusammen, daß wir angesichts einer Erziehung, die Schuld als Hebel der Sozialisierung gebraucht, immer schon im voraus damit rechnen, schuldig gesprochen zu werden, so daß in unserer Kultur eine latente Bereitschaft zum Sich-schuldig-Fühlen existiert. Dies macht es vielen unmöglich, Verantwortung für das eigene Tun zu übernehmen, weil Verantwortung Schuld mit sich bringt und weil zusätzlich Schuldig-Sein mit Wertlos-Sein gleichgesetzt wird.

Das fängt früh an. Ein Beispiel: Ein Säugling schläft nicht ein. Die Eltern werden wütend, weil sie solch ein Verhaltensmuster für nicht angemessen halten. Und das bedeutet Kritik an ihrem Selbstbild, gute Eltern zu sein. Die Weigerung des Kindes einzuschlafen wird von vielen Eltern also als Bestrafung erlebt. In einer solchen Situation entstehen dann Schuldgefühle, die die Beziehung zwischen Eltern und Kindern stark belasten. Die Eltern glauben sich im Recht, weil Autoritäten, wie der Arzt, die eigene Mutter, Verwandte, Wissenschaftler ihnen gesagt haben, daß ein Kind schlafen muß.

Tatsächlich ist es aber so, daß Kinder in ihrem ersten Lebensjahr ein ständiges Bedürfnis nach körperlichem Kontakt und oberflächlichem Schlaf haben (vgl. McKenna 1990 a, b, c). Wird dem Kind dies verwehrt, so wird sein Schlafverhalten zu einem Kampf zwischen Eltern und Kind, und das Kind erlebt einen Zusammenschluß von Schuld- und Minderwertigkeitsgefühlen. Schuldgefühle jedoch halten die Bindung an die Eltern aufrecht (eine notwendige Bindung für das Kind), denn sie geben ihm Hoffnung, aus eigener Kraft eine Besserung der Beziehung zu den Eltern herbeizuführen. Schuldgefühle, die einerseits das Gefühl von Wertlosigkeit auslösen, werden so andrerseits zur Rettung. Sie scheinen eine Erlösung aus der unerträglichen Lage des Ausgeliefertseins möglich zu machen. Das ist eben das Paradoxon: Einerseits weisen wir Schuld ab, anderseits gibt sie uns in der Tiefe unseres Unbewußten eine Verbindung zu den ablehnenden und bestrafenden Eltern. Das hält unser Sein zusammen.

Während wir ständig damit rechnen, uns schuldig fühlen zu müssen, können wir gleichzeitig Schuld nicht bewußt aushalten, eben weil sie unseren Selbstwert erniedrigt; so entstehen Wut, Aggressivität und Gewalttätigkeit. Da Schuldgefühle als Mittel benutzt wurden, uns fügsam zu machen, können wir uns nicht durch jene Übernahme von Verantwortung befreien, die ein wahres Schuldgefühl uns selbst gegenüber herbeibringen würde. Jacob Wassermann schreibt in »Der Fall Maurizius« (1928): »Ich meine nämlich, Gut und Böse entscheiden sich nicht im Verkehr der Menschen untereinander, sondern ausschließlich im Umgang des Menschen mit sich selbst.« Solche Übernahme von Schuld zeitigt Verantwortung für uns selbst und unsere Mitmenschen. Sie ist die Voraussetzung für die Fähigkeit, sich selbst als wertvoll zu erleben. Unterbleibt sie, so entstehen Menschen, die ihre Schuld nur immer abwälzen müssen, weil sie ihnen unerträglich ist.

An die Stelle wirklichen Verantwortungsbewußtseins tritt die Pflichterfüllung. Aber Pflichterfüllung hat mit Gehorsam zu tun. Indem man sich pflichtbewußt verhält, bleibt man dem Bild treu, das Eltern und andere Autoritätspersonen einem vermittelt haben. Wer ihren Erwartungen entspricht, wird mit Bestätigung belohnt. Dadurch wird das Ausfüllen von Rollen zum Ziel des Lebens. Für einen solchen Menschen, der die Pose zum Sein erhebt, bedeutet Schuld, wertlos zu sein, weil man sich nicht richtig verhalten hat. Korrektes Verhalten schafft einen Anschein von Verantwortlichkeit, ist aber von wirklicher Verantwortungsübernahme weit entfernt.

Die Überlegungen dieser Studie zum Plötzlichen Kindstod weisen in die Richtung einer Pathologie unserer gesellschaftlichen Ideologie, nicht in die Richtung einer Schuld des einzelnen. Wir alle tragen die Auswirkungen der Ungleichheit zwischen Mann und Frau in uns. Wir alle geben diese in unterschiedlichem Maße in unseren Beziehungen zueinander und zu unseren Kindern weiter. Dies zu erkennen, würde Befreiung bringen. Wie aus Briefen und Berichten einiger von Plötzlichen Kindstod betroffener Eltern hervorgeht, kann das tatsächlich möglich werden. Bei anderen dagegen, die Schuld so erleben, daß sie nicht angesprochen werden kann, führt ihre Schuldgefühls-Bereitschaft zu aggressivem Denken und Verhalten.

In diesen Briefen wird immer wieder darauf hingewiesen, daß die verstorbenen Kinder doch *Wunschkinder* waren. Wenn wir diesem idealisierenden Bild widersprechen, haben wir das Gefühl, die eigene Mutter in ihrer und unserer ersehnten Vorstellung zu beschmutzen. Solcher Idealisierung widerspricht die tägliche Ambivalenz der Gefühle, die alle Beziehungen durchzieht, diese Idealisierung hat jedoch verheerende Auswirkungen auf die tatsächlichen Beziehungen zwischen Eltern und Kindern. Real vorhandene Aggression wird verleugnet. Und gerade deshalb erzeugt Idealisierung nicht nur mehr Aggression, sondern auch Gewalttätigkeit.

Die finnische Psychologin Pirkko Niemelä machte es sich zur Aufgabe, diese Idealisierung des Mutterseins zu erforschen. In einer Reihe von Studien (1980, 1982 a, b, 1985,

1987, 1992) verglich sie Frauen, die ihre Mutterrolle und ihre Kinder idealisierten, mit einer Kontrollgruppe von Frauen, die das nicht taten. Es zeigte sich, daß Frauen, die auf die Mutterrolle ausgerichtet waren, nicht auf ihre Kinder ausgerichtet waren. Sie glaubten aber, daß sie sich durch ihre Kinder glücklich fühlten. Tatsächlich stellten sie jedoch ihre Mutterrolle und ihr Bemühen, dieser gerecht zu werden, über ihre tatsächlichen Gefühle. So leugneten sie aggressive Gefühle ihren Kindern gegenüber durch ihr Bestreben, immer geduldig und ausgeglichen zu sein. Sie empfanden keine Wut ihren Kindern gegenüber und glaubten, diese von Anfang an außerordentlich zu lieben. Als Mütter ohne eigene Bedürfnisse sahen sie sich als perfekte Mütter.

Niemelä führte zwei, drei und vier Jahre später Folgeuntersuchungen durch. Die von ihren wahren Gefühlen abgeschnittenen Frauen leugneten weiterhin jegliche negativen Gefühle und waren deshalb nicht in der Lage, auf die Impulse ihrer sich entwickelnden Kinder einzugehen. Da sie alle eigenen Bedürfnisse verdrängten, die außerhalb ihrer selbstauferlegten Rolle standen, konnten sie die wirklichen, autonomen Bedürfnisse ihrer Kinder nicht erkennen. Diese Kinder erwiesen sich deshalb auch in ihrem späteren Verhalten als unselbständig und unsicher. Den psychologischen Tests zufolge waren die zweijährigen Kinder der Gruppe der idealisierenden Mütter weniger offen als die Kinder der Kontrollgruppe. Als diese Kinder als Vierjährige erneut untersucht wurden, war der Unterschied eklatant: Die Kinder der idealisierenden Mütter waren angepaßt und überdurchschnittlich kooperativ. Doch sie, die es sich nicht erlauben durften, Aggression auszudrücken, wiesen in projektiven Testverfahren die höchsten Aggressionswerte auf.

Die Gruppe idealisierender Müttern zeigte auch durchweg eine starke Idealisierung ihrer eigenen Mutter, obschon die Interviews zeigten, daß die Beziehung zu diesen Müttern während ihrer Kindheit von Kälte gekennzeichnet waren. Diese mußte jedoch verleugnet werden. Eine Folge dieses Vorgangs ist ein Selbstverständnis, das eigene Verletzungen ausklammert. Und so unterwerfen sich Männer wie Frauen idealisierten Rollen und erkennen ihren eigenen Schmerz nicht. Der Widerspruch dieses Ideals zur tatsächlichen Erlebniswelt bewirkt dann aber Wut gegen alle und alles, was der Aufklärung dienen könnte. Der von Niemelä beobachtete Tatbestand der unterdrückte Aggression hängt wohl mit denselben Entwicklungen zusammen, die zu den Grundlagen für den Plötzlichen Kindstod führen. Unterdrückte Aggression ist Bestandteil jeglicher Depression. Lehofer und Mitarbeiter (1991) formulierten nach einer eigenen Untersuchung die These, daß PKT-Kinder und depressive Patienten Ähnlichkeiten in der Funktion ihres autonomen Nervensystems aufweisen: »Respiratory sinus arrhythmia is reduced in both groups, central cholineric activity is increased and similar patterns of sleep disorders can be observed.« Solange Frauen an einem unerfüllbaren Ideal des Mutterseins festhalten, weil dies dem männlichen Ideal entspricht (wodurch die Unterdrückung durch die Männer zementiert wird), werden sie sich nicht aus dem Kreislauf der unterdrückten Aggression befreien können. Dornes und Lüpke (1995) sind der Auffassung, daß hinter Mutterliebe verborgene unbewußte Aggressionen zu der verhängnisvollen Entwicklung führen können, die im PKT kulminiert. In einer Untersuchung zur Wochenbettdepression verglichen Mitchel et al. (1992) 33 PKT-Fälle mit 174 Nicht-PKT-Fällen. Es zeigte sich, daß Kinder von Müttern mit Depression dreimal häufiger an PKT starben als Kinder von Müttern ohne Depression. Die depressiven Mütter hatten, statistisch gesehen, ein größeres Risiko, daß ihre Kinder PKT-Opfer sein würden – mit einer dreifachen Wahrscheinlichkeit.

Betroffene Eltern und überlebende Kinder

Hier zunächst zwei Beispiele aus Briefen von Eltern, deren Schuld mit dem Gefühl des Unwerts belastet war, die auf eine Beziehung zum Kind pochten, es zum besonderen Wunschkind machten, sich auch gegen jegliche Aussagen zur Ambivalenz im Zwischenmenschlichen wehrten. Die erste Mutter schreibt (1995), daß es für sie unerträglich war, mein Buch zu lesen, »es greift uns Eltern an und reitet förmlich auf natürlich vorhandenen Schuldkomplexen herum.« Sie betont, daß das verstorbene Kind »ein ganz besonderes Wunschkind war, ... was wirklich nicht auf eine unbewußte Abneigung schließt. ... Ich möchte betonen, daß wir als Eltern doch sehr bemüht sind, sämtliche Belastungen von dem heranwachsenden Kind fernzuhalten, ... ich fühle mich als betroffene Mutter massiv angegriffen. ... Es ist eine Frechheit, unsere geliebten Kinder, die wirklich menschenmögliche Fürsorge erhalten haben, mit niederen Tieren gleichzusetzen [im Buch wird v. Holsts Forschung über das Eintreten von Paralyse und Tod mit der Fliege Eristalsis erwähnt, wenn ihre Erwartungen unerfüllt blieben]. ... Wie ist es möglich so ein ›gefährliches‹ Buch zu veröffentlichen?«

Eine andere Mutter schreibt im selben Jahr an den Verlag und bittet »herzlich«, die Herausgabe des Buches zurückzuziehen, weil es Eltern in unbegründete Selbstvorwürfe treibt.

Hier eine ganz andere Art von Aussage: »Ich möchte Ihnen gerne ein paar Worte zu Ihrem Buch ›Der Frühe Abschied‹ schreiben. Ich bin selbst betroffene Mutter, mein Kind starb 1988 mit dreieinhalb Monaten. Ich finde Ihr Buch sehr gut, ich fühle mich nicht angegriffen oder verletzt dadurch. Im Gegenteil, in dem Buch finde ich mich oft selbst wieder. Zweifel in mir, die ich nie deuten konnte, sehe ich jetzt klarer. Meine innere Zerrissenheit führe ich auf mein Elternhaus zurück. Seit ich das weiß, versuche ich, eine Linie zu finden, was mir noch nicht gelungen ist. Da ist zum Beispiel mein Selbstwertgefühl oder Selbstvertrauen. Nach außen hin strahle ich Selbstsicherheit aus, so daß sich viele Leute mit ihren Problemen an mich wenden, und innerlich bin ich total verunsichert, traue mir nichts zu, fange alles an und bringe nichts zu Ende. Dieser Zwiespalt macht mich oft ganz fertig. Vielleicht könnten Sie mir etwas deuten. Unser Kind hatte auch kurz vor seinem Tode diesen starren Blick (weit aufgerissene Augen). Sie schien nur mich anzustarren, ich hatte panische Angst vor ihr. Ich holte meinen Mann, der dies verharmloste, sie macht nur große Augen. Am Abend vor ihrem Tod sagte ich, ich hab' so ein komisches Gefühl, daß mir heute noch was passiert. Zu Hause schaute ich nach der Kleinen und legte mich schlafen. Der Todeszeitpunkt war ca. 04.00 morgens. Ich fand sie. Ich schrie und lief davon zu den Schwiegereltern, was mir heute noch zu schaffen macht. Man läuft doch nicht vor seinem eigenen Kind davon, noch dazu war mir zu diesem Zeitpunkt nicht klar, daß sie tot war. Das nächste halbe Jahr hatte ich fürchterliche Alpträume. Meine Tochter hat mich regelrecht verfolgt, immer derselbe Traum, sie ist mir nachgekrabbelt, obwohl sie das noch nicht konnte, und hat mich immer gebissen.

In meiner Elterngruppe habe ich dieses Thema vorsichtig angeschnitten. Die einen träumten gar nicht von ihren Kindern, die anderen nur Gutes. Ich habe nie was Schönes geträumt, warum nicht?

Ich überlege mir schon Jahre, was ich mir vorwerfen könnte. Sie war ein Wunschkind. Es war eine leichte Geburt und sie entwickelte sich normal. Die Obduktion ergab kein Ergebnis.

Daß Kinder einen stressen, ist, glaube ich, normal, und daß man sich etwas eingeengter fühlt auch. Das geht doch bestimmt vielen so. Warum glaube ich nur immer, daß *ich* versagt habe? Weil es so ist? Sollte eine medizinische Lösung gefunden werden, glaube ich nicht, daß es mich von meinen Schuldgefühlen befreit.«

Der Brief von einem Mann im Jahr 1991, der als Kind beinahe zum Opfer des Plötzlichen Kindstodes wurde: »Vorläufig letzte und wichtigste Erkenntnis meines Lebens brachte mir Ihr Buch ›Der frühe Abschied‹. Beim Lesen dieses Buches habe ich nicht nur den intellektuellen Genuß einer ausgezeichneten, ganzheitlichen wissenschaftlichen Arbeit verspürt, sondern ich erlebte etwas, was ich als analytisch-therapeutisches Erlebnis zu bezeichnen wage.

Es war eine tiefe seelische Erschütterung, aber auch die Annäherung und ein plötzliches, glückliches Wiedersehen mit Fetzen uralter, *echter* Gefühle, als ich vom ›Augentanz‹ gelesen habe und diesen wieder zu verstehen begann.

Nachträglich erfuhr ich, daß ich selbst ein Beinahe-Opfer des PKT war – also auch immer noch bin. Es mutet auch nicht seltsam an, daß auch mein Sohn das gleiche Schicksal überlebte.

Jahrelange Beschäftigung mit umfangreicher tiefenpsychologischer Literatur erbrachte bestenfalls Bruchstücke der individuellen Wahrheit. Offensichtlich können wir infolge der ›narzißtischen Wunde‹ alles andere eher akzeptieren als die Möglichkeit eigener permanenter Wahrnehmungsstörung, bzw. besser gesagt die Existenz der falschen Gefühle. Dies allerdings kann ich nicht nur bei mir täglich beobachten. Meine Arbeit in einer Notfallstation eröffnet mir die Sicht hinter die Kulissen unserer narzißtischen Ordnung.«

Und der Brief eines anderen Beinahe-Opfers des PKT aus dem Jahr 1994: »Ihr Buch war und ist mir immer noch eine gute Orientierungshilfe auf meinem Weg. Ich selbst gehöre – was ich bis vor knapp drei Jahren nicht wußte – zu den Menschen, die bereits einmal tot waren. Ich starb an einem Junimorgen des Jahres 1961 im Alter von nicht ganz fünf Monaten. Es ist immer noch merkwürdig, das so klar zu sagen; einem mir fremden Menschen gegenüber um so mehr. Nun ja. ›Vorübergehende‹ Todesursache: Der plötzliche Kindstod. Oder: Das un-reflektierte Leiden meiner Eltern; meine bis dato gemachten Erfahrungen mit der ›traditionellen‹ Verleugnung dessen, was leben und gelebt werden will, z.B. Gefühle. Während ich dies schreibe, spüre ich einen Anflug von Traurigkeit, vor dem mich auch distanzierte Formulierungen nicht schützen können/brauchen. Die Erfahrungen sitzen tief.

In meinem Erleben ist und war es ein ruhiger, leiser Abschied nach langem Kampf. In einer ›Welt‹, die das Natürliche/Lebendige/Einzigartige unterdrückt oder erst gar nicht wahrnimmt, wollte ich nicht mehr sein. Die Liebe war groß, der Schmerz noch größer und die Unfähigkeit, etwas zu ändern, erdrückend. ... Ich zog mich, meinen Atem, ganz weit nach innen zurück, weg von der schmerzenden Oberfläche, hin in eine (andere) heile Welt. ... Meine Mutter riß mich damals von dort zurück, im wahrsten Sinne des Wortes ...

Ich kam zurück und blieb. Vielleicht wollte ich das, woran meine Eltern (und insofern auch ich) schon ihr Leben lang krankten, nicht noch schlimmer machen durch mein Weggehen. Sie hätten gelitten, sich schuldig gefühlt und nicht begriffen, um was es ging: Um mitfühlende Liebe und Akzeptanz, sich selbst und dem anderen gegenüber. Zumindest in den Augen meines Vaters fand ich etwas davon.

Vor drei Jahren tauchte die deutliche Erinnerung an mein Plötzliches-Kindstod-Erlebnis in meinem Bewußtsein auf und erschütterte mich. Der Körper vergißt nie. Der Integrationsprozeß läuft seitdem und zwar auf sämtlichen Ebenen meines Seins: Als mir Ihr Buch in den Blick fiel, fand ich in ihm Orientierungshilfen, die mir wertvoll waren/sind und die ich weder bei Freunden noch Kollegen noch Ausbildern fand. Der ›blinde Fleck‹ ist weit verbreitet. ... Von den Todesträumen meines Vaters bis hin zum Ausbleiben eines massiven akustischen Reizes (Weckerrasseln) an jenem Junimorgen kann ich aus Erinnerungen und Rekonstruktionen meiner Familiengeschichte Ihre Ergebnisse und Schlußfolgerungen bezüglich der Faktoren, die zum Plötzlichen Kindstod führen können, in ihrer Summation, nur bestätigen. Wesentlich für mich selbst war und ist Ihr menschlicher Umgang mit einer Tragik, die – ob sie nun real zum Tod führt oder nicht – weiter verbreitet ist, als man denkt. Und gegenseitiger Austausch, Anteilnahme, Wissenwollen, Lernenwollen, an die Öffentlichkeit treten, wachsende Bewußtheit können helfen, ›unnötiges‹ Leiden zu verringern.

Aus einem einfachen Danke ist nun ein längerer Brief geworden.«

Die ersten zwei Briefe zeigen, wie manche Eltern keinen eigentlichen Dialog eingehen können. Sie können nur mit Angriff und mit Haß reagieren. Diese Mütter verleugnen eine Interaktion mit ihren Kindern, außer einer, die auf einem idealisierten Selbstbild basiert, genau wie Pirkko Niemelä es beschrieben hat. Sie benötigen einen Feind, weil sie ihrer Schuldgefühlsbereitschaft entgegenwirken müssen. Auf diese Art geben sie die Schuldzuschreibung weiter, durch die sie selbst geformt wurden. Sie erleben – zum Teil durch Fachpersonen unterstützt, die selbst nicht das eigentliche Opfer im Kind (Boehncke) erkennen – Schuldzuweisung, wo keine ist. Was dann unerkannt bleibt, ist, daß Menschen sich gegen Schuld wehren, weil sie sich schon ihr ganzes Leben lang als schuldig erlebt haben. Und so suchen diese Menschen Befreiung, indem sie sich von selbsternannten Autoritäten von »Schuld« freisprechen lassen. Damit aber verlieren sie den Zugang zum selbstverantwortlichen Handeln, aber auch die Möglichkeit, einen wahren Prozeß der Trauer um das Kind durchzumachen. Aus einem Bericht einer betroffenen Mutter sehen wir sehr klar, wie sehr das Kind für sie Schuldigsein bedeutet (Beglinger 1997): »Im Spital sagt die Oberschwester den Eltern, sie können jetzt ... zu ihrem toten Kind, um Abschied zu nehmen ... Doch die Eltern wollen ihr Kind nicht mehr sehen. Nicht einen Augenblick.« Die Mutter berichtet weiter: »... (sie) fühlt, daß (ihr Kind) in seinem Zwillingsbruder weiter lebt, und doch kann sie sich nie vorbehaltlos freuen über seine Entwicklung ... die Wut ist noch nicht weg. Es ist ihre Wut auf ein Schicksal, das ihr drei Kinder auferlegt hat und – ›als ich aus dem Gröbsten heraus war‹ – wieder eines nahm.«

Erst das Erkennen der eigenen Verantwortung ermöglicht es, sich aus eigenen seelischen Verstrickungen zu befreien. »Gutgemeinte Beschwichtigunen«, schreiben Dornes und Lüpke, wie sie von einigen Autoritäten in PKT-Selbsthilfegruppierungen betrieben werden, »haben einen gegenteiligen Effekt« (Dornes 1997, S. 16).

Wer von Schuld und Wut benommen ist, kann mit einem Verlust nicht fertigwerden, weder mit einem eigenen, noch mit dem des Kindes. Solange es darum geht, ein Feindbild zu finden, auf das Haß abgewälzt werden kann, wird ein Trauerprozeß nicht stattfinden. Man glaubt zu trauern, fühlt aber nie Traurigkeit für das Kind, das nicht mehr am Leben sein konnte. In ihrem Buch »Die Unfähigkeit zu trauern« führen Margarete und Alexander Mitscherlich diese Unfähigkeit auf eine narzißtische Verletzung zurück. Aber ein Mensch kann nicht trauern, wenn seine Identität auf Gefühlen basiert, deren Grundlage abstrakte Vorstellungen von »angemessenen« Gefühlen sind (siehe auch Gruen 1987b, 1997).

Hingegen zeugen die andern Briefe davon, wie Menschen sich der Verantwortung stellen, wodurch sie ihre Trauer und ihren Schmerz erleben und dann dem Leben wieder zugewandt sein können.

Gesellschaftliche Muster und Plötzlicher Kindstod

Die Forschungen auf dem Gebiet des Plötzlichen Kindstodes sind weitgehend immer noch von einer Sicht bestimmt, die nach spezifischen Ursachen sucht, ohne das gesellschaftliche Umfeld und seine Wechselwirkungen mit dem sich entwikkelnden Kind miteinzubeziehen. So wird zum Beispiel in den letzten Jahren die Bauchlage des Säuglings als Ursache dieses Todes diskutiert. Eine solche Sicht wird durch ein allgemein vereinfachtes Denken gefördert und führt zu Theorien, die die Tatbestände verschleiern, wie auch dazu, daß die Gegenmaßnahmen, die schon heute möglich sind, nicht ergriffen werden.

Die Konzentration auf die Bauchlage ist ein Beispiel für eine Wissenschaftlichkeit, die, da sie das Umfeld nicht beachtet, im Grunde unwissenschaftlich ist. Davis (1985) zeigte in einer epidemiologischen Untersuchung des Plötzlichen Kindstodes in Hongkong sehr überzeugend, daß PKT dort, im Vergleich zu den meisten westlichen Ländern, selten war. Nur am Rande stellte er fest, daß Säuglinge in Hongkong zum Schlafen fast immer auf den Rücken gelegt werden. Dies löste dann die vereinfachte Annahme aus, daß die Bauchlage die Ursache für den Plötzlichen Kindstod sei. Ein solcher Fehlschluß scheint nur auf der Grundlage eines Denkens möglich, das sich nicht um eine Gesamtsicht bemüht.

Davis selbst sah diese Verhaltensfacette nicht als Auslöser, sondern als einen Zustand, dessen Bedeutung sich aus der Gesamtsituation des Säuglings erschließt. Die Bauchlage, schrieb er, kann die Atmung dort erschweren, wo die Atemwege und ihre Funktion schon von vornherein beeinträchtigt sind. Im Gegensatz zu den Untersuchungen, die die Bedeutung der

Bauchlage hervorhoben, zeigte er, wie die Lebensweise und die Verhaltensformen der Eltern zum Auslöser dieses Todes werden können. »Die gesellschaftliche Stabilität des Familienzusammenhalts ist [in Hongkong] größer als in vielen westlichen Ländern; frühe Ehen wie auch unerwünschte Kinder sind selten; und eine starke, unterstützende, erweiterte Familie existiert [für die Mutter] ..., Babys werden viel weniger allein gelassen.« Generell beobachtete er, daß der körperliche Kontakt mit Säuglingen, auch während des Schlafes, fast ununterbrochen war. »Ist es möglich«, so Davis, »daß der allgegenwärtige körperliche Kontakt mit dem schlafenden Baby das Risiko des Plötzlichen Kindstodes verringert?«

Poets und von der Hardt (1994) führen das seltenere Auftreten des Plötzlichen Kindstodes in den letzten Jahren nicht auf eine Änderung in der Schlafposition zurück, sondern darauf, daß Eltern wegen des Bekanntheitsgrads des Themas aufmerksamer auf ihre Kinder achteten. Die Autoren zeigen auf, daß solche Veröffentlichungen in der Vergangenheit zu Verringerungen des PKT um bis zu 50 Prozent führten.

In der neueren Forschung wird vermehrt das gesellschaftliche Umfeld mit einbezogen. Balarajan und Mitarbeiter (1989) fanden heraus, daß in England und Wales der Plötzliche Kindstod selten bei Kindern aus asiatischen und afrikanischen Familien zu finden ist. Auch in Ländern und Gegenden, in denen Säuglinge keine eigenen Schlafräume haben, wie in Teilen von Schweden, Israel, Holland und der Tschechoslowakei, tritt der Plötzliche Kindstod viel seltener auf als in Kanada, Nordirland, Oxford (England) und im amerikanischen Staat Washington (Valdes-Dapena 1980).

Auch Untersuchungen an der Universität Sheffield (Knowelden u. a. 1985) sprechen für die Auffassung, daß der Kontext des Säuglingslebens einbezogen werden muß, um PKT zu verstehen und zu verhindern. Ihre Befunde weisen darauf hin, daß nicht einzelne Indikatoren wie Stillen, Rauchen, Geburtsgewicht oder das Geschlecht des Kindes als Ursache gelten können, sondern die Dynamik ihrer Wechselwirkungen innerhalb der Gesamtsituation des Kindes. So ist es bezeichnend, daß in dieser Analyse von 214 Fällen nicht das Stillen selbst ausschlaggebend für die Verhütung von PKT war, sondern die Absicht der Mutter zu stillen. Wenn die Absicht der Mütter zu stillen unterstützt wurde, führte dies zu einer signifikanten Reduzierung von PKT (vgl. auch Carpenter et al. 1983). Hieraus ist offensichtlich zu schließen, daß der Einfluß des gesellschaftlichen Umfeldes auf die Einstellung der Mutter zum Muttersein nicht zu unterschätzen ist.

Marianne Willinger (1989) vom National Institute of Child Health and Human Development entwickelt das Konzept der Vulnerabilität der PKT-Babys, um die Wechselwirkung zwischen Anlage und Umwelt besser zu verstehen. Bei dieser Vulnerabilität geht es vorrangig um die Schwierigkeit mancher Säuglinge, sich von einer Hypoxia (Sauerstoffmangel im Gewebe) oder einer lebensbedrohenden Arhythmie (Änderung im Herzrhythmus) zu erholen. Kinder, die, wie von Naeye beschrieben, solche Schwierigkeiten aus Gründen ihrer Entwicklung haben, sind besonders gefährdet, weil die Wiederherstellung von Atmung oder Herzrhythmus während des Schlafes abhängig ist von der Aktivierung zentraler Aufwachreaktionen im Gehirn bei Sauerstoffmangel im Blut.

Nun ist aber die Atmung selbst einer Entwicklung ausgesetzt, die in vieler Hinsicht vom Umfeld des Kindes bestimmt wird. Bei der Geburt existiert ein Luftholreflex, der die Sauerstoffzufuhr während eines Erstickungsanfalls ermöglicht. Gunteroth (1977) hat, neben anderen, gezeigt, daß Säuglinge diesen Reflex einige Wochen nach der Geburt verlieren und dadurch Schwierigkeiten mit ihrer Atmung bekommen können, indem Apnoe und andere periodische Atmungsausfälle eintreten. Dieser Reflex mag auch der Grund sein, warum PKT im ersten Lebensmonat nicht vorkommt. Anschließend beherrschen andere Reflexe, wie der Brustkorbmuskelspindelreflex, die Atmungsfunktionen. Diese Reflexe sind aber durch Konditionierung beeinflußt. Hier setzt also Lernen durch die Interaktion mit der den Säugling umgebenden Umwelt ein. Bis ein Kleinkind seine Atmung stärken und stabilisieren kann, braucht es etwa neun bis zwölf Monate (Montagu 1953).

Hier setzt der Einfluß der Umwelt des Säuglings auf seine Atmung und Herzfunktion an. Diese Interaktion ist komplex und für jedes Wesen anders. Burns und Lipsitt (1991) weisen darauf hin, daß zum Beispiel ein gestreßtes Kind eine ganz andere Lernfähigkeit entwickelt als ein weniger oder nicht gestreßtes. Da der emotionale Streß, dem ein Kind ausgesetzt ist, dazu führen kann, daß es als Schutz ein Verhaltensmuster der Passivität entwickelt, werden manche Kinder nicht lernen können, sich gegen Hypoxia oder eine lebensbedrohende Arhythmie zu schützen.

Naeye und Mitarbeiter (1976) zeigten, daß PKT-Opfer weniger aktiv waren als eine Kontrollgruppe und vor ihrem Tod apathisch wirkten. Einspieler und Mitarbeiter an der Universität Graz (1988) haben sich auch mit diesem Phänomen befaßt. Das Fehlen einer abgestimmten Beziehung zwischen Mutter und PKT-Opfer, das Streß verursacht, fördert möglicherweise nach Burns und Lipsitt beides, die Passivität und die Unfähigkeit, wichtige Überlebensmechanismen (wie bei der Atmung) zu entwickeln.

Wie das Nicht-Lernen bei der Atmung zustande kommen kann, haben McKenna und Mitarbeiter an der Universität von California in einer Reihe von Studien gezeigt (1990 a, b, c). Sie führen aus, daß die Entwicklung der westlichen Gesellschaften zu einem Konflikt zwischen Eltern und ihren Säuglingen geführt hat. Das Kind hat ein andauerndes Bedürfnis nach körperlichem Kontakt im ersten Lebensjahr. Welch (1984b), Montagu (1982), Portmann (1944) und andere (Gruen und Prekop 1986) hatten dies auch schon früher belegt. McKenna führt aus, daß in unseren industrialisierten Gesellschaften Kinder in einer diesem Bedürfnis genau entgegengesetzten Art und Weise behandelt werden, indem es als normal gilt, daß Kinder allein schlafen und so ohne andauernden körperlichen Kontakt sind. Eine Folge ist ein verlängertes und vertieftes Schlafverhalten bei Säuglingen, welches dem sich langsam entwickelnden und anfälligen Zentralen Nervensystem nicht die Gelegenheit bietet, die Atmung und das Erwachen aus dem Schlaf adäquat zu entwickeln (Call 1986).

McKenna betont, daß sich durch den Körperkontakt zwischen Säugling und Mutter die Möglichkeit des Kindes erhöht, bei Gefahren wie dem Ausfallen der Atmung aufzuwachen. Schläft das Kind aber allein, wird alles verhindert, was zu einer Stärkung des Aufwachverhaltens führen könnte. Und noch schlimmer, das Schlafen des Kindes wird zum Kampf zwischen Eltern und Kind. Was ein natürlicher Aufwachzustand sein sollte, wird zum Anlaß, dem Kind Unzulänglichkeit- und Schuldgefühle einzuflößen. Haß und Unmut werden zum Merkmal der Beziehung. Wir möchten, daß unser Kind unabhängig wird, glauben dies durch ein verlängertes und vertieftes Schlafmuster zu erreichen, und merken nicht, daß die Symbiose (oder Abhängigkeit) während des ersten Lebensjahres die beste Vorbereitung für eine spätere Unabhängigkeit und Autonomie des Kindes ist. Unsere Kultur behindert alles, was vom Neurophysiologischen her zur Stärkung der Atmung führen kann, und darüber hinaus wird dieser ganze Vorgang auch noch durch negative emotionale Einwirkungen, die der Schlaf-»Konflikt« fördert, belastet. Schon hier wird die Grundlage für die Verzweiflung und Hoffnungslosigkeit gelegt, von der unsere ganze Kindererziehung überschattet ist.

Daß unsere Kultur faktisch von Haß und Lieblosigkeit geprägt wird, obwohl wir uns an ein gegenteiliges Bild klammern, wird von einer traurigen Statistik belegt: An Tagen, an denen Vater *und* Mutter mit ihren Kindern zusammen sind, steigt die Häufigkeit des Plötzlichen Kindstodes. Die fünfjährige schwedische PKT-Studie von Norvenius (1987) zeigt auf der Basis von 334 PKT-Fällen daß im Vergleich zu einer Kontrollgruppe von Kindern, die nicht am Plötzlichen Kindstod starben, statistisch signifikant mehr PKT-Fälle an Samstagen, Wochenenden und Feiertagen eintraten. Das deutet darauf hin, daß ein Schlüssel zu diesem Tod in der Beziehung zwischen Müttern und Vätern liegt. Deswegen wird die Verbesserung der Beziehung zwischen den Eltern, die Unterstützung der Mütter in ihrer Not und Isolation diesem Sterben entgegenwirken.

Christine Schmidt (1984) überprüfte direkt soziale und psychische Belastungen in einer empirischen Untersuchung von 94 PKT-Müttern und 68 Müttern von gesunden Säuglingen (parallelisiert nach Alter, Herkunft und sozialer Schicht).

Die persönliche Situation von 73 Prozent der betroffenen Frauen, gegenüber 21 Prozent der Kontrollgruppe, war von Depression, Sucht, Anorexia nervosa und Migräne geprägt. 54 Prozent der betroffenen Eltern hatten eine traumatische Kindheit, überschattet von Alkoholismus, Mißhandlungen oder zerrütteten Familienbeziehungen. Bei 65 Prozent der betroffenen Eltern lag eine gestörte Beziehung vor, die sich in gegenseitiger Ablehnung der Eltern zeigte. Die Kindesväter äußerten häufig Abtreibungswünsche, andere waren häufig von der Familie getrennt und kümmerten sich wenig um sie. »Für viele betroffene Mütter (75 Prozent) war die Schwangerschaft eine extreme Belastungssituation. ... Deshalb waren (sie) – ohne Hilfe – oft unfähig, die Bedürfnisse des Säuglings wahrzunehmen und zu befriedigen.« Bei 73 Prozent der Betroffenen war die Mutter-Kind-Beziehung gestört, während dies nur bei 13 Prozent der Kontrollgruppe der Fall war.

Da 60 Prozent der Säuglinge auf diese Belastungen mit somatischen Symptomen reagierten, schreibt Schmidt, daß die ungenügende Bedürfnisbefriedigung die Säuglinge hilflos und anfällig macht. Wie Burns und Lipsitt (1991) spricht sie von der Unfähigkeit, zu lernen, mit Belastungen fertigzuwerden. Auch in dieser Untersuchung starb die Hälfte der Säuglinge an Sonn- und Feiertagen.

All diese Forschungsergebnisse deuten auf Störungen zwischen den Eltern und zwischen Eltern und Kindern als Faktor in der Entwicklung von PKT hin. Die Existenz und die Wirkung dieser Störungen ist nicht immer offensichtlich. Die gesellschaftlichen Werte machen es schwierig, uns so zu sehen, wie wir wirklich sind.

In einer psychoanalytischen Untersuchung von Jochen Stork (1986) an Müttern von Kindern, die am Plötzlichen Kindstod gestorben waren, ergab sich besonders klar die auch von mir oben schon angesprochene Spaltung der Gefühle, die durch die Normen unserer Gesellschaft erzeugt wird und keine negativen Gefühle einer Mutter duldet. Die Abspaltung der inneren Gefühlswelt bewirkt aber, daß in unseren Kulturen der Tod zum unbewußten Treibmittel der Beziehung zwischen vielen Eltern und ihren Kindern wird.

Sein Interview mit einer 41 Jahre alten Mutter belegt das besonders deutlich. Ihr Kind, ein Mädchen, starb mit elf Wochen. Das Interview fand acht Monate nach dem Tod statt. Nach einer zehnjährigen kinderlosen Ehe wurde Frau G. durch einen krebskranken, verheirateten Mann schwanger. Als sie erfuhr, daß sie schwanger war, verlor sie jedes Gefühl für diesen Mann und hatte »wahnsinnige Angst«, das Kind könne durch seinen Krebs geschädigt sein. Nach der Geburt hatte sie das Gefühl, endlich eine Lebensaufgabe, ein Lebensziel zu haben.

Nach dem Klinikaufenthalt, so schildert sie es im Interview, sei sie ganz zufrieden gewesen, daß alles endlich so war, und ihr großes Glück habe ganz auf innerer Zufriedenheit beruht. Sie sprach davon, wie zart, klein und niedlich ihre Tochter war. Sie verstand ihr Baby als ein Wesen, das nicht an seiner Umgebung teilhaben konnte. Sie meinte damit, daß ein Säugling in diesem Alter einfach ein Reflexwesen sei, das keine eigenständigen Wahrnehmungen habe. Wenn sie ihr Kind abends nach dem Füttern wegen dessen Schreien herumtrug, habe sie sich immer wieder gesagt: Lieber nicht anfangen sie zu verziehen, sonst wird sie ganz auf mich bezogen werden, genau so, wie ich selbst es auf meine Mutter war. Sie betonte, daß ihre Tochter eigentlich einen großen Lebenswillen hätte haben müssen, »weil ich so glücklich war«.

Stork schreibt dazu: »Wenn man zu Beginn die Haltung von Frau G. ihrem Baby gegenüber näher betrachtet, so fällt erst einmal die Widersprüchlichkeit auf: Zwischen der hohen Bedeutung einerseits, die dieses Kind für die Mutter hat, der Zuneigung, mit der sie sich ihm verbunden fühlt, der Gewißheit, mit der sie über die Liebe zu ihrem Kind spricht; und im Gegensatz dazu andererseits ihrer Unfähigkeit, eine Beziehung zu dem Säugling aufzubauen, oder anders ausgedrückt, ihrer Unfähigkeit, dem Kind zu ermöglichen, zu ihr eine mütterliche Beziehung zu entwickeln.« So glaubte sie, daß ihr Eindruck, das Baby habe versucht, sie anzuschauen, an ihrer Anwesenheit und Zuneigung Anteil zu nehmen und darauf zu antworten, »Quatsch« sei.

»Sie erblickte«, so Stork weiter, »in ihrem Baby ein Wesen, welches ihr endlich alles das bringt, was ihr so lange vorenthalten blieb.« Aber, »das Kind des Glücks trug von Anfang an ebenfalls Züge des Todes«. Trotz aller medizinischen Untersuchungen befürchtete sie, daß das Kind krebskrank sein könne oder daß anstelle des Kindes ein Krebs in ihrem Bauch wachse. Der Säugling wurde deswegen nach der Geburt in die Neonkologie gebracht, die es in der Klinik, in der sie das Kind zur Welt brachte, nicht gab. Erst als sie es in den Armen hielt, vier Tage nach dieser Untersuchung, war sie »so richtig glücklich«.

Zwei andere Mütter aus dieser Studie antworteten auf die Frage, warum gerade ein Kind, das die Mutter so glücklich macht, stirbt, das Kind sei gestorben, weil sie es zu sehr geliebt hätten. Es läßt sich also vermuten, folgert Stork, daß der Ausdruck von übermäßiger Liebe an der Wirklichkeit des Kindes, an seiner Existenz und seinen Bedürfnissen vorbeiging.

Wir sehen hier, wie die Ablehnung des Kindes versteckt ist. Die Haßgefühle dahinter haben ihren Ursprung in der Beziehung der Mutter zu ihrer eigenen kalten und gefühlsarmen Mutter. Diese Tatsache wird jedoch durch den Wunsch nach Wiedervereinigung mit dieser Mutter abgewehrt. Der Haß war Frau G. deshalb nicht zugänglich. Bewußt glaubte sie nur, ihre Mutter – wie auch ihr Kind – zu lieben. Hinter dieser Verkehrung von Haß in Liebe stand ein Vater, vor dem sie große Angst hatte.

Natürlich ist dies ein unbewußter Vorgang und bedeutet auch nicht, wie man an Frau G. sieht, daß dem Kind gegenüber keine bewußten positiven Einstellungen und Hoffnungen vorhanden wären. Wichtig wäre jedoch, solchen abgespaltenen Gefühlen entgegenzuwirken.

Ich habe in diesem Buch dargestellt, auf welchem Wege solche unbewußten Beschäftigungen mit dem Tod psychosomatische Ursachen für den Plötzlichen Kindstod bilden können. Entscheidend ist dabei, daß dieser in der Phase des Übergangs vom REM- zum Nicht-REM-Schlaf eintritt. Natürlich ist der Plötzliche Kindstod ein vielschichtiger Vorgang und hat deshalb möglicherweise mehrere Auslöser. Wenn aber die Abspaltung von Gefühlen beteiligt ist, kann wenigstens dieser entgegengewirkt werden. Wie bei allen abgespaltenen Gefühlen ist diese Art von Verdrängung gesellschaftlich bestimmt. Die Isolation der Mutter in unserer Gesellschaft, wie auch ihre Abhängigkeit vom Mann, verstärken ihr negatives Selbstwertgefühl; daher auch die Abkapselung ihrer aggressiven Gefühle – die ja berechtigt sind, aber entsprechend der Normorientierung nicht zugelassen werden können.

Aus diesem Grund ist der Abbau der mütterlichen Isolation das primäre Mittel der Prophylaxe gegen den Plötzlichen Kindstod. Daß die Sheffield-Studie (Knowelden u. a. 1985) schon vor einigen Jahren zeigen konnte, daß der Plötzliche Kindstod allein durch diese Maßnahme um 33 Prozent reduziert werden kann, ohne daß dies aufgegriffen wurde (meines Wissens erwähnte es nur eine einzige medizinische Zeitschrift, die Medical Tribune vom 30. September 1983), ist schon an sich bezeichnend für das Klima einer Wissenschaft, die dem männlichen Denken verpflichtet ist. Es geht letzten Endes darum, Frauen in ihrer Ebenbürtigkeit zu unterstützen. Wo Frauen und Männer auf dieser Basis miteinander umgehen, reduziert sich auch das Kindersterben.

Dieser Tod muß im Kontext unseres ganzen Lebens gesehen werden. Er kann weder abgetrennt davon verstanden werden, noch kann ihm ohne diesen Kontext entgegengewirkt werden.

Zusammenfassung

Ich formuliere hier eine biosoziale Theorie des Plötzlichen Kindstodes, die von einem Zusammenwirken neurophysiologischer, psychischer und sozialer Faktoren ausgeht. Wenn eine Mutter (oder die bemutternde Person) sich nicht einfühlsam genug auf das Kind einstellen kann, wird das grundlegende Wechselspiel zwischen den Erwartungen des Kindes und den Stimulierungen von außen gestört. Das Kind saugt nicht genug, der REM-Schlaf wird verstärkt, und die Träume werden so bannend, daß die Aufwachschwelle erhöht ist. Apnoe, die normalerweise das Aufwachen auslösen würde, kann unter diesen Umständen zum Tode führen.

Etwas anders verläuft der Prozeß bei Kindern, deren Bindung an die Mutter sich zunächst günstiger entwickelte, dann aber gestört wurde. Sie machen zwischen dem sechsten und neunten Lebensmonat eine Periode erhöhter Lebensgefahr durch. Hier kommt es zu einer Wechselwirkung zwischen dem spezifischen Charakter des Traumerlebens in dieser Altersphase und dem Druck eines soziokulturellen Umfeldes, das Wut erzeugt, aber den Ausdruck der Wut nicht zuläßt. Die Angst vor der Wut kann so überwältigend sein, daß es zu einer direkten Lähmung der Atmung kommt.

Dem elterlichen Verhalten, das den Plötzlichen Kindstod begünstigt, liegen innere Abspaltungsprozesse zugrunde. Darin liegt auch unsere Hoffnung. Die Gefahr des Plötzlichen Kindstodes kann gebannt werden, wenn alle Möglichkeiten ausgeschöpft werden, diese Abspaltung zu überwinden.

Literatur

Adair, M. J. (1998): Summaries of Studies of Psychogenic Factors in Crib Death (unveröffentlicht).
Adelson, L.; Kinney, E. R. (1956): Sudden and Unexpected Death in Infancy and Children. Pediatrics 17, 663.
Airapetiants, E. S.; Bykov, K. M. (1945): Physiological Experiments and the Psychology of the Subconscious. Phil. phenomenol. Research 5, 577.
Amendt, G. (1992): Das Leben unerwünschter Kinder. Frankfurt a. M.
Aronson, E.; Rosenbloom, S. (1971): Space Perception in Early Infancy. Science 172, 1161.
Aserinsky, E.; Kleitmann, N. (1955): Motility cycle in sleeping infants as manifested by occular and gross bodily activity. Journal of Applied Physiology, 8. Januar 1955, 1-18.
Asher, R. (1951): Munchausen's syndrome. The Lancet, 1951/i, 339-341.
Azor, B. (1997): Maternal emotions may influence fetal behaviors. In: APA Monitor; Learning begins even before babies are born. In: APA Monitor, beide Dezember 1997.
Balarajan, R.; Raleigh, V. S.; Botting, B. (1989): Sudden Infant Death Syndrome and Postneonatal Mortality in Immigrants in England and Wales. British Medical Journal 298, 716.
Becker, P. T.; Thoman, E. B. (1981): Rapid Eye Movement Storms in Infants. Science 212, 1415.
Beglinger, M. (1997): Plötzlich tot. Das Magazin, Nr. 38/1997.
Benedetti, G. (1983): Todeslandschaften der Seele. Göttingen.
Benjamin, E. (1942): The Period of Resistance in Early Childhood. American Journal of Diseases of Children 63, 1019.
Benjamin, J. D. (1963): Further Comments on Some Developmental Aspects of Anxiety. In: Gaskill, H. S. (Hg.): Counterpoint. New York.
Berger, R. J. (1963): Experimental Modification of Dream Content by Meaningful Verbal Stimuli. British Journal of Psychiatry 109, 722.
Bertini, M.; Antonioli, M.; Gambi, D. (1978): Intrauterin Mechanisms of Synchronization. Totus Homo 8, 73.

Bettelheim, B. (1977): Die Geburt des Selbst. München (englisch 1967).
Biermann, G. (Hg.) (1992): Handbuch der Kinderpsychotherapie. München.
Blechschmidt, E. (1976): Wie beginnt das menschliche Leben. Stein am Rhein.
Bluvol, H. (1972): Differences in patterns of autonomy in achieving and underachieving adolescent boys. Diss. The City University of New York.
Boëtie, E. de la (1991): Die freiwillige Knechtschaft. Münster.
Boyesen, G. (1981): Are We All Survivors of Cot Death? Journal of Biodynamic Psychology 2, 103.
Boyesen, M. L. (1981): The Infant & the Alpha. Journal of Biodynamic Psychology 2, 60.
Brewer, J. M. (1967): Maternal and Environmental Influences on the Adrenocortical Response to Stress in Weanling Rats. Science, 156, April 1967.
Burdach, K. F. (1830): Die Physiologie als Erfahrungswissenschaft. Band 3. Leipzig (zitiert in Oswald, J.; Taylor, A. M.; Treisman, M., 1960).
Burns, B.; Lipsitt, L. P. (1991): Behavioral Factors in Crib Death. Journal of Applied Developmental Psychology 12, 159.
Bykov, K. M. (1953): Großhirnrinde und innere Organe. Berlin.
Caldwell, W. E. (1985): Conditioned Hyperventilation as a Factor in Animal, Infant and Adult Apnea. Genetic, Social and General Psychology Monographs, November 1985.
Call, J. (1986): Commentary on ›An Anthropological Perspective on the Sudden Infant Death Syndrome‹ by James J. McKenna. Medical Anthropology 10 (1), 56.
Canestrini, S. (1913): Über das Sinnesleben des Neugeborenen. Berlin.
Cannon, W. B. (1942): »Voodoo«-Death. American Anthropologist 44.
Carpenter, R. G.; Gardner, A.; Jepson, M.; Taylor, E. N.; Salvin, A.; Sutherland, R.; Emery, J. L.; Pursall, E.; Roe, J. (1983): Prevention of Unexpected Infant Death (Sheffield Intervention Programme). Lancet 8327, 723.
Carpenter, R. G.; Shaddick, C. W. (1965): A Study of Cot Deaths in England and Wales in 1960. British Journal of Preventive Social Medicine 19, 1.
Christos, G. A. (1994): Infant Dreaming and Fetal Memory, Curtin University of Technology, Perth, Australia (unveröffentlicht).
Cierpal, M. A.; McCarty, R. (1987): Hypertension in SHR rats: Contribution of maternal environment. American Journal of Physiology, 253, 980-984.

Condon, W. S.; Sander, L. W. (1974): Neonate Movement is Synchronized with Adult Speech. Science 183, 99.
Corso, J. F. (1963): A Theoretico-Historical Review of the Threshold Concept. Psychological Bulletin 60, 356.
Cyrulnik, B. (1995): Was hält mein Hund von meinem Schrank? Zur Entstehung von Sinn bei Mensch und Tier. München.
Davis, D. P. (1985): Cot Death in Hong Kong. Lancet, 14. Dezember 1985, 1346.
Davis, R. C. (1957): Differences in response patterns. Results and problems. Transactions of the New York Academy of Science, 118.
DeCasper, A. J.; Fifer, W. P. (1980): Of Human Bonding, Newborns Prefer their Mothers' Voices. Science 208, 1174.
Dement, W. C. (1964): Experimental Dream Studies. In: Masserman, J. (Hg.): Science and Psychoanalysis. Band 7. New York.
Dement, W. C. (1965): Perception During Sleep. In: Hoch, P. H.; Zubin, J. (Hg.): Psychopathology of Perception. New York.
Denenberg, V. H. (1964): Critical Periods, Stimulation Input and Emotional Reactivity. Psychological Review 71, 335.
Dolto, F. (1988): Über das Begehren. Die Anfänge der menschlichen Kommunikation. Stuttgart.
Dolto, F. (1989): Mein Leben auf der Seite der Kinder. München.
Dornes, M. (1993): Der kompetente Säugling: Die präverbale Entwicklung des Menschen. Frankfurt a. M.
Dornes, M. (1997): Die frühe Kindheit: Entwicklungspsychologie der ersten Lebensjahre. Frankfurt a. M.
Dornes, M.; Lüpke, H. v. (1995): Psychodynamische Aspekte des Plötzlichen Kindstodes. Kinderanalyse 4/95.
Drotat, D.; Mahone, C.; Negray, J. (1968): Psychosocial Intervention with Families of Children who Fail to Thrive. Journal of Pediatrics, 73.
Duffy, E. (1957): The Psychological Significance of the Concept of »Arousal« or »Activation«. Psychological Review 64, 265.
Einspieler, C.; Widder, J.; Holzer, A.; Kenner, T. (1988): The Predictive Value of Behavioural Risk Factors for Sudden Infant Death. Early Human Development 18, 101.
Eisenberg, R. B. (1976): Auditory Competence in Early Life. Baltimore.
Eliacheff, C. (1994): Das Kind, das eine Katze sein wollte. Psychoanalytische Arbeit mit Säuglingen und Kleinkindern. München.
Emde, R. N.; Harmon, R. J.; Metcalf, D.; Koenig, K. L.; Wagonfeld, S. (1971): Stress and Neonatal Sleep. Psychosomatic Medicine 33, 491.
Emery, J. L. (1959): Epidemiology of »Sudden, Unexpected or Rapid« Deaths in Children. British Medical Journal 2, 925.
Emery, J. L.; Gilbert, E.; Zugibe, F. (1988): Three Crib Deaths, a Ba-

by-Minder and Probable Infanticide. Medicine, Science and the Law 28, No. 3, Juli 1988.

Ferenczi, S. (1929): The unwelcome child and his death-instinct. International Journal of Psychoanalysis, 10, 125.

Ferenczi, S. (1932/1984): Sprachverwirrungen zwischen den Erwachsenen und dem Kind. Bausteine zur Psychoanalyse, Bd. 3. Berlin.

Ferenczi, S. (1950): Stages in the Development of the Sense of Reality. In: Sex in Psychoanalysis. New York.

Field, T. M.; Woodson, R.; Greenberg, R.; Cohen, D. (1982): Discrimination and Imitation of Facial Expressions by Neonates. Science 218, 179.

Firstman, R.; Talan, J. (1997): The Death of Innocents. New York.

Flavell, J. H. (1963): The developmental psychology of Jean Piaget. New York.

Fontaine, G. (1962): The Sudden Death of the Infant. Sem. Med. Prof. 38, 624.

Fraiberg, S.; Anderson, E.; Shapiro, V. (1975): Ghosts in the Nursery. Journal of American Med. Child Psychiatry 14.

Freeman, R. D.; Mitchell, D. E.; Millodot, M. (1972): A Neural Effect of Partial Visual Deprivation in Humans. Science 175, 1284.

Freud, S. (1900): Die Traumdeutung. G. W. Bd. II/III. Frankfurt a. M., 1976

Freud, S. (1915): Triebe und Triebschicksale. G. W. Bd. X, S. 209-232.

Fuller, J. L. (1967): Experiential deprivation and later behavior. Science, 158.

Gijsbers, K. J.; Melzack, R. (1967): Oxygen Tension Changes Evoked in the Brain by Visual Stimulation. Science 156, 1392.

Gil, D. G. (1970): Physical Child Abuse in the United States. Cambridge/Mass.

Greenacre, P. (1971): Considerations regarding the parent-infant relationship. In: Emotional Growth. New York. (original 1960).

Grof, S. (1978): Topographie des Unbewußten. Stuttgart.

Gruen, A. (1958): A New Level of Aspiration Test and an Application of it. Journal of General Psychology 59, 73.

Gruen, A. (1968): Autonomy and Identification. International Journal of Psycho-Analysis 49, 648.

Gruen, A. (1976): Autonomy and Compliance. Journal of Humanistic Psychology 16, 61.

Gruen, A. (1980): Maternal Rejection and Childrens' Intensity. Confinia Psychiatrica 23, 223.

Gruen, A. (1984): Der Verrat am Selbst. München.

Gruen, A. (1985): Psychische Spaltung als mitwirkender Vorgang beim Plötzlichen Kindstod. Sozialpädiatrie 7, 12.

Gruen, A. (1987a): The Relationship of Sudden Infant Death and

Parental Unconscious Conflict. Pre- and Peri-Natal Psychology 2, 1.
Gruen, A. (1987b): Der Wahnsinn der Normalität: Realismus als Krankheit. München.
Gruen, A. (1992): Warum Kinder resignieren. In: G. Biermann (Hg.): Handbuch der Kinderpsychotherapie. München.
Gruen, A. (1997): Der Verlust des Mitgefühls: Über die Politik der Gleichgültigkeit. München.
Gruen, A. (1998): Reductionistic Biological Thinking and the Denial of Experience and Pain in Developmental Theories. Journal of Humanistic Psychology, 38, 2.
Gruen, A.; Prekop, J. (1986): Das Festhalten und die Problematik der Bindung im Autismus. Praxis der Kinderpsychologie und Kinderpsychiatrie 7, 248.
Grunebaum, H. U.; Freedman, S. J.; Greenblut, M. (1960): Sensory Deprivation and Personality. American Journal of Psychiatry 116.
Gunteroth, W. G. (1977): Sudden Infant Death Syndrome (Crib Death). American Heart Journal 93, 784.
Gunteroth, W. G. (1995): Crib Death: The Sudden Infant Death Syndrome. Armonk.
Gunteroth, W. G. (1995): The Sudden Infant Death Syndrome. Armonk.
Halberstadt-Freud, H. C. (1993): Postpartale Depression und die Illusion der Symbiose. Psyche, 47.
Harper, R. M.; Leake, B.; Hoffman, H.; Walter, D. O.; Hoppenbrouwers, T.; Hodgman, J.; Sterman, M. B. (1981): Periodicity of Sleep States is Altered in Infants at Risk for the Sudden Infant Death Syndrome. Science 213, 1030.
Hebb, D. C. (1955): Drives and the C. N. S. (Conceptual Nervous System). Psychological Review 62, 243.
Heimann, H. (1979): Psychophysiologie endogener Psychosen. Schweizer Archiv Neurologie, Neurochirurgie und Psychiatrie 125, 231.
Herman, J. H.; Roffwarg, H. P. (1983): Modifying Oculomotor Activity in Awake Subjects Increases the Amplitude of Eye Movements During REM Sleep. Science 220, 1074.
Heron, W.; Bertram, W. H.; Hebb, D. O. (1953): Cognitive Effects of a Decreased Variation in the Sensory Environment. American Psychologist 18.
Holst, E. v.; Mittelstaedt, H. (1950): Das Reafferenzprinzip. Naturwissenschaften 37, 464.
Home Office: London, 28. November 1997
Hotz, R. L. (1997): Battle for Hearts and Minds. L. A. Times, 13. April und 28. Oktober 1997.
James, W. (1905): Principles of Psychology. New York.
Jannberg, J. (1980): Ich bin ich. München.

Jasper, H. H. (1949): Diffuse Projection Systems. EEG Clinical Neurophysiology 1, 405.
Jasper, H. H. (1954): Functional Properties of the Thalamic Reticular System. In: Adrian, E. D.; Jasper, H. H. (Hg.): Brain Mechanisms and Consciousness. Springfield.
Johnson, A., McF. (1951): Some etiological aspects of repression, guilt and hostility. Psychoanalytic Quarterly, 20.
Jouvet, M. (1962): Recherches sur les structures nerveuses et les mecanismes reponsables des differentes phases du sommeil physiologique. Archives of Italian Biology 100, 125.
Keller, E. F. (1983): A Feeling for the Organism. New York.
Keller, E. F. (1986): Liebe, Macht und Erkenntnis. München.
Kempe, C. H.; Helfer, R. (1972): Helping the Battered Child and his Family. Child Abuse and Neglect. New York.
Kileny, P.; Finer, N.; Sussman, P.; Schopflocher, D. Canon, E. (1982): Auditory Brainstem Responses in Sudden Infant Death Syndrome. Journal of Pediatrics 101, 2.
Klaus, M. H.; Kennell, J. H.; Plumb, N.; Zuehlke, S. (1970): Human Maternal Behavior at First Contact with her Young. Pediatrics 46, 187.
Klaus, M. H.; Kennell, J. H. (1976): Parent-to-Infant Attachment. In: Maternal Infant Bonding. St. Louis.
Knowelden, J.; Keeling, J.; Nicholi, J. P. (1985): Post Neonatal Mortality. London.
Kolata, G. (1987): What Babies Know, and Noises Parents Make. Science, 237, 726.
Konner, M. J.; Super, C. M. (1987): Sudden Infant Death Syndrome. In: Super, C. M.; Harkness, S. (Hg.): The Role of Culture in Developmental Disorder. New York.
Kuo, Z. Q. (1932): Ontogeny of Embryonic Behavior in Aves. Journal of Experimental Zoology 64.
Kütemeyer, M. (1998): Persönliche Mitteilung.
Lacan, J. (1986): Le Séminaire, livre VII, l'Éthique de la psychoanalyse. Paris.
Lehofer, M., Moser, M., Sedminek, A., Zapotoczky, H. G., Kenner, T. (1991): SID – an Infant Depression? Department of Psychiatry, Institute of Physiology, Universität Graz, Österreich (unveröffentlicht).
Liedloff, J. (1980): Auf der Suche nach dem verlorenen Glück. München.
Lilli, J. C. (1956): Mental Effects of Reduction of Ordinary Levels of Physical Stimuli on Intact, Healthy Persons. Psychiatric Research, Reports 5.
Locke, J. L. (1994): Phases in the child's development of language. American Scientist, 82, 9-10.

Lorento de No, R. (1939): Transmission of Impulses through Cranial Motor Nuclei. Journal of Neurophysiology 2, 402.
Lorenzer, A. (1977): Sprachspiel und Interaktionsformen. Frankfurt a. M.
Maiello, S. (1997): Interplay-Sound-Aspects in Mother-Infant Observation. In: Reid, S. (Hg.): Developments in Infant Observation – The Tavistock Model. London/New York.
Main, M. B. (1977): Analysis of a Peculiar Form of Reunion Behavior Seen in Some Day-Care Children. In: Wenn, R. (Hg.): Social Development in Childhood. Baltimore.
Malmo, R. B. (1959): Activation. Psychological Review 66, 367.
Mandell, F. (1981): Cot Death among Children of Nurses. Archives of Diseases of Children 56, 3133.
Mandler, J. M. (1990): A New Perspective on Cognitive Development in Infancy. American Scientist, 78.
Mathis, J. L. (1964): A sophisticated version of voodoo death. Psychosomatic Medicine, 26.
McCulloch, K.; Brouillette, R. T.; Guzzetta, A. J.; Hunt, C. E. (1982): Arousal Responses in Near-Miss Sudden Infant Death Syndrome and in Normal Infants. Journal of Pediatrics 101, 6.
McKenna, J. J. (1990): Evolution and Sudden Infant Death Syndrome. Human Nature 1/2, 145, (a); 1/2, 179, (b); 1/3, 291, (c).
Meadow, R. (1977): Munchausen Syndrome By Proxy – The Hinterland of Child Abuse. The Lancet, 8033.
Medical Tribune, 30. September 1983: Wie man den Plötzlichen Kindstod verhindern kann.
Mill, J. S. (1869): The Subjection of Women. Oxford, 1912.
Miller, H. C.; Behrle, F. C.; Small, N. W. (1959): Severe Apnea and Irregular Respiratory Rhythms among Premature Infants. Pediatrics 23, 676.
Mitchel, E. A.; Thompson, J. M. D.; Stewart, A. W.; Webster, M. L.; Taylor, B. J.; Hassal, I. B.; Ford, R. P. K.; Allen, E. M.; Scragg, R.; Becroft, D. M. O. (1992): Postnatal depression and SIDS: a prospective study. Journal Pediatr. Child Health, 28.
Mitscherlich, A.; Mitscherlich, M. (1967): Die Unfähigkeit zu trauern. München.
Molz, G.; Burri, B. (1978): Aberrant Subclavian Artery (Arteria lusoria). Virchows Arch. Path. Anat. and Histol. 380, 303.
Molz, G.; Hartmann, H. P. (1983): Dysmorphism, Dysplasia and Anomaly in Sudden Infant Death. New England Journal of Medicine 311, 259.
Molz, G.; Hartmann, H. P. (1984): Plötzlicher Säuglingstod. Helvetica paediatrica Acta 39, 395.
Molz, G.; Hartmann, H. P.; Michels, L. (1985a): Plötzlicher Kindstod. Pathologe 6, 8.
Molz, G.; Sonnabend, O.; Sonnabend, W.; Krech, U.; Sigrist, T.

(1985b): Continuous Microbiological and Pathological Study of 70 Sudden and Unexpected Infant Deaths. Lancet 8423, 237.

Montagu, A. (1953): The Sensory Influences of the Skin. Texas Rep. of Biology and Medicine 11, 291.

Montagu, A. (1982): Körperkontakt. Stuttgart.

Montagu, A. (1986): Persönliche Mitteilung.

Montagu, A. (1988): Vorwort, in: Gruen, A. (1988): Der frühe Abschied. München.

Naeye, R. L. (1973): Pulmonary Arterial Abnormalities in the Sudden Infant Death Syndrome. New England Journal of Medicine 289, 1167.

Naeye, R. L. (1974): Evidences of Antecedent Chronic Hypoxia and Hypoxemia. In: Robinson, R. R. (Hg.): Proceedings of the Francis E. Camp. International Symposium on Sudden and Unexpected Death in Infancy. The Canadian Foundation for the Study of Infant Death. Toronto.

Naeye, R. L. (1980): Sudden Infant Death. Scientific American 242, 52.

Naeye, R. L.; Messmer, J.; Specht, T.; Merritt, F. (1976): Sudden Infant Death Syndrome Temperament before Death. Journal of Pediatrics 88, 511.

Niemelä, P. (1980): Working through ambivalent feelings in woman's life transitions. Acta Psychologica Femica.

Niemelä, P. (1982a): Idealized Motherhood and the later Reality: 6th Int. Congress of Psychosomatics, Obstetrics & Gynecology, Berlin, September 1980. – Auch in: Prill, H. J.; Stauber, M. (Hg.): Advances in Psychosomatics, Obstetrics & Gynecology. Berlin.

Niemelä, P. (1982b): Overemphasis of Mother role and Inflexibility of roles. In: Groß, J.; Downing, J.; d'Heurle, A. (Hg.): Sex Role Attitudes and Cultural Change.

Niemelä, P. (1985): Psychological work after abortion. In: Sanchez-Sosa, J. J. (Hg.): Health and clinical psychology. North Holland.

Niemelä, P. (1987): Couple Intimacy and Parent role Stereotypes. Nordic Intimate Couples-Love, Children and Work, Stockholm.

Niemelä, P. (1992): Vicissitudes of Mother's Hate. In: Aspects of Female Aggression, San Diego.

Nissen, H. W.; Chow, K. L.; Semmes, J. (1951): Effects of Restricted Opportunity for Tactual, Kinesthetic and Manipulative Experience on the Behavior of a Chimpanzee. American Journal of Psychology 64, 485.

Norvenius, S. G. (1987): Sudden Infant Death Syndrome in Sweden in 1973-1977 and 1979. Acta Paediatrica Scandinavica, Supplement 333.

Orlowski, J. P.; Nodar, R. H.; Lonsdale, D. (1979): Abnormal Brainstem Auditory-Evoked Potentials in Infants with Threatened Sudden Infant Death Syndrome. Cleve Clinic Quarterly 46, 77.

Oswald, J.; Taylor, A. M.; Treisman, M. (1960): Discriminative Responses to Stimulation During Human Sleep. Brain 83, 440.
Parens, H. (1979): The Development of Aggression in Early Childhood. New York.
Parens, H. (1989): Toward a reformulation of the psychoanalytic theory of aggression. In: Greenspan, S.; Pollock, G.: The Course of Life, Early Childhood. New York.
Parens, H. (1989): Zur Epigenese der Aggression in der frühen Kindheit. Analytische Kinder- und Jugendlichenpsychotherapie, 27, 17-49.
Poets, C.; Hardt, H. von der (1994): Aufklärungskampagnen zum Plötzlichen Säuglingstod. Der Kinderarzt, 10, 15.
Portmann, A. (1944): Biologische Fragmente. Basel.
Prekop, J. (1982): Frühkindlicher Autismus. Öffentliches Gesundheitswesen 44, 83.
Rheingold, H. C. (1964): The Fear of Being a Woman: A Theory of Maternal Destructiveness. New York.
Rheingold, H. C. (1967): The Mother, Anxiety, and Death: The Catastrophic Death Complex. Boston.
Ribble, M. (1943): The rights of infants. New York.
Richter, C. P. (1965): The Phenomenon of Unexplained Sudden Death in Animals and Man. In: Feifel, H. (Hg.): The Meaning of Death. New York.
Riley, E.; Barron, S. (1984): Studies Support Learning in Utero. In: APA Monitor, Oktober 1984.
Robson, K. (1967): The Role of Eye-to-Eye Contact in Maternal Infant Attachment. Journal of Child Psychology and Psychiatry 8, 13.
Roffwarg, H. P.; Muzio, J. N.; Dement, W. C. (1966): Ontogenetic Development of the Human Sleep-Dream Cycle. Science 152, 604.
Roscam, A. (1972): Patterns of autonomy in high achieving adolescent girls who differ in need for approval. Diss. The City University of New York.
Rosenzweig, S. (1943): An Experimental Study of »Repression« with Special Reference to Need-Persistive and Ego-Defensive Reactions to Frustration. Journal of Experimental Psychology 32, 64.
Saffran, J. R.; Aslin, R. N.; Newport, E. L. (1996): Statistical Learning by eight-month-old infants. Science, 274.
Sampson, R. V. (1966): The psychology of power. New York.
Samuels, I. (1959): Reticular Mechanisms and Behavior. Psychological Bulletin 56, 1.
Sapolsky, R.M. (1997): The Importance of a Well-Groomed Child. Science, 277.
Scherf, W. (1987): Kinderspiele als Provokation des Grausigen. In:

Baumgärtner, A. C.; Maier, K. E.: Mythen, Märchen und moderne Zeit. Würzburg.
Schilder, P.; Wechsler, D. (1934): The attitudes of children toward death. Journal of Genetic Psychology, 45.
Schmidt, C. (1984): Soziale und psychologische Belastungen bei Plötzlichem Kindstod. Sozialpädiatrie 6, 527.
Schneirla, T. C. (1959): An evolutionary and developmental theory of biphasic processes underlying approach and withdrawal. In: Nebraska Symposium on Motivation, Bd. 7. Hg. v. M. R. Jones. Nebraska.
Schneirla, T. C. (1972): Selected Writings of T. C. Schneirla. Hg. L. R. Aronson, E. Tobach, J. S. Rosenblatt u. D. S. Lehrmann. San Francisco.
Schreier, H. A.; Libow, J. A. (1993): Hurting for Love. New York.
Shaheen, E.; Alexander, D.; Truskowsky, M.; Barbero, G. J. (1968): Failure to Thrive. Clinical Pediatrics 7, 255.
Shannon, D. C.; Kelly, D. H. (1982): SIDS and Near-SIDS. The New England Journal of Medicine, 306, 16 u. 17.
Shaw, E. B. (1968): Sudden Unexpected Death in Infancy Syndrome. American Journal of Disease of Children 116, 115.
Sklar, L. S.; Anisman, H. (1979): Stress and Coping Factors Influence Tumor Growth. Science, 205.
Small, M. F. (1997): Making Connections. American Scientist, 85.
Smotherton, W. (1984): Studies Support Learning in Utero. In: APA Monitor, Oktober 1984.
Southall, D. P.; Plunkett, M. C. P.; Banks, M. W.; Falkov, A. F.; Samuels, M. P. (1997): Covert Video Recordings of Life-threatening Child Abuse: Lessons for Child Protection. Pediatrics, 100, 5, 735-760.
Southall, D. P.; Stebbens, V. A.; Rees, S. V.; Lanf, M. H.; Warner, J. O.; Shinebourne, E. A. (1987): Apnoeis episodes induced by smothering: Two cases identified by covert surveillance. British Medical Journal, 294, 1637-1641.
Spinelli E. N.; Jensen, F. E.: Plasticity (1979): The Mirror of Experience. Science, 203.
Stechler, G.; Bradford, S.; Levy, H. (1966): Attention in the Newborn. Science 151, 1246.
Steinschneider, A. (1972): Prolonged Apnea and the Sudden Infant Death Syndrome. Pediatrics 50, 646.
Stern, D. (1973): Mother and Infant at Play. In: Lewis, M.; Rosenblum, L. (Hg.): The Origins of Behavior. New York.
Stork, J. (1986): Tödliche Verstrickung von Mutter und Kind? In: Stork, J. (Hg.): Zur Psychologie und Psychopathologie des Säuglings. Stuttgart.

Stork, J. (1994): Zwischen Leben und Tod. Aus der Behandlung eines Säuglings – ein Beitrag zum plötzlichen Kindstod. Kinderanalyse 1, 60-94.

Sypher, F. (1978): Crib Death. Energy and Character 9, 43.

Szejer, M. (1998): Platz für Anne. Die Arbeit einer Psychoanalytikerin mit Neugeborenen. München.

Thomas, A.; Chess, S.; Birch, H. G. (1968): Temperament and Behavior Disorders in Children. New York.

Tinbergen, N. (1974): Ethology and Stress Diseases. Science 185, 20.

Tomatis, A. A. (1987): Der Klang des Lebens. Reinbek.

Truman, T. L. (1997): Misdiagnoses Mask Lethal Abuse. New York Times, 9. November 1997.

Ullman, M. (1955): The Dream Process. Psychotherapy 1, 30.

Valdes-Dapena, M. A. (1967): Sudden and Unexpected Death in Infancy. Pediatrics 39, 123.

Valdes-Dapena, M. A. (1980): Sudden Infant Death Syndrome. In: U. S. Department of Health, Education and Welfare Publication 80, 5255.

Victor, G. (1983): The Riddle of Autism. Lexington.

Visintainer, M. A.; Volpicelli, J. R.; Seligman, M. E. D. (1982): Tumor Rejection in Rats after Inescapable or Escapable Shock. Science 216.

Vuorenkoski, V.; Wasz-Höckert, O.; Koivisto, E.; Lind, J. (1969): The Effect of Cry-Stimulus on the Temperature of the Lactating Breast of Primipara. Experientia 25, 1286.

Wallace, P. (1974): Complex Environments: Effects on Brain Development. Science, 185.

Weissmann, C.; Borst, P. (1963): Behavior of Adult Rats is Modified by the Experiences Their Mothers Had as Infants. Science, 142.

Westermann, A. (1994): Aggressive Distanzierung. Klage und Anklage. Vortrag, Lindauertherapiewochen, 28.4.1994

Welch, M. G. (1984a): Heilung vom Autismus durch die Mutter-und-Kind-Haltetherapie. In: Tinbergen, N. (Hg.): Autismus bei Kindern. Berlin.

Welch, M. G. (1984b): Further Implications of the Welch Method. Unveröffentlichtes Manuskript.

Welch, M. G. (1991): Die haltende Umarmung. München.

Wenar, C. (1963): The Reliability of Developmental Histories. Psychosomatic Medicine 25, 505.

Willinger, M. (1989): SIDS a Challenge. Journal of NIH Research 1, 73.

Winnicott, D. (1950): Von der Kinderheilkunde zur Psychoanalyse. München.

Wolf, D. (1994): Was war vor den Pharaonen? Die Entdeckung der Urmütter Ägyptens. Zürich.

Wolff, P. H. (1959): Observations on Newborn Infants. Psychosomatic Medicine 21, 110.
Zeigarnik, B. (1927): Über das Behalten von erledigten und unerledigten Handlungen. Psychologische Forschung 9, 1.
Zilboorg, G. (1931): Depressive reactions related to parenthood. American Journal of Psychiatry 10, 927.
Zimmer, K. (1992): Gute Bindungen machen selbständig. In: Die Zeit, 25. September 1992 (Bericht über die Trobriand-Insel-Studie des Max-Planck-Instituts, Andechs).

Personenregister

Adair, M. J. 13
Adelson, L. 9
Airapetiants, E. S. 128
Amendt, G. 7
Anisman, H. 159
Antonioli, M. 38
Aronson, E. 17, 30, 131
Aserinsky, E. 125
Asher, R. 12
Azor, 130, 159

Balarajan, R. 187
Barron, S. 38
Bates, E. 15
Becker, P. T. 129
Beglinger, M. 184
Behrle, F. C. 39
Benedetti, G. 139
Berger, R. J. 127
Bertini, M. 17, 38, 39
Bettelheim, B. 139
Biermann, B. 8
Birch, H. G. 22, 113, 133
Blechschmidt, E. 26
Bluvol, H. 171
Boehncke, H. 11
Boëtie, É. de la 155, 156
Borst, P. 158
Boyesen, G. 135, 136
Boyesen, M. L. 118, 119, 120, 121, 125, 126
Bradford, S. 138
Brewer, J. M. 158
Brouillette, R. T. 37
Bryan, C. 36
Burdach, K. F. 145

Burns, B. 189, 191
Bykov, K. M. 128

Caldwell, W. E. 37
Call, J. 189
Canestrini, S. 36
Cannon, W. B. 26, 27, 143, 166
Canon, E. 37
Carpenter, R. G. 9, 148, 149, 188
Chess, S. 22, 113, 133
Chow, K. L. 45, 117
Christos, G. A. 145
Cierpal, M. A. 10
Condon, W. S. 17, 138
Corso, J. F. 40
Cyrulnik, B. 17

Davis, D. P. 170, 186
DeCasper, A. J. 29, 130, 159
Dement, W. C. 36, 45
Denenberg, V. H. 40
Dolto, F. 15, 16, 17, 167
Dornes, M. 7, 168, 169, 179, 185
Drotat, D. 30
Duffy, E. 40

Einspieler, C. 189
Eisenberg, R. B. 130
Eliacheff, 15, 16, 17
Emde, R. N. 129
Emery, J. 11

Ferenczi, S. 141, 155, 156, 173

Field, T. M. 131, 141
Fifer, W. P. 130
Finer, N. 37
Firstman, R. 11, 13
Flavell, J. H. 170
Fontaine, G. 9
Fraiberg, S. 31
Freeman, R. D. 126
Freud, S. 151
Fuller, J. L. 170

Gage, F. 157
Gambi, D. 38
Gijsbers, K. J. 138
Gil, D. G. 148
Greenacre, P. 168
Grof, S. 130
Gruen, A. 25, 26, 28, 32, 133, 139, 140, 168, 185, 189
Grunebaum, H. U. 25
Gunteroth, W. G. 13, 188
Guzzetta, A. J. 37

Halberstadt-Freud, H. C. 172
Hardt, H. v. d. 187
Harper, R. M. 46, 48
Hebb, D. C. 41
Hebbel, F. 30, 138
Heimann, H. 144
Hellbrügge, T. 7
Herman, J. H. 139
Heron, W. 25
Holst, E. von 22, 42, 128
Home Office 12
Hotz, R. L. 157, 158
Hunt, C. E. 37

James, W. 26, 166
Jannberg, J. 29
Jasper, H. H. 41
Jensen, F. E. 158
Johnson, A. 173
Jouvet, M. 127

Kelley, D. H. 11
Kempe, C. H. 144

Kennell, J. H. 130, 139
Kileny, P. 37
Kinney, E. R. 9
Klaus, M. H. 120, 130, 139
Kleitmann, N. 125
Knowelden, J. 187, 194
Kolata, G. 15, 159
Krieger, H. 8
Kuo, Z. Y. 19, 25
Kütemeyer, M. 156

Lacan, J. 15
Lehofer, M. 179
Levy, H. 138
Libow, J. A. 12
Liedloff, J. 142
Lilli, J. C. 25
Lipsitt, L. P. 189, 191
Lonsdale, D. 37
Lorenzer, A. 20
Lüpke, H. v. 179, 185

Maiello, S. 158, 159
Main, M. 148
Malmo, R. B. 40, 129
Mandell, F. 34
Mandler, J. M. 159
Mathis, J. L. 173
McCarty, R. 10
McCulloch, K. 37, 47, 128
McKenna, J. J. 20, 176, 189, 190
Meadow, R. 11
Melzack, R. 138
Mill, J. S. 153
Miller, H. C. 39, 40
Mitchel, D. E. 179
Mittelstaedt, H. 22, 42, 128
Molz, G. 37, 38
Montagu, A. 10, 39, 118, 188, 189
Montaigne, M. 155
Muzio, J. N. 36

Naeye, R. L. 35, 36, 40, 46, 189

Niemelä, P. 177, 178, 179, 184
Nienstedt, M. 8
Nissen, H. W. 45, 117
No, L. de 41, 128
Nodar, R. H. 37
Norvenius, S. G. 190

Ollson, J. 126
Orlowski, J. P. 37
Oswald, J. 145

Parens, H. 168
Phillipson, E. 36
Piaget, J. 170
Poets, C. 187
Portmann, A. 189
Prekop, J. 189

Read, D. 36
Rheingold, J. C. 172, 173, 174
Ribble, M. 167
Richter, C. 27
Richter, C. P. 27, 143, 166
Riley, E. 38
Robson, K. 141
Roffwarg, H. P. 36, 43, 45, 121, 123, 125, 130, 139
Roscam, A. 171
Rosenbloom, S. 17, 30, 131
Rosenzweig, S. 139

Saffran, J. R. 15
Sampson, R. V. 151, 152, 153, 154, 159
Samuels, I. 41
Sander, L. W. 17, 138
Sapolsky, R. M. 158
Scherf, W. 155
Schilder, P. 174
Schindler, S. 7
Schmidt, C. 191
Schneirla, T. C. 168, 170
Schopflocher, D. 37
Schreier, H. 12
Semmes, J. 45, 117
Shaheen, E. 15, 118

Shannon, D. C. 11
Shaw, E. B. 9, 33
Sklar, L. S. 159
Small, M. 15, 160
Smotherton, W. 38
Smull, N. W. 39
Southall, D. P. 11
Spinelli, E. N. 158
Stechler, G. S. 138
Steinschneider, A. 11, 34, 46
Stern, D. 141
Stork, J. 7, 17, 25, 161, 162, 164, 165, 166, 167, 191, 192, 193
Sussman, P. 37
Sypher, F. 137
Szejer, M. 16, 17

Talan, J. 11, 13
Taylor, A. M. 145
Thoman, E. B. 129
Thomas, A. 22, 113, 133
Tinbergen, N. 42
Tomatis, A. A. 130, 158
Tönz, O. 7
Treisman, M. 145
Truman, T. L. 11

Ullman, M. 132

Valdes-Dapena, M. A. 33, 149, 187
Verny, T. 7
Victor, G. 8, 140, 141
Visintainer, M. A. 144, 159
Vuorenkoski, V. 131, 157

Wallace, P. 126, 158
Wassermann, J. 176
Wechsler, D. 174
Weissmann, C. 158
Weizsäcker, V. von 10
Welch, M. G. 8, 189
Wenar, C. 49
Westermann, A. 8, 168
Willinger, M. 188

Winnicott, D. 168
Wolf, D. 154
Wolff, P. H. 130

Zeigarnik, B. 139
Zilboorg, G. 172

Wenn Sie weiterlesen möchten...

Jürgen Kind
Suizidal
Die Psychoökonomie einer Suche

Äußerungen von Selbsttötungstendenzen sollen nicht als Zeichen eines Zusammenbruchs verstanden werden, sie sind vielmehr äußerste psychische Leistungen. Zwei wesentliche Funktionen hat Suizidalität: Objektsicherung und Objektänderung. Der Autor hat jahrelange Erfahrung in der Psychotherapie Suizidaler. Außergewöhnlich einfühlsam – und plastisch illustriert durch zahlreiche Beispiele – gibt er Aufschluß über die entwicklungspsychologisch fundierten Formen von Suizidalität und ihre eigene Logik.
Das Buch erschließt grundlegende Regeln für Anamnese und Diagnostik und für die therapeutische Haltung. Die zentralen Probleme der Therapie werden systematisch dargestellt mit unmittelbaren Ableitungen für die Praxis: die Psychostruktur des Therapeuten, Gegenübertragungskonstellationen, der Suizidpakt, typische Teamreaktionen.

Israel Orbach
Kinder, die nicht leben wollen

Häufiger noch als bislang angenommen, versuchen Kinder, ihr Leben zu beenden. Es handelt sich dabei nur in seltenen Fällen um unvorhersehbare Unglücksfälle oder spontane Reaktionen auf ein bedrückendes Erlebnis. Die Kinder wissen vielmehr genau, was sie nicht mehr ertragen können; sie suchen den Tod, weil sie wissen, was er bedeutet. Die Tat ist der katastrophale Endpunkt eines langen Prozesses, der früh in der Familie angelegt ist und die Kinder in ein unlösbares Dilemma bringt. Israel Orbach zeigt auf der Grundlage breiter klinischer Erfahrungen die typischen Entwicklungswege hin zum Kinderselbstmord, er nennt die Anzeichen der Gefährdung und führt genaue therapeutische Konzepte aus, wie den Kindern aus ihrer tödlichen Auswegslosigkeit geholfen werden kann.

Wilhelm Burian (Hg.)
Der beobachtete und der rekonstruierte Säugling

Anläßlich des 100. Geburtstags der großen Psychoanalytikerin Margaret Mahler kommen in diesem Band vier Arbeiten zusammen, die den Widerspruch zwischen Säuglingsbeobachtung und der Rekonstruktion der frühen Kindheit erörtern. Entwicklungspsychologische Ansätze kontrastieren mit psychoanalytischen Positionen. Es erhebt sich die Frage, ob sich die Psychoanalyse von ihrem wissenschaftlichen Selbstverständnis her weiter isolieren darf oder ob sie mit den Ergebnissen der Säuglingsbeobachtung die Konzepte der frühen Entwicklung bereichern möchte.

Inhalt: *W. Burian:* Die zunehmende Distanz zwischen Beobachtung und Rekonstruktion. Überlegungen zur Konzeptualisierung der postfreudianischen psychoanalytischen Theorie / *A. Bergman:* Separations-Individuations-Theorie. Historischer Hintergrund und gegenwärtige Forschung / *M. Dornes:* Müssen wir Margaret Mahlers Theorie revidieren? / *L. Nemes:* Die historischen Vorbilder des rekonstruierten Säuglings / *G. Gergely:* Margaret Mahlers Entwicklungstheorie im Licht der jüngsten empirischen Erforschung der kindlichen Entwicklung

Michael B. Buchholz
Dreiecksgeschichten
Eine klinische Theorie psychoanalytischer Familientherapie

„Das Buch imponiert vor allem durch die stringente Anwendung der triadischen Perspektive, die jedem Kapitel immanent ist. Das führt zu so komplexen Informationen, daß man sich ... von vielfältigen neuen Perspektiven beeindrucken lassen kann. Insgesamt wird eine gut durchdachte Verbindung von Familiensoziologie und -therapie, Hermeneutik und Systemtheorie und stationärer Psychotherapie und ambulanter Familientherapie vorgelegt. Das hohe theoretische Niveau kann eine leserische Herausforderung darstellen, die aber mit interessanten neuen Sichtweisen, die sich aus einer psychoanalytischen und systemischen Perspektive ergeben, belohnt wird. Das Buch ist deshalb eine lesenswerte Lektüre." *Familiendynamik*

Hans Hopf
Aggression in der analytischen Therapie mit Kindern und Jugendlichen
Theoretische Annahmen und behandlungstechnische Konsequenzen
Mit Beiträgen von Ursula Schulz und Klaus Seiler.

Aggressives Verhalten von Kindern kann so tief kränken, so viel narzißtische Wut entfachen, daß Erwachsene tiefgehende Racheimpulse empfinden, die sie blindlings ausleben möchten. Diese Problematik spielt auch in der Psychotherapie mit aggressiven Kindern und Jugendlichen eine Rolle.
Hans Hopf gibt einen Überblick über die Entwicklung des Aggressionsbegriffs in der Psychoanalyse, hebt die Bedeutung der Geschlechtsunterschiede bei aggressiven und destruktiven Tendenzen hervor und bespricht Fragen zur Diagnostik.
In dem größeren praxisorientierten Teil des Buches illustrieren zahlreiche, zum Teil ausführliche Fallbeispiele behandlungstechnische Probleme und stellen verschiedene Umgangsweisen mit Aggression in der Kinderpsychotherapie vor.

Manfred L. Söldner
Depression aus der Kindheit
Familiäre Umwelt und die Entwicklung der depressiven Persönlichkeit

Depressionen sind die häufigsten psychischen Beschwerden. Die Kindheitserlebnisse können, wenn sie von bestimmten Verhaltensmustern der Eltern geprägt sind, entscheidend dazu beitragen, ob ein Mensch anfällig wird für depressives Erleiden, einen depressiven Lebensstil entwickelt und schließlich an akuter Depression erkranken wird.
Söldner hat die Faktoren in der Eltern-Kind-Beziehung empirisch erkundet, welche die Entwicklung einer depressiven Persönlichkeit bewirken und fördern. Seine Folgerungen sind bedeutsam für die Erziehung, um gezielt vorbeugen zu können, aber auch für die Therapie bei bereits entwickelten depressiven Persönlichkeitszügen.

Zum Umgang mit Trauer und Aggression, psychoanalytische Hilfe

Karin Wilkening
Wir leben endlich
Zum Umgang mit Sterben,
Tod und Trauer
Transparent 43. 2. Auflage 1998.
121 Seiten mit 7 Abbildungen,
kartoniert. ISBN 3-525-01729-4

Arnold Langenmayr
Trauerbegleitung
Beratung – Therapie – Fortbildung
1999. Ca. 230 Seiten, kartoniert
ISBN 3-525-45851-7

Johanna Treichel
Aggression im Alltag
Was inspiriert und was zerstört
Transparent 49. 1998.
126 Seiten, kartoniert
ISBN 3-525-01730-8

Gerald Hüther
Wie aus Stress Gefühle werden
Betrachtungen eines Hirnforschers
Mit Photographien von Rolf Menge.
1999. 72 Seiten mit 26 Farbphotos
und 2 s/w Photos, gebunden
ISBN 3-525-45838-X

Annette
Streeck-Fischer (Hg.)
Adoleszenz und Trauma
1998. 259 Seiten mit
4 Abbildungen, kartoniert
ISBN 3-525-45813-4

Studien zur Kinderpsychoanalyse
Herausgegeben von der Österreichischen Studiengesellschaft für Kinderpsychoanalyse

Band XV
1999. 153 Seiten mit 8 Abbildungen,
kartoniert. ISBN 3-525-46044-9

Band XIV
1997. 188 Seiten mit 7 Abbildungen,
kartoniert. ISBN 3-525-46043-0

Band XIII
1996. 188 Seiten, kartoniert
ISBN 3-525-46042-2

Band XII
1995. 165 Seiten, kartoniert
ISBN 3-525-46041-4

Bei Subskription der Reihe 10% Ermäßigung!

Günther Bittner
Problemkinder
Zur Psychoanalyse kindlicher und jugendlicher Verhaltensauffälligkeiten
Sammlung Vandenhoeck.
2. Auflage 1996. 260 Seiten mit
3 Abbildungen, Paperback
ISBN 3-525-01426-0

Vandenhoeck & Ruprecht